中国道路的时代价值

王金伟 李梁 主编
刘翔宇 副主编

上海大学出版社
·上海·

图书在版编目(CIP)数据

中国道路的时代价值 / 王金伟,李梁主编. —上海：上海大学出版社,2019.12
ISBN 978-7-5671-3759-2

Ⅰ.中… Ⅱ.①王… ②李… Ⅲ.①中国特色社会主义—社会主义建设模式—研究 Ⅳ.①D616

中国版本图书馆 CIP 数据核字(2019)第 278861 号

责任编辑　王　聪
助理编辑　时英英
装帧设计　倪天辰
技术编辑　金　鑫　钱宇坤

中国道路的时代价值

王金伟　李　梁　主编
刘翔宇　副主编

上海大学出版社出版发行
(上海市上大路99号　邮政编码200444)
(http://www.shupress.cn　发行热线 021-66135112)
出版人　戴骏豪

*

南京展望文化发展有限公司排版
江苏凤凰数码印务有限公司印刷　各地新华书店经销
开本 710 mm×960 mm 1/16　印张 16　字数 252 千字
2019年12月第1版　2019年12月第1次印刷
ISBN 978-7-5671-3759-2/D·221　定价　68.00 元

本书获教育部2017年度高校示范马克思主义学院和优秀教学科研团队建设项目——高校思想政治理论教育传统优势与现代信息技术融合机制研究,上海市高原学科——马克思主义理论学科建设,上海市示范马克思主义学院建设,2018年国家社科基金重点项目——中国特色社会主义进入新时代的规范性力量研究以及2018年度上海学校德育实践研究课题支持。

序

习近平总书记指出:"实现中国梦必须走中国道路。这就是中国特色社会主义道路。"[1]我们党从成立那天起,就肩负实现中华民族伟大复兴的历史重任,不断地探索和实现"国家富强与民族振兴"的伟大梦想。改革开放四十多年来,中国道路在中国大地上焕发的光辉影响激励着一代又一代的中国人不断向前。中国道路的时代价值也为新时代中国发展提供了实践的基础。

进入新时代,我国各个方面取得了巨大成就,综合国力跃居全球第二。社会生产力、经济实力、科技实力、人民生活水平、国际影响力等方面均显著提升。中国道路所绽放的巨大活力,不可逆转地开启了中华民族不断发展壮大、走向伟大复兴的历史征程。人民幸福的实现受益于改革开放,当前最大限度地调动一切积极因素,以更大勇气和决心冲破思想观念的束缚与突破利益固化的藩篱,为全面深化改革获取广泛的民众支持,这就是中国道路最鲜明的时代价值。改革开放以来,中国发生了翻天覆地的变化。这个历程中,中国道路的意义越来越显著,中国道路给中国的发展带来了巨大的变化。

道路问题是根本性的问题。中国道路就是中国特色社会主义道路,从中国实际出发,解决了长期以来中国发展中的问题,使中国特色社会主义在经济、政治、文化、社会和生态文明建设领域都取得了巨大的进步。中国道路符合中国发展的需要和时代的要求,能够充分保障社会稳定,实现社会的全面发展。中国道路的形成过程就是马克思主义中国化的过程。"中国道路根植于中国的国情和传统,适应中华民族的发展和进步,反映中国人民的意愿和选择,体现中国共产党的使命和理想,既坚持了科学社会主义的基本原则,又回答了在人口这么多,底子这么薄,资源这么贫乏,发展这么不平衡的中国,建设什么样的社会主义、怎样建设社会主义这个根本问题。"[2]中国道路的形成具有鲜明的中国特色和时代特征,中国由落后的农业国发展成为基本实现社会主义现代化的发展中国家,并为当代世界各国的发展提供了可供借鉴的中国方案。

中国道路是对现有资本主义道路的超越,中国特色社会主义的发展方向就是以消除社会发展过程中的对抗性因素,将社会整体利益和人民的个人利益有机统一起来,并寻求合理的解决方案的道路。中国道路的发展需要在全球视野中去看待中国发展,海外中国道路研究就是一个深入了解中国的角度。中国发展道路上充满了各种挑战和困难,面对发展起来的问题,中国还需要做好充分的准备。邓小平同志指出,"发展起来以后的问题不比不发展时少"[3]。中国发展过程中面临的各种困难越来越多,国际上对中国发展的阻力越来越大,中国未来的发展前景与世界发展密切相关。社会主义制度与资本主义制度相比,作为一种新的社会发展方式,不但要消灭剥削、消除贫困、实现共同富裕,而且也要反对侵略、反对掠夺,最终实现和平发展。因此,充分发挥中国道路的优势,集中力量解决发展中的困难和问题是我国当前必须面对的紧迫任务。

中国的发展也对世界发展作出了积极贡献,中国的发展为人类文明贡献中国特色的实践经验。中国方案从世界范围内来看,是对世界的发展具有重大实践价值和意义的。习近平总书记曾经指出,中国道路是"在改革开放三十多年的伟大实践中走出来的,是在中华人民共和国成立六十多年的持续探索中走出来的,是在对近代以来一百七十多年中华民族发展历程的深刻总结中走出来的,是在对中华民族五千多年悠久文明的传承中走出来的"[4]。中国道路是在艰辛的探索过程中才逐渐清晰的,不能割裂改革开放前后的探索过程。改革开放是历史的发展过程,有曲折也有成就。中国道路在当代世界范围内,不断彰显了具有新的时代特征,具有马克思主义理论时代化的重大理论传承。

本书收录 23 篇论文,集中对中国道路的时代价值阐释、中国道路与全球治理、中国道路的海外研究方面进行学术探究,以此来探讨中国在转型过程中,在坚持马克思主义的前提下探索适合中国发展的道路,并取得成功的理论和实践途径。

参考文献

[1] 习近平.在第十二届全国人民代表大会第一次会议上的讲话[N].人民日报,2012-03-18.

[2] 陈晋.关于中国道路的几个认识[J].党的文献,2013(2).

[3] 邓小平.邓小平年谱(1957—1997)(下)[M].北京:中央文献出版社,2004:1364.

[4] 习近平.习近平总书记系列重要讲话读本[M].北京:学习出版社、人民出版社,2014:48.

目 录

中国道路的时代价值阐释

浅析新时代中国道路及其时代价值　　3
中国道路的时代价值　　11
中国共产党领导核心的形成及现实启示　　26
中国传统政治生态话语体系及其当代价值　　37
十八大以来党的思想建设创新论纲　　47
论科学理解马克思群众史观的四个维度　　57
中国道路的理论基础、历史延续和实践特色　　68
城市发展与中国道路
　　——以上海为中心　　75
从十九大报告看中国道路的文化意义
　　——文化自信须防止落入神化夸大与自负自恋两个误区　　85
中国梦：微评价的活力与动力之源
　　——对中国道路的时代价值的一个评价论考察　　94
论严复译介穆勒逻辑思想的文化关怀及其当代价值　　104
新方位、新矛盾、新思想、新征程
　　——党的十九大与中国道路的新发展　　112
我国财税体制改革的目标及路径选择　　121
浅析社会主义核心价值观对大学生思想政治教育的引领　　130

共享发展：人的自由全面发展的时代诠释　　　　　　　　　　142

中国道路与全球治理

从中国对"逆全球化"问题的科学解释论中国道路对全球治理的新贡献　　157
全球公域治理的现实困境与中国的战略选择　　　　　　　　　166
"一带一路"倡议重构全球治理格局　　　　　　　　　　　179
中国道路与全球治理
　　——基于国际组织的视角　　　　　　　　　　　　　191
零和模式的没落与共赢模式的崛起
　　——"一带一路"倡议对世界体系变革的意义　　　　　200
新时代全球经济治理的中国方案　　　　　　　　　　　　211
从国际视野塑造中国形象，讲好中国故事
　　——由电影《战狼2》热映引发的思考　　　　　　　　221

中国道路的海外研究

中国道路理论在美国的研究略览　　　　　　　　　　　　231

后记　　　　　　　　　　　　　　　　　　　　　　　　243

中国道路的时代价值阐释

浅析新时代中国道路及其时代价值

[摘　要]　中国道路是人类文明发展成果的重要组成部分,它的成功不仅让中国取得了长足的发展,也为世界文明进步作出了重大贡献,具有世界意义。本文认为中国道路的时代价值在于其为实现中华民族的伟大复兴奠定了道路基础,为广大发展中国家提供了有益的借鉴,鼓舞了广大社会主义国家,中国走和平发展道路为人类文明提供了一种新的发展模式。

[关键词]　中国道路;时代价值;改革开放;中国梦

中国道路是历史、人民和现实的选择,中国道路的成功开辟使中国摆脱了贫穷落后的面貌、洗刷了百年来的历史屈辱、提高了国际地位,使中华民族屹立于世界民族之林。中国的发展和崛起不仅为实现中华民族伟大复兴的中国梦奠定了物质基础,而且为世界各国的发展提供了有益的借鉴。中国在促进自身发展的同时,也使各个国家搭上中国发展的快车实现共同发展。民族的也是世界的,世界的也是民族的。中国道路是人类文明发展史的重要组成部分,对本国以及世界其他国家的发展起着不可估量的作用。

一、何为中国道路

(一) 中国道路的概念和内涵

"道路"是旗帜、是方向。人类社会总是沿着一定的道路向前发展,任何一个国家和任何一个历史时期都离不开对道路的探索、选择、坚持和发展。

改革开放之初,我们党就发出了走自己的路、建设中国特色社会主义的伟大号召。中国道路是中国特色社会主义道路的简称,它是在中国共产党的领导下团结和带领全国人民在革命、建设和改革等不同历史时期,为实现民族振兴、国家富强和人民幸福而探索的具有社会主义属性的发展方式、路径以及经验的总结,尤其是对改革开放和社会主义现代化建设新时期以来,中国通过渐进式改革而成功开辟的一条覆盖经济、政治、社会、文化和生态等领域发展道路和发展模式的总称。[1]中国特色社会主义道路要求将马克思主义的普遍原理同中国的具体实践相结合走社会主义道路,一切从实际出发、实事求是、解放思想,不照搬照抄别国的经验、模式走适合中国特点的道路,逐步实现工业、农业、国防和科学技术现代化,把中国建设成富强、民主、文明、和谐、美丽的社会主义现代化国家。

(二)中国道路的开创与发展

我国社会主义制度基本建立以后,以毛泽东为主要代表的中国共产党人,坚持把马克思主义和中国实际相结合,对适合中国特点的社会主义建设道路进行了艰辛探索,在经济建设、政治建设、文化建设以及社会建设等方面提出了许多正确的思想观点,这些正确的思想观点成为中国特色社会主义道路探索的起点和思想源头。

党的十一届三中全会以后,以邓小平为主要代表的中国共产党人坚持解放思想、实事求是,围绕"什么是社会主义,怎样建设社会主义"这一首要的基本问题,在改革开放和社会主义现代化建设实践中,不断探索中国特色社会主义建设道路。1982年邓小平第一次提出"建设有中国特色的社会主义"的科学命题,党的十三大确立了中国特色社会主义发展道路,十四大形成了比较完整的中国特色社会主义理论体系。

党的十三届四中全会以来,面对变化了的世情、国情和党情,以江泽民为核心的党的第三代中央领导集体,进一步解决了"什么是社会主义、怎样建设社会主义"的问题,创造性地回答了"建设什么样的党、怎样建设党"的问题,创立了"三个代表"重要思想。在这时期确立了经济建设、政治建设、文化建设三位一体的中国特色社会主义事业的总体布局,进一步发展了中国特色社会主义道路。

党的十六大以来,以胡锦涛为总书记的新一届中央领导集体围绕"实现什么样的发展、怎样发展"等发展的基本问题,确立了经济建设、政治建设、文化建设、社会建设四位一体的中国特色社会主义建设的总体布局,回答了新形势下发展中国特色社会主义的一系列重大问题。党的十八大以来确立的经济建设、政治建设、文化建设、社会建设和生态文明建设五位一体的中国特色社会主义建设总体布局以及"四个全面"的发展战略丰富了中国特色社会主义道路的内涵。

(三)中国道路的鲜明特色

每个国家和民族的革命传统、历史命运、文化底蕴和基本国情都不同,其发展道路必然有自己的特色。中国特色社会主义道路是实现社会主义现代化和中华民族伟大复兴的必由之路。与西方资本主义道路相比较,与朝鲜、越南等社会主义国家相比较,中国道路具有自己的鲜明特色。中国道路的特色体现在政治、经济、文化、生态文明、社会和外交等方方面面。

1. 政治建设上:坚持党的领导、人民当家做主和依法治国的有机统一

发展中国特色社会主义民主政治,是全面建成小康社会的重要目标之一,也是中国特色社会主义各项事业发展的政治保证。发展社会主义民主政治,走中国特色社会主义政治发展道路,最根本的就是坚持党的领导、人民当家作主和依法治国三者的有机统一。坚定不移地走中国特色社会主义道路必须坚持中国共产党的领导。党的领导是人民当家作主和依法治国的根本保证。我们只有牢牢坚持党的领导地位,才能使人民民主和依法治国有条不紊地进行。人民当家作主是社会主义民主政治的本质要求。依法治国是党领导人民治理国家的根本方略,它要建立在人民民主的基础之上。

2. 经济建设上:完善社会主义市场经济体制促进经济发展

社会主义市场经济体制是促进我国经济发展的根本途径,它不同于西方的市场经济。西方国家发展市场经济是在资本主义制度下、在私有制经济占主体地位的条件下进行的。而中国特色社会主义道路恰恰是在社会主义制度下、在公有制占主体地位的前提下发展市场经济,这充分体现了中国特色社会主义的发展道路在经济方面的特色。

党的十一届三中全会,拉开了中国经济体制改革的帷幕。从十一届三中全会开始,我国以经济建设为中心大力发展生产力。1992年在邓小平同志南方谈

话以后,市场经济体制初步建立。在改革开放的过程中,我国社会主义市场经济体制逐步发育、成长并发展起来。改革开放以来,中国人民沿着中国特色社会主义市场经济建设这条道路前进,取得了举世瞩目的经济成就,成为中国道路的鲜明经济特色。

3. 文化建设上:坚持马克思主义在意识形态领域的指导地位

中国共产党长期以来始终坚持马克思主义在意识形态领域的指导地位,不搞指导思想多元化,这充分体现了中国特色社会主义道路在文化方面的中国特色。

坚持以马克思主义为指导思想,努力在党的领导下走中国特色社会主义道路,为实现中华民族的伟大复兴而奋斗。坚持用马克思主义中国化的最新成果武装全党、教育人民,用社会主义荣辱观引领风尚。马克思主义是社会主义意识形态的旗帜和灵魂,没有了旗帜和灵魂,社会主义文化发展就会迷失方向,甚至存在被"西化"的危险。

4. 生态文明建设上:推进绿色发展、循环发展、低碳发展以建设美丽中国

党的十八大报告指出,要把生态文明建设放在突出地位,建设美丽中国。这是党和国家首次把"美丽中国"作为执政理念提出,报告中还提到要建设美丽中国必须着力于绿色发展、循环发展、低碳发展。"美丽中国"体现社会主义生态文明的理念,主张经济社会发展的同时必须充分考虑自然资源和生态环境承载能力,力争在生产生活过程中实现资源、能源的绿色化、循环化、低碳化。

十九大报告指出我国的生态文明建设取得了显著效果,全国全党贯彻绿色发展理念的自觉性和主动性显著增强,忽略生态环境保护的状况已明显改善。建设生态文明是中华民族永续发展的千年大计,我们要努力形成绿色发展方式和生活方式,坚定走生产发展、生活富裕、生态良好的文明发展道路,建设美丽中国,为人民创造良好的生产生活环境,为全球安全做出贡献。中国特色的社会主义生态文明强调绿色发展、循环发展、低碳发展,是尊重自然和按自然规律办事的表现,是中国人民努力实现人与自然和谐相处和实现人与物的可持续发展的追求,是中国道路鲜明的生态文明特色。

5. 社会建设上:加强社会主义民生建设以构建社会主义和谐社会

社会主义和谐社会建设重在加强民生建设。党的十九大报告指出,在过去的五年,人民的生活水平不断改善,我们党深入贯彻的以人民为中心的发展思

想,以及一大批惠民举措的落地实施,使得人民的获得感显著增强。民生问题直接关系人民群众吃、穿、行、用等最基本的生活需要问题,是人民群众最基本、最直接的利益载体。它和人民群众息息相关,既是具体实际的关系,也是根本长远的关系。只有认真解决好人民群众的民主问题,人民才会安居乐业,才能感受到中国共产党和中国人民政府治理国家的根本用心和决心,才能保证社会主义现代化事业建设具有和谐稳定的氛围,才能积极促进社会主义和谐社会建设。

6. **外交建设上:坚持独立自主的外交政策,走和平发展道路**

走和平发展道路是中国实现现代化的必由之路。中国走和平发展道路有着深刻的历史依据、文化渊源和科学依据。求和平、谋发展、促合作已经成为时代不可阻挡的潮流。中国共产党是为中国人民谋幸福的政党,也是为人类进步事业而奋斗的政党。中国共产党始终把为人类做出新的更大的贡献作为自己的使命。

中国道路高举和平、发展、合作、共赢的旗帜,恪守维护世界和平、促进共同发展的外交政策的宗旨,坚定不移在和平共处五项原则的基础上发展同各国的友好合作关系,推动建设相互尊重、公平正义、合作共赢的新型国际关系。中国道路是在和平与发展的条件下,走一条既符合中国国情又适应时代特征,既同经济全球化相联系又独立自主推进社会主义现代化建设,既在维护世界和平中发展自己又以自身发展来促进世界和平的发展道路,中国通过走和平发展道路实现"中国梦",实现中华民族伟大复兴的历史征程。[2]

二、中国道路的时代价值

(一)为实现中华民族伟大复兴奠定道路基础

党的十八大指出:"道路关乎党的命运,关乎国家前途、民族命运、人民幸福,所以全面建成小康社会,加快推进社会主义现代化,实现中华民族伟大复兴,必须坚定不移地走中国特色社会主义道路。"[3]我们党自成立以来就肩负起实现中华民族伟大复兴的历史重任,不断地探索和实现"民族振兴与国家富强"的梦想。十九大报告指出,我国已进入新时代,在新的时代我们仍然不忘初心、牢记使命,高举中国特色社会主义伟大旗帜,坚持中国特色社会主义道路,为谋取民族复兴,夺取新时代的伟大胜利而奋斗。

我国社会主义建设已取得重大成就。在综合国力方面我国已跃居全球第二。我国生产力水平已得到很大的提高,不再像过去那样发展经济而忽视环境的变化。政治文明程度、文化竞争力、科技水平均显著提高。在过去的五年里,我国经济建设取得重大成就,全面深化改革取得重大突破,民主法治建设迈出重大步伐,思想文化建设取得重大进展,人民生活水平不断提高,生态文明建设成效显著。中国梦是每一个中国人的梦想,是人民的梦想,必须依靠全体人民的不断努力才能够实现。

正像习近平总书记说的那样,让中国人"共同享有人生出彩的机会、共同享有梦想成真的机会、共同享有同祖国和时代一起成长与进步的机会","有梦想,有机会,有奋斗,一切美好的东西都能够创造出来"[4],走中国路、圆中国梦无疑是当代中国最耀眼的时代主题。

(二)中国道路为广大发展中国家提供了有益的借鉴

中国道路是中国共产党治国理政的成功经验和理论总结,在中国道路的指引下中国实现了从落后的农业大国向先进的工业大国的跨越式发展,实现了对传统资本主义发展模式的历史性超越,这些为发展中国家提供了发展启示和历史借鉴。[5]

20世纪中后期,包括中国在内的广大发展中国家通过自身的努力,陆续摆脱了殖民统治,获得了人民解放和民族独立。特别是改革开放以来,我国将经济建设作为各项工作的重心,恰当地处理了改革、稳定和发展的关系,促使经济发展不断踏上新台阶、人民生活持续改善、经济结构转型加快、基础设施日益完善、发展的综合优势不断凸显。我国经济创造的巨大成就为广大发展中国家摆脱贫困、走向富裕、实现现代化转型提供了许多可借鉴的经验。

我国不仅为广大发展中国家提供了经济方面的经验和教训,而且在政治和文化等多个方面也提供了有益的借鉴。我国在推进经济改革的同时始终将政治改革贯穿于始终,努力为经济建设创造稳定的政治环境。我国在继承优秀传统文化的同时以虚心学习的态度对待西方文化。借鉴和汲取西方文化的优秀成果,坚决拒绝西方文化的糟粕和腐朽成分,并与西方国家的文化殖民主义、文化霸权主义等进行坚决的斗争,维护了国家的稳定与和谐,这对发展中国家有着重要的借鉴意义。

(三) 中国道路鼓舞了广大社会主义国家

中国人民在世界社会主义运动处于危难时刻选择了中国特色社会主义道路。20世纪80年代末90年代初,"苏东剧变"使世界社会主义运动遭受了空前的挫折。毫无疑问,世界社会主义运动陷入了低谷。"社会主义失败了""社会主义的历史已经终结""社会主义政权已被埋入历史的坟墓"等多种言论接踵而来。

面对世界社会主义运动的重大挫折,不少人也对中国产生了种种疑虑。但中国共产党人面对当时国际社会所带来的严峻挑战,冷静应对并从中吸取教训,在这关键的时刻仍然坚定对社会主义的信念、坚守对马克思主义的信仰。中国共产党带领中国人民既不走封闭僵化的老路也不走改旗易帜的邪路,而是闯出了一条中国特色社会主义的新路。中国特色社会主义道路引领世界社会主义运动走出了低谷,极大地鼓舞了全世界人民坚持走社会主义道路的信心,使全世界人民在社会主义运动的低潮中看到了社会主义的希望。中国特色社会主义道路使全世界人民认识到:"苏东剧变"并不是社会主义的终结。

(四) 中国走和平发展道路为人类文明探索出一种新的发展模式

作为世界上最大的发展中国家,中国坚持独立自主的和平外交政策,坚持走和平发展的道路,坚持互利共赢的开放战略,推动构建人类命运共同体。在实现内部良性有序健康发展的同时,中国还以身作则,积极践行正确的义利观,始终不渝地践行不争霸、不称霸、不结盟、不扩张、永不谋求势力范围的庄严承诺,倡导"构建以合作共赢为核心的新型国际关系,坚定推进全球安全治理,维护和平稳定的国际环境",倡导"开展和而不同、兼收并蓄的文明交流"[6]。中国尊重世界各个国家的发展道路,中国虽然强大了但永远都不会称霸。中国将以和平的方式与其他国家共享改革开放的成果并与广大发展中国家分享改革和发展的成功经验,这是人类的进步。与西方大国以军事侵略、政治控制、经济掠夺和文化渗透的发展方式不同,中国走出了一条完全不同的发展道路。

(上海大学 杨秀君 刘亚丽)

参考文献

[1] 许江,王明生.中国道路的世界历史意义解读[J].南京大学学报(哲学·人文科学·社会科学),2016(3).

[2] 李淑琴,赵洪武.中国道路的鲜明"特色"论析[J].知行铜仁,2016(3).

[3] 中国共产党第十八次全国代表大会文件汇编[M].北京:人民出版社,2012:20.

[4] 陈晋.走中国道路圆中国梦想[J].新疆师范大学学报,2013(4).

[5] 李明倩.论中国道路对发展中国家的榜样示范效应[J].产业与科技论坛,2017(23).

[6] 习近平.加强国际核安全体系 推进全球核安全治理——在华盛顿核安全峰会上的讲话[N].人民日报,2016-04-03(02).

[7] 孟飞,姚顺良.发展中国家如何实现现代化转型——中国特色社会主义道路的启示[J].理论月刊,2017(6).

[8] 孙景峰,刘佳宝.对中国道路世界意义的再探讨[J].理论与改革,2016(1).

[9] 陈学明,陈悦.论中国道路对世界社会主义运动的意义[J].毛泽东邓小平理论研究,2014(1).

[10] 王庆五.中国道路、中国模式与中国经验[J].江苏行政学院学报,2009(3).

[11] 李红军.中国特色社会主义道路的世界历史意义[J].学校党建与思想教育,2015(6).

[12] 江敦秀.现代化视域下的中国道路及其当代价值[D].沈阳:辽宁大学,2015.

[13] 吴晓芳."中国道路"的特色、挑战和对策研究——"五位一体"总布局视角下的研究思考[D].福州:福建农林大学,2015.

中国道路的时代价值

[摘　要]　中国特色社会主义道路即中国道路,是中国共产党领导中国人民在改革开放的实践中,从中国的实际出发,坚持把马克思主义的基本原理与中国实际相结合,开辟的一条崭新道路。这条道路把社会主义建设同中国现代化的实现、中华民族的伟大复兴内在地统一起来,成为实现中国现代化和中华民族伟大复兴的必由之路,具有广阔的发展前景和重要的时代价值。本文从中国道路的探索历程、科学内涵、时代特征及世界意义四个方面,来阐明中国特色社会主义道路的时代价值。

[关键词]　中国道路;科学内涵;时代价值

一、中国道路的探索历程

在社会主义运动诞生的几百年间,无产阶级为如何建设社会主义做出了许多尝试与探索,却始终未能找到一条真正完美与正确的道路。马克思、恩格斯关于社会主义建设的理论,也没有明确指出社会主义建设的确定的建设模式。列宁由于去世过早,也没有来得及对如何建设社会主义进行深入的探索和总结,他提出的"新经济政策"也不是成熟的方案。[1]1-6 由此可见,社会主义的建设始终是一个在实践中不断探索总结的过程。

苏联的社会主义建设模式,曾给我国社会主义建设初期提供了很好的经验,高度集中的计划经济体制使苏联迅速地实现了社会主义工业化,奠定了社会主义建设的物质基础,其经济、政治、军事迅速发展,拥有了能与美国抗衡的实力。

这种高度集中的建设模式在当时的历史环境中体现出一定的优越性,但是由于不够成熟完善,它的弊端逐渐显露出来,随着苏共领导人的一代代变换和改革的一项项实施,苏联社会主义建设模式的弊端愈发严重,渐渐制约了苏联社会主义的继续发展,最后出现了一系列问题,导致苏联解体,世界社会主义运动也陷入了低潮。

纵观社会主义运动的发展历史,人们发现:社会主义运动已逐渐由几个人的思想观点发展成为席卷全球的波澜壮阔的人类解放运动,先后经历了从空想到科学,从一种模式到多样化发展的不同阶段,极大地影响了人类历史进程,改变了人类社会面貌。然而,正当世界社会主义运动高歌猛进的时候,苏联社会主义模式的崩溃,给世界社会主义运动带来了巨大冲击,一度使世界社会主义运动陷入低潮。但是,中国特色社会主义的再度崛起和巨大成功,又重新给低潮中的社会主义注入了新的生机和活力,推动世界社会主义运动再次走向高潮。[1]1-6

回首中国近代的几十年历史,满眼所见皆是被掠夺、被压迫。西方资本主义国家日益强大,少数发展中国家走向资本主义道路,虽然在某个时期实现了经济快速增长,但出现了严重的两极分化,以及社会矛盾加剧、生态环境破坏等严重问题。对于中国这样一个经济文化落后的东方大国来说,这两条发展道路都走不通。要改变旧中国积贫积弱、内忧外患的悲惨命运,实现民族振兴、国家富强,增进人民福祉,没有现成的模式可以参照,只能探索新路。因此,党在十八大报告中明确指出:"回首近代以来中国波澜壮阔的历史,展望中华民族充满希望的未来,我们得出一个坚定的结论:全面建成小康社会,加快推进社会主义现代化,实现中华民族伟大复兴,必须坚定不移走中国特色社会主义道路。"

中国特色社会主义的发展模式和道路是在改革开放的伟大实践中走出来的,是在中华人民共和国成立以来的持续探索中走出来的,是在对近代以来中华民族发展历程的深刻总结中走出来的,是在对中华民族五千多年悠久文明的传承中走出来的,具有深厚的历史渊源和广泛的现实基础。

中国特色社会主义既是对斯大林模式社会主义的否定,也是对中国传统社会主义实践模式的突破。新中国成立以来,以毛泽东同志为核心的党的第一代中央领导人领导人民创造性地完成了新民主主义革命,全面确立了社会主义基本制度,中国发生了翻天覆地的变化,社会生产力获得了极大的解放。社会主基本制度建立后,中国在建设初期,曾经一度"以苏为师",全面向苏联学习,但是学习一段时间之后,发现苏联在建设社会主义的理论与实践方面都存在问题,于是毛泽东在1955年底提出"以苏为鉴",开始探索"走自己的路"等重大问题。探索过程中取得的成果在党的八大得到充分展示,但是,八大时期出现的先进而又宝贵的探索,很快被"左"的浪潮淹没了。从1957年开始,由于毛泽东对国际国内形势判断的失误,出现了"左"的思想,随后发动了"大跃进"和人民公社化运动。当时在如何建设社会主义问题上形成了中国传统社会主义理论模式,其主要特点是在经济体制上形成了计划经济模式,在发展方式上形成了封闭半封闭的模式,结果到"文化大革命"结束时,各个方面都陷入了僵化和停滞,有的方面甚至严重倒退,国家的经济社会运行系统濒临崩溃。而毛泽东也看到了斯大林模式存在的问题,但是由于受到时代的限制,在探索的过程中走了弯路,没有从根本上跳出斯大林模式的框框。邓小平在探索社会主义建设道路的过程中,批判了斯大林模式,清算了它对中国社会主义建设理论与实践的负面影响。邓小平指出:"我们坚持马列主义、毛泽东思想,坚持社会主义道路,不过什么叫社会主义的问题,我们现在才解决。我们过去照搬苏联搞社会主义的模式,带来很多问题。我们很早就发现了,但没有解决好。"[2]邓小平指出斯大林模式的要害是教条和僵化,搞得太死,搞得太单纯,结果是形式限制了内容,手段变成了目的,体制束缚了发展,"确立社会主义的三大新的经济制度支柱,即社会主义市场经济,以公有制为主体、多种经济成分并存的所有制结构,以按劳分配为主体、多种分配方式并存的分配制度"[3]。三大经济制度加上中国特色社会主义政治制度等方面理论与制度的确立,使得中国特色社会主义道路得以形成。

中国特色社会主义道路的根本目标是要建设富强、民主、文明、和谐的社会主义现代化国家,这是与中国现代化和中华民族伟大复兴的目标高度一致的。实现现代化是中国共产党长期奋斗的历史主题。中国现代化建设的目标是与近代以来民族独立、人民解放和国家繁荣富强、人民共同富裕这两大历史课题密切相连的。毛泽东结合世界现代化发展的潮流,根据中国的具体国情,提出了"四个现代化"的建设目标,使得中国人民建设国家的热情、智慧和力量有了具体的寄托,从而激发了全国人民建设社会主义现代化强国的积极性。邓小平将"四个现代化"目标发展为"富强、民主、文明的社会主义现代化",他强调:"我们要在大幅度提高社会生产力的同时,改革和完善社会主义的经济制度和政治制度,发展高度的社会主义民主和完备的社会主义法制。我们要在建设高度物质文明的同时,提高全民族的科学文化水平,发展高尚的丰富多彩的文化生活,建设高度的社会主义精神文明。"[4]这是对中国现代化目标新的概括,涵盖了中国现代化的物质、精神、制度三个层面。邓小平的这一设想为中共中央所采纳。1987年,党的十三大制定的社会主义初级阶段基本路线中,明确地用"富强、民主、文明的社会主义现代化"代替了"四个现代化",使中国现代化目标更加全面、科学,并更具有中国特色。2006年10月,中共中央又进一步提出构建社会主义和谐社会的目标,明确指出社会主义和谐社会是经济建设、政治建设、文化建设、社会建设协调发展的社会,是人与人、人与社会、人与自然整体和谐的社会,要贯穿于中国特色社会主义的整个历史过程。中国特色社会主义道路明确地表述为"富强、民主、文明、和谐"的建设目标,使我国的建设目标更加完整准确,只有这样才能使民族振兴、国家富强和人民幸福。这既是中国特色社会主义道路的建设目标,也是中华民族伟大复兴的奋斗目标,体现了全党及全国各族人民的共同愿望,必将成为贯穿中国特色社会主义事业全过程的长期历史任务。

开辟中国特色社会主义是改革开放以来我们党取得一切成绩和进步的根本原因,是实现中国现代化和中华民族伟大复兴的必由之路。改革开放以来,我们党排除来自各方面的干扰,以改革开放为强大动力,不断解放和发展社会生产力,促进中国实现了历史性的跨越。以江泽民同志为核心的党的第三代中央领导集体的探索和实践,坚定捍卫了中国特色社会主义,确立了社会主义市场经济体制的改革目标和基本框架,全面推进党的建设的新的伟大工程,成功把中国特色社会主义推向21世纪。关于改革开放以来,党和国家各项事业取得的举世瞩目的伟大成就,胡锦涛在纪念党的十一届三中全会召开30周年大会上的讲话中进行了系统的总结,其中最为突出的成就可以概括为3个方面:一是改革开放以来的30年,我们国家获得了自近代以来从未有过的长期快速的发展,经济保持了年均9.8%的快速增长,高于世界经济年均3.3%的增速;二是人民生活实现了从温饱不足到总体小康的历史性跨越,农村贫困人口从2.5亿人减少到4 007万人,共同富裕的目标正在逐步实现;三是我们经受住了20世纪80年代末90年代初国内严重政治风波以及国际上东欧剧变、苏联解体的严峻考验,战胜了来自政治、经济、社会领域和自然界的各种困难和挑战,展示出应对各种风险和挑战的强大力量。[5]

党的十八大以来,以习近平同志为核心的党中央带领全党、全军、全国各族人民,把握发展趋势、运筹帷幄,统揽全局,进行了新的实践。改革开放以来,我们先后建成了三峡工程、青藏铁路、京沪高铁、京广高铁、西气东输、西电东送等举世瞩目的重大项目,并正在大力推进南水北调工程建设;改革开放以来,我们举办了一系列影响深远的重大国际活动,先后成功举办了2008年北京奥运会、2010年上海世博会和2010年广州亚运会等;改革开放以来,我们在高科技领域取得了一系列巨大突破,实现了在世界高科技领域"占有一席之地"的愿望,先后完成了包括神舟飞船9次飞天、天宫一号与神舟八号和九号交会对接在内的载人航天工程以及运算速度达到每秒千万亿次的超级计算机"天河一号"等高科技项目;改革开放以来,我们战胜了一系列重大的自然灾害:1998年大洪水、2003年春天"非典"疫病、2008年汶川大地震和甘肃舟曲特大泥石流、2010年青海玉树地震、2013年雅安大地震等各种灾害;改革开放以来,我们建立了世界上覆盖人口最多的养老保险制度和基本医疗保险体系,使越来越多的人民群众享受到改革开放的成果。我们之所以能取得这些成就要归功于中国矢志不渝地走中国特色社会主义道路。对于这个基本的历史事实,世人国人有目共睹,虽然有时也有噪音,如有的人鼓吹走资本主义道路,主张全盘西化;有的人主张以民主社会主义(民主社会主义是指新形势下的资本主义)来解决发展中遇到的问题。但是中国的国情决定中国一旦采取这些发展道路,发展的速度就会大大放慢,失去当前发展良机,造成社会发展的停滞和人民生活水平的下降,改革开放以来取得的伟大成绩就会毁于一旦。这些思想理论和政治主张在中国根本就行不通。

由此可见,无论是资本主义道路还是民主社会主义道路,都不能引用于中国的特殊国情,唯有中国特色社会主义道路是科学社会主义在当代中国的创新模式,深深地根植于中国特殊国情的土壤,成为当代中国实现现代化和中华民族伟大复兴的唯一正确的发展道路。如果说苏联、东欧社会主义的失败宣告了传统社会主义模式历史使命的结束的话,中国特色社会主义实践模式的兴起则昭示了社会主义的新生与自我革新、自我完善的强大能力,证明了社会主义道路极大的优越性,它代表着人类社会的发展方向,具有无限光明的前景。[1]1-6 我国仍处于并将长期处于社会主义初级阶段,中国共产党只有坚持党的基本路线,高举中国特色社会主义的伟大旗帜,坚持走中国特色社会主义发展道路,才能把我国建设成富强、民主、文明、和谐的社会主义现代化强国。

二、中国道路的科学内涵

中国特色社会主义包括中国特色社会主义道路、中国特色社会主义理论体系、中国特色社会主义制度、中国特色社会主义文化。什么是中国特色社会主义道路?党的十九大报告对此向我们作出了全面阐释。而这所谓的中国特色,在接下来的几年里,也将成为一种风向标和社会各界所关注的焦点,乃至在全世界范围内都将是一件值得关注的事情。

所谓中国特色社会主义道路就是中国共产党对现阶段纲领的概括,是中国人民的历史选择,是实现中国梦的必由之路。中国特色社会主义道路要求把马克思主义的普遍真理同本国的具体实际结合起来,一方面要坚持马克思主义的基本原理,走社会主义道路;另一方面必须从中国实际出发,不照抄、照搬别国的经验模式,走适合中国特点的道路,逐步实现工业、农业、国防和科学技术现代化,把中国建设成为富强、民主、文明、和谐的社会主义国家。

其实对于什么是中国特色社会主义道路,党早在十七大报告第二部分就作出了初步的界定:"中国特色社会主义道路,就是在中国共产党领导下,立足基本国情,以经济建设为中心,坚持四项基本原则,坚持改革开放,解放和发展社会生产力,巩固和完善社会主义制度,建设社会主义市场经济、社会主义民主政治、社会主义先进文化、社会主义和谐社会,建设富强、民主、文明、和谐的社会主义现代化国家。"这一论断,明确勾画了中国特色社会主义道路的轮廓,说明了中国特色社会主义道路的特质。我们可以从以下五个层面理解中国特色社会主义道路:

第一,坚持中国共产党的领导。中国共产党是我国社会主义事业的领导核心,也是社会主义民主政治建设的领导核心。无论是发展社会主义民主,还是建设社会主义法治国家,都要坚持党的政治、思想和组织领导。只有坚持党的坚强领导,才能按照最广大人民群众根本利益的要求,把全国各民族、各阶层人民的力量和意志凝聚起来,领导、组织、支持人民掌握好国家权力,管理好国家事务、社会事务和各项事业。只有坚持党的领导,才能坚持我国民主政治发展的正确方向。坚持共产党的领导,就是坚持民主的社会主义性质,坚持人民在国家和社会中的主人翁地位。

第二,坚持中国特色社会主义制度。一个国家所走的道路,首先是社会制度问题,也就是坚持哪一种社会制度。对此,党在十八大报告中指出,中国特色社会主义制度,就是人民代表大会制度的根本政治制度,中国共产党领导的多党合作和政治协商制度、民族区域自治制度以及基层群众自治制度的基本政治制度,以公有制为主体、多种所有制经济共同发展的基本经济制度,中国特色社会法律体系,以及建立在这些制度基础上的经济体制、政治体制、文化体制、社会体制等各项具体制度。中国特色社会主义道路是实现的途径,中国特色社会主义理论体系是行动指南,中国特色社会主义制度是根本保障,三者统一于中国特色社会主义伟大实践,是党领导人民在社会主义建设长期实践中形成的最鲜明的特色。

第三,毫不动摇地坚持发展内涵。发展是中国特色社会主义道路的主题、主线和主旋律。我们党通过长期探索,对发展内涵的认识不断深化,从两个文明建设到三个文明建设,再到把中国特色社会主义事业的总体布局拓展为经济建设、政治建设、文化建设、社会建设四位一体。这反映了我们党对社会主义尤其是中国特色社会主义规律性的认识更加深化。

第四,坚持社会主义民主法制建设。十一届三中全会后,党不断加强社会主义民主政治建设,并通过制度化、法律化,努力使社会主义民主法治建设健康有序地发展。党坚持把党的领导、人民当家做主和依法治国有机统一起来,以此推进社会主义民主逐步扩大,社会主义法治不断加强,从而充分调动广大人民群众的积极性,有效地保证社会的稳定,为改革开放和现代化建设提供了有力的保障,从而保障社会和谐稳定,国家长治久安。

第五,坚持现阶段基本目标。即为把我国建设成为富强、民主、文明、和谐的社会主义现代化国家而奋斗。而衡量共产党员、领导干部是否具有共产主义远大理想,那就要看其能否坚持全心全意为人民服务的根本宗旨,能否为理想而奋不顾身去拼搏、去奋斗、去献出自己的全部精力乃至生命。

通过走中国特色社会主义道路,在政治上,我们已经掌握了国家政权,确立了工人阶级的领导地位,巩固和加强了工农联盟。在经济上,通过没收官僚资本转化为具有社会主义性质的国营经济,我们已经掌握了国家的经济命脉,为实现对生产资料的社会主义改造,完成从新民主主义到社会主义的转变创造了最重要的条件。因此,选择社会主义道路是中国近现代经济、政治发展的必然结果。总之,社会主义制度在中国的确立、巩固和发展,体现了中国近现代社会运动的客观规律,是中国历史上最伟大、最深刻的变革。中国特色社会主义的现代化道路,是中国共产党三代中央领导集体领导中国人民进行长期探索的结晶,凝聚了几代共产党人对现代化理想的追求。这条道路,已经初步振兴了当代中国,未来中国的全面振兴,只能由社会主义的现代化道路实现。因此,我们应坚定不移走中国特色社会主义道路,为祖国的繁荣和发展奠定坚实的基础!

中国道路可以说是一条正在不断发展的社会主义道路,是我国自改革开放以来所确立的中国特色社会主义发展道路,这是我党坚定不移的信念,也是我国人民所做出的历史性的抉择。中国特色社会主义道路是推动中国社会发展的成功之路,中国特色社会主义道路坚持了科学社会主义的基本原则,实现了科学社会主义基本原则与中国实际和时代特征的紧密结合,是科学社会主义在当代中国的创新模式。改革开放以来,在中国特色社会主义伟大旗帜的引领下,我国经济社会不断发展,人民生活水平不断提高,综合国力不断增强,中国人民的面貌、社会主义中国的面貌、中国共产党的面貌都发生了历史性变化。事实雄辩地证明,中国特色社会主义道路,是我们实现国家富强、人民幸福安康的唯一正确道路。在当代中国,坚持中国特色社会主义道路就是真正坚持社会主义。

三、中国道路的时代特征

中国特色社会主义道路之所以能够引领中国不断发展进步,最根本的原因在于它破除了对马克思主义教条式的理解,抵制了抛弃社会主义基本制度的错误主张,避免了苏联模式的集中专制,坚持了科学社会主义的基本原则,具有鲜明的中国风范与时代特色。它是与中国国情紧密结合、与时代共同发展、与人民群众同命运的当代中国特色社会主义。中国特色社会主义是坚持马克思主义的典范,赋予了马克思主义鲜活的力量。

中国特色社会主义道路具有三大特点:

首先,中国特色社会主义道路根植于中国的传统文化。中国共产党运用辩证唯物主义和历史唯物主义打破了传统与现代之间机械的二分法,转而在推行现代化的过程中强固中华民族的传统根基,实现了两者的有机结合,而且使传统文化中的一些重要成分焕发新的生机。中国对待传统价值采取灵活实用的态度,去其糟粕取其精华,将其融入新时期的世情、国情与党情,提出了一系列颇具中国特色的新思想、新观点、新论断。最近几年又突出了反腐倡廉的号召,在传统的反腐人治的基础上突出新时代的法治特色,社会风气为之一新,党治理国家的能力显著提升。

其次,中国特色社会主义道路实现了对社会主义理论和制度的创新。原先的社会主义理论固然独具洞见,但是不一定完全适合中国的国情。以习近平同志为核心的新一届党中央领导集体执政后,一直致力于全面深化各个领域的改革,提出了一系列颇具中国特色的新思想、新观点、新论断,开辟了国家治理体系与治理能力现代化的道路。为实现经济发展的新常态,他们正在探索中国产业结构的调整与升级的新路,推进供给侧结构性改革,中国的社会主义现代化建设开始迈上新台阶。

再次,中国特色社会主义道路实现了发展方式的创新。中国特色社会主义道路既不同于靠殖民与掠夺起家的西方模式,也不同于计划经济体制下高度集权的苏联模式,而是以和平发展为基点的崭新道路模式。中国特色社会主义道路从启动之初就选择了和平发展的方式,从1955年万隆会议开始中国就向世界宣告了与世界各国一道和平发展的基本外交理念。近几年中国推动了"一带一路"倡议,努力建设丝绸之路经济带和21世纪海上丝绸之路。中国历来秉持和平发展和平外交的理念,不称霸,集中精力办好自己的事,始终把解放和发展生产力,建设富强、民主、文明、和谐的现代化强国作为第一要务,创造了"中国奇迹",而且很大程度上惠及了世界各国民众。进入新时代,习近平总书记又指出了中国走和平发展道路的必然性——实现中华民族伟大复兴的中国梦,"必须有和平的国际环境,没有和平,中国和世界也不可能有持久和平","走和平发展道路,是中华民族优秀文化传统的传承和发展,也是中国人民从近代以后的苦难遭遇中得出的必然结论"。这就是中国特色社会主义道路的一大独特之处,也让世界看到,和平发展依然可以使大国崛起。

2017年10月18日,中国共产党第十九次全国人民代表大会在北京胜利召开,习近平总书记在开幕式中指出:经过长期努力,中国特色社会主义进入了新时代。他又指出了这个新时代的五个内涵和标志:"这个新时代,是承前启后、继往开来、在新的历史条件下继续夺取中国特色社会主义伟大胜利的时代,是决胜全面建成小康社会,进而全面建设社会主义现代化强国的时代,是全国各族人民团结奋斗、不断创造美好生活、逐步实现全体人民共同富裕的时代,是全体中华儿女勠力同心、奋力实现中华民族伟大复兴中国梦的时代,是我国日益走进世界舞台中央、不断为人类做出更大贡献的时代。"在这样一个努力奋进积极向上的时代中,中国特色社会主义道路必将展现出更加崭新的时代特征。

四、中国道路的世界意义

中国特色社会主义道路的探索、发展和完善,始终与时代同呼吸、共命运,当代世界社会主义运动,对发展中国家,乃至于对全人类发展都具有重大的意义。中国特色社会主义的成功经验,既避免了资本主义为充分发展所带来的灾难和痛苦,又借鉴吸收了资本主义的一切文明成果,并大大缩短了实现现代化的进程,走出了区别于传统的现代化道路的崭新道路。其主要借鉴意义在于:从本国实际出发,走符合本国国情的发展道路,走独立自主的发展道路,正确处理改革、发展和稳定之间的关系。中国特色社会主义道路离不开世界文明发展大道,是一种开放的、引领时代的道路,给人类发展带来新的希望。[6]

中国特色社会主义道路坚持了科学社会主义的基本原则,实现了科学社会主义基本原则与中国实际和时代特征的紧密结合,是科学社会主义在当代中国的创新模式。邓小平同志在1992年南方谈话中概括的"社会主义的本质,是解放生产力,发展生产力,消灭剥削,消除两极分化,最终达到共同富裕",是在坚持社会主义基本原则的基础上,结合社会主义建设正反两方面历史经验作出的科学概括。这一概括内在规定了中国特色社会主义道路解放和发展生产力的根本任务,以实现全体人民的利益为出发点,最终达到共同富裕的根本归宿。中国特色社会主义强调中国共产党必须始终代表中国最广大人民的根本利益,坚持以人民拥护不拥护、赞成不赞成、高兴不高兴、答应不答应作为自己一切工作的出发点和归宿,强调发展为人民、发展依靠人民、发展成果由人民共享,加快推进以改善民生为重点的社会建设。

中国特色社会主义道路最大特点是改革开放。改革开放包括对内改革和对外开放两个方面的内容。在对内改革方面,经历从农村到城市,从经济领域到其他各个领域的发展历程,成功地实现了从高度集中的计划经济体制到充满活力的社会主义市场机制的转变,成功地实现了从封闭半封闭到全方位开放的伟大历史转折,使人民不断从改革开放和现代化建设中得到实惠,从根本上克服传统社会主义忽视人民的具体物质利益、抽象谈论社会主义优越性的错误,使中国特色社会主义成为更贴近民生、更加合乎社会主义本质的社会主义。

中国特色社会主义道路敏锐把握当今世界经济发展的脉搏,主动顺应经济全球化的发展趋势,正确处理自力更生和对外开放的关系,把坚持对外开放作为基本国策,坚持加强本国经济与世界经济的联系与交流,充分利用国际国内两个市场,主动加入国际经济大循环,改变了传统社会主义关起门来进行封闭式建设的狭隘做法。中国特色社会主义道路坚持用宽广的眼光看待世界,注意总结和吸收包括资本主义国家在内的一切有利于我国发展的经验和做法,强调把握时代发展的趋势和变化,强调研究人类社会发展规律、社会主义建设规律和共产党执政规律,注意人类文明的普适性价值,突出社会主义价值取向,抛弃阶级斗争的思维,接受了公平、正义、人道、自由、平等、民主、和谐、以人为本、共赢、包容等反映人类社会文明进步的概念和范畴,同时又赋予其社会主义的更高要求,从而不仅将我国融入人类文明进步的大潮,也使得中国特色社会主义道路越走越宽广。

世界各国都有自己独特的历史文化传承和实践经验,但在历史经验相似、所处时代背景相近的前提下,大多数发展中国家所面临的共性问题是:如何发展经济,摆脱贫穷,变落后的农业国为先进的现代化工业国。而作为发展中国家的中国,秉持开放精神,积极借鉴其他国家或地区的发展经验,积极开创的中国特色社会主义道路和发展模式破解了现代化发展的诸多难题,丰富和拓宽了世界发展模式,不仅使我国由落后的农业国实现现代化,走上了民族伟大复兴的道路,也为其他发展中国家摆脱困境实现现代化提供弥足珍贵的参考和借鉴。

首先,正确处理对内改革和对外开放关系。一个国家进行现代化建设时,应当首先把眼光放在国内,着力把自己的事办好,而办好的途径就是推进对内改革。中国对内改革的步伐从未间断,主要表现在:一是对经济体制进行了改革,在农村取消人民公社制,实行家庭联产承包责任制,在城市取消旧的企业管理制度,实行现代管理制度,经过改革实现了由计划经济体制向社会主义市场经济体制一大转变;二是对政治体制进行改革,大力推进民主法治建设,废除领导干部终身制,加强党内民主建设,实现依法治国;三是对文化体制、社会体制、生态文明体制进行改革,建设与社会主义现代化建设相适应的文化、社会和生态文明机制。对内改革只是推进国家现代化进程的一个方面,另一个重要方面就是对外开放。当今世界,世界全球化势不可挡,任何国家都不可以在闭关锁国的状况下获得快速发展,只有把握正确的价值导向和判断标准,积极主动融入到世界经济秩序中,才能充分利用先进国家的领先技术,站在发达国家几百年现代化建设先进成果的肩膀上,实现本国现代化的跨越式发展。

其次,正确处理独立自主与对外开放之间的关系。理想的情况下,每个国家都应有一条属于自己的现代化道路,因为每个国家的基本国情都是不一样的,解决问题的方案也因此有所不同。别人的经验可以参考,但不能照搬。既不能照搬西方国家的做法,也不能照搬其他社会主义国家的做法,而是根据中国的实际情况,解放思想,实事求是,与时俱进走出一条富有实效的社会主义道路。正因如此,从毛泽东时代以来的党中央历届领导核心在向其他国家介绍中国的发展经验时,通常会指出哪些经验可以借鉴,哪些经验不能借鉴,完全由各个国家自己去选择,并反复强调中国建设始终坚持的一条原则就是要把马克思列宁主义的普遍真理与中国实际情况相结合,坚持独立自主的原则,走自己的路。

再次,正确处理改革、发展、稳定之间的关系。近年来随着中国现代化建设进程的推进,各种矛盾与问题也逐渐凸显出来。比如部分地区政治局势动荡,民族宗教冲突加剧,新旧文化激烈交锋,民主法制不够健全等,这表明我们需要处理好改革、发展与稳定之间的平衡。在中国,改革、发展和稳定是密不可分的一个整体,它们辩证统一于现代化建设的伟大实践中。改革开放以来,中国正确处理了三者之间的关系,主要做法是:第一,抓住机遇,加快发展,通过发展解决遇到的问题;第二,应对挑战,规避风险,着力解决影响发展的突出矛盾与问题;第三,综合平衡,统筹兼顾,全力以赴实现建设中国特色社会主义的伟大目标。这三个方面的基本经验可以归纳为一条,就是综合考虑改革的力度、发展的速度和民众可承受的程度,成功处理好改革、发展和稳定之间的关系。

中国特色社会主义道路以其高远的价值追求、开放的世界胸怀、包容的文化视野、成功的伟大实践,成为实现中华民族伟大复兴中国梦的必由之路。不仅如此,中国道路还打破西方发展模式主导世界发展的垄断格局,走出西方"国强必霸"的传统大国发展模式窠臼,丰富了世界现代化发展道路的多样性,为世界各国尤其是发展中国家提供了可借鉴的中国方案与中国经验,具有重大世界历史意义。

1. 维护世界和平

作为强大的发展中国家,中国自觉树立负责任的大国形象,坚持独立自主的和平外交方针。一直坚持保护和平,反对战争,多次参加维和与反恐活动,积极与周边国家建交并给予发展中国家一些物质与技术的支持。2014 年 3 月 27 日在法国访问的中国国家主席习近平和法国总统奥朗德一同出席了中法建交 50 周纪念大会,习近平说:"拿破仑说过,中国是一只沉睡的狮子,当这头睡狮醒来的时候,世界都会为之发抖,中国这头狮子已经醒了,但这是一只和平的、可亲的、文明的狮子。"

2. 壮大社会主义力量

中国特色社会主义道路是主权国家发展道路理论与实践的创新成果,不仅激发出社会主义的生机与活力,创造了社会发展道路的新模式,而且为发展中国家尤其是共产党执政国家走本国特色发展道路树立了榜样。2006 年英国《生存》季刊撰文指出,蓬勃发展的中国经济为国际社会树立了光辉榜样,为发展中国家开具了一个成功"良方","影响着许多国家的道路"。文章举例说,俄罗斯总统似乎正在效仿中国的道路;中国模式风行南亚;朝鲜谨慎地实施了一定程度的改革开放;非洲希望通过市场机制消灭贫困;中东国家领导人对中国模式表现出前所未有的热情；老挝与越南正在成为"中国模式"的积极学习者。中国坚定地走社会主义道路，坚持人民民主专政的政体，壮大社会主义力量，为世界其他社会主义国家的发展提供借鉴与模仿，帮助与支持，促进了世界无产阶级的壮大，为各国的发展提供了一条有别于资本主义发展的道路，从而真正地实现民主。

3. 探索改革与进步

中国的发展道路也不是一帆风顺的，刚刚建立时，它就像一个初生的婴儿，从模仿到独立地探索，从依靠到自力更生，从孤立到广交，不断地成长。我们从来没有屈服，我们从来没有放弃，我们总是在前进的道路上不断地摸爬滚打，从而不断地进步，我们不会放弃，我们从深圳的小渔村开始，小心谨慎地，一步一步地，从试探到推广。我们曾经的经历，就是一次深刻的教训，就好比"大跃进"与人民公社化运动，我们会犯错，但是我们一定会改正，善于去学习，去积累经验与教训，走改革的且符合我国国情的独特的道路。我们的发展不是一成不变的，我们总会去根据实际的情况去创造、改变、发展。

4. 注重科技与教育

我国的特色社会主义道路一直倡导科教兴国、人才强国，并且在不断地贯彻落实这一理念。科技上，注重科技的研发与创造，大力给予研发资金的支持与知识产权的保护，从制造大国转变成创新大国，使中国制造成为中国创造。教育一直在改革，既注意对高素质人才的培养，坚决地维护考试公平，又在不断地增加对于实践操作能力的培养，打破了高分低能应试教育的局限，培养高素质、灵活机敏的创新型人才。

5. 独立自主

坚持走自己的路，坚持一切从实践出发，实事求是，既不一味地媚外，也不一味地排外，正确地对待外来的思想、文化等。我们不是复制品，我们总是在发展自己。现在强调的中国梦、中国文化、中国的国粹精华，是有其文化内涵的，是要不断地继承发展与创新的。

五、结语

改革开放以来中国之所以取得举世瞩目的成就，新古典主义经济学家认为主要得益于"有力的初始条件",发展经济学家认为关键在于"比较优势战略的选择",也有学者将其归因于非公有制经济广泛而迅速发展的"体制外突破";但若从根本意义和宏观层面上看,更在于中国共产党认清了中国所处的社会主义初级阶段的基本国情,创造性地探索和回答了"什么是社会主义、怎样建设社会主义"这一重大的理论和现实问题,把马克思主义基本原则与原理同中国具体实际相结合,创造性地开辟了一条融市场经济、民主政治、先进文化、和谐社会、生态文明为一体的具有中国特色社会主义道路。

中国特色社会主义的内涵、特征、探索历程及意义,对于我国社会主义现代化建设,开创中国特色社会主义事业新局面有着重要的理论意义和现实意义。它强有力地推动了世界社会主义事业的发展与进步,尽管在未来发展的道路上会碰到许多困难和矛盾,但是中国特色社会主义已经从旧的模式中走出来,朝着光明正确的方向前进,并将为世界社会主义事业的发展作出更大的贡献。鲁迅先生说:"这世间本没有路,走的人多了便成了路。"当今中国人民必将走向一条漫长而又充满时代意义的光明大道——中国特色社会主义道路,其价值既是中国的,也是世界的。

(上海大学　潘哲初)

参考文献

[1] 周治滨.中国特色社会主义道路的时代价值[J].中共四川省委党校学报,2016(3).
[2] 邓小平.邓小平年谱(1975—1997):下卷[M].北京:中央文献出版社,2004:1231-1232.
[3] 赵凌云.改革开放30年思想解放的主题及其展开[J].学习与实践,2008(11).
[4] 邓小平.邓小平文选:第2卷[M].北京:人民出版社,1983:1994-2008.
[5] 中共中央宣传部理论局.六个"为什么"——对几个重大问题的回答[M].北京:学习出版社,2009:33-35.
[6] 曹胜.中国特色社会主义道路对发展中国家的借鉴价值[J].青岛科技大学学报(社会科学版),2014(3).

中国共产党领导核心的形成及现实启示

[摘　要]　实行党的领导和确立具有权威的党的领导核心是中国共产党执政的基本特征和内在要求,也是民主集中制的本质体现。中国共产党领导核心的历史形成具有重要的现实启示:党的领导核心是历史和人民的选择,是中国特色社会主义的本质体现;独立自主是发挥党领导核心作用的基本前提,排除其他政党和外部力量对领导核心的干预;党的领导核心是民主集中制的本质体现,是民主与集中的辩证统一;越是在关键节点,越是要巩固和发展领导核心;中国共产党的领导核心是最具有竞争力的政治资源,是保障中国未来长盛不衰和超越资本主义国家的核心要素。

[关键词]　中国共产党;党的领导核心;党中央;社会主义

　　确立具有权威的领导核心是中国共产党执政的基本特征和内在规律,也是民主集中制的内在要求。社会主义国家政党之所以需要确立领导核心,是因为革命具有特殊性和复杂性。无产阶级推翻资产阶层的社会主义革命必须由具有先进意识的工人阶级领导。因此,自从社会主义革命开始,无产阶级的领导权就具有唯一性和权威性。只有这样,革命事业才能以最快的速度、最稳妥的方式实现。早在19世纪,恩格斯在《论权威》一文中就直言:"能最清楚地说明需要权威,而且是需要最专断的权威的,要算是在汪洋大海上航行的船了。那里,在危险关头,要拯救大家的生命,所有的人就得立即绝对服从一个人的意志。"这足以说明,马克思主义的创始人及马克思主义政党历来高度重视领导核心的巨大作用。

中国共产党的发展历程充分证明,领导核心是我党各项事业健康发展的有力保障,是维护我党和国家的根本利益、坚持和加强党的领导地位的根本保证。新民主主义革命时期形成的以毛泽东同志为核心的第一代领导集体,带领全国各族人民取得新中国的伟大胜利;改革开放前后形成的以邓小平同志为核心的第二代领导集体,开创了中国特色社会主义伟大道路。不同时代背景下,党的领导核心都发挥了不可替代的重要作用,为党的事业和国家的政权稳定以及经济社会发展提供了强大的动力。研究我党历史上各领导核心的形成背景和实践路径,有利于新时期党内政治建设的顺利推进,为我国实现"两个一百年"奋斗目标和最终实现中华民族伟大复兴的中国梦提供理论支撑。

党的十八大以来,以习近平总书记为核心的党中央审时度势,提出了一系列治国理政的新理念、新思想、新论断,推动了我国政治、经济、文化、社会、党建以及外交国防等领域的新发展和新突破,赢得了广大人民群众的拥护和赞赏。历史再一次证明,党的领导核心依然具有迫切的现实需要和强大的内生动力。展望未来,我国党内政治民主的制度建设和经济社会的可持续发展任重而道远。一个强有力的领导核心必须长期存在于党内,并不断健全和完善,只有这样,才能从根本上保障中国特色社会主义各项事业的顺利开展,展现执政党的执政能力和治理能力,并最终完成社会主义现代化和中华民族伟大复兴的中国梦等历史任务。

一、党的领导核心的内涵

所谓核心,就是指中心、焦点的意思,可以理解为能够辐射和影响外围的中心点。毋庸置疑,作为一个政治术语和政党内在的特征,党的领导核心是指党在领导过程中形成的核心人物和决策领导人,是马克思主义政党中制度化或人格化的组织权威。[1]领导核心既可以理解为党内核心组织,也可以理解为党内的领导人物。从个人角度和执政党的最高政治领袖角度而言,领导核心是具有榜样性质和号召能力的领袖,在政党内具有强大的动员能力和威信。从领导核心内涵来看,主要体现在以下三个层面:一是就中国特色社会主义事业而言,中国共产党是核心;二是就中国共产党而言,党中央是核心;三是就党中央而言,党的最高领导人是核心。"[2]因此,领导核心具有广义和狭义双重概念。广义上的领导核心具有多层次的内涵,既包括领导人物,也包括领导人物所领导的组织机构和党政组织。在我国,中国共产党领导核心的组织机构包括中央委员会、中央政治局、中央政治局常委会。正如邓小平所言:"中国问题的关键在于共产党要有一个好的政治局,特别是好的政治局常委会。只要这个环节不发生问题,中国就稳如泰山。"[3]狭义的领导核心仅指具有权威的领导人物,如毛泽东、邓小平等。

党的领导核心本质内涵就是中国共产党始终成为中国先进生产力的发展要求、中国先进文化的前进方向、中国最广大人民根本利益的忠实代表。[4]中国共产党在长期的革命、建设和改革过程中通过伟大实践形成了几大领导核心,不同的领导核心形成的时代背景、承担的历史重任、产生的效果不尽相同,但领导核心在稳定和团结党内成员、发挥党内民主和领导人的主观能动性、促进社会经济的持续健康发展等方面却有着较为相似的意义和作用。

二、十八大前中国共产党领导核心形成的历史回顾

党的领导核心是在毛泽东时代开始建立的。从分散的领导集体到具有权威的领导核心,中国共产党人在革命战争年代进行了艰辛探索,付出了血的教训。

遵义会议之前,中国共产党并没有形成独立有效的领导核心,致使革命道路几乎中断。中国共产党成立后不久就建立了较为完整的党中央组织架构,但对于谁是核心人物没有定论,也无法在短时间内形成。最为重要的是,中国共产党成立后并没有独立的决策权,共产国际一直在背后起着较为重要的影响。此外,党成立后的国共合作极大地限制了党内领导的作用,虽然党内选举了中共领导,但实际上却被架空。由此,一系列的原因导致了党内出现了严重的右倾机会主义、"左"倾冒险主义、"左"倾教条主义等错误思想。正如邓小平在回顾党的领导集体时曾指出的:"在历史上,遵义会议以前,我们的党没有形成过一个成熟的党中央。从陈独秀、瞿秋白、向忠发、李立三到王明,都没有形成过有能力的中央。我们党的领导集体,是从遵义会议开始逐步形成的,也就是毛刘周朱和任弼时同志。"[3]

1934年10月,中国共产党在第五次反围剿失败后,党中央和红军何去何从

成了生死存亡的关键问题。在这个时候,党内普遍意识到的危机感,引起了中央领导决策层的自省和担忧。党内错误路线的危害暴露无遗。但对于谁是真正的领导没有达成一致意见,"领导核心"在那时还没有提起过。因此,此时需要解决的问题就是解决军事指挥权的问题,实际上就是要剥夺"左"倾教条主义代表王明、博古等人的指挥权,就是要形成一个强有力的领导核心。

1935年1月召开的遵义会议,实事求是地总结了党在艰苦时期存在的各种问题,以王明为代表的各种错误思想与以毛泽东同志为代表的思想产生了较大分歧。整个会议围绕采取什么战略进行革命斗争、谁来领导革命等问题展开讨论,最后在较为强大的压力下剥夺了王明、博古等人的军事指挥权,改组了中央领导机构,选取了毛泽东同志为党中央常委。会议一致认同和接受毛泽东的战略决策。这为毛泽东同志的领导地位打下了坚实的基础,也标志着革命时期我党领导核心的正式确立。

1936年10月,红军长征取得伟大的胜利,充分显示了领导核心发挥的强大作用。然而,不能被胜利的光环冲昏头脑。长征胜利后共产党面临的问题更为严重。面对强大反动派的攻击和之后日本帝国主义的侵略,中共中央意识到建设一支高素质的党员队伍的重要性。1939年,毛泽东在《〈共产党人〉发刊词》中提出,要"建设一个全国范围的、广大群众性的、思想上政治上组织上完全巩固的布尔什维克化的中国共产党"。同时,还提出党的建设是党在革命中战胜敌人的一大法宝。[5]这也对党领导核心的巩固发展提供了保障。抗日战争时期,延安出现严重的歪风邪气,毛泽东随即于1941年5月在延安高级干部会议上做了《改造我们的学习》的报告,开展了声势浩荡的思想整风运动,为规范党内的文风、党风和作风起到了积极的作用。1945年4月,中共七大在延安召开,选举了毛泽东、周恩来、刘少奇、朱德、任弼时为书记处书记,后来又增补了陈云、彭真,进一步稳定了民主集中制下党的领导核心。

20世纪70年代,毛泽东等重要领导人相继离世,党内急需建立新的领导核心。在"文化大革命"的阴影笼罩下,党和国家的命运尚处在生死攸关的关键时刻,"四人帮"在政治上的肆无忌惮的干预和捣乱,使党和国家遭受了重创。如何从四分五裂的思想中走出来,通过建立新的领导核心集中精力带领全国人民进行社会主义革命和建设成为了党内亟待解决的迫切难题。以邓小平为代表的党的第二代领导集体逐渐走向前台,展现了其卓越的领导才能。

1978年12月13日,邓小平在中共中央工作会议闭幕会上作了《解放思想,实事求是,团结一致向前看》的报告,为党的十一届三中全会奠定了基调。随后党的十一届三中全会在北京召开,会议根据邓小平的指示将党的工作重心从阶级斗争转移到经济建设上来,对党内存在的一些重大问题进行了拨乱反正,恢复了党长期贯彻的民主集中制,做出了对内进行改革对外实行开放的新政策,组建了新一届中央政治局委员、政治局常务委员、中央委员会副主席、中央委员等,使党重新焕发出生机与活力。

十一届三中全会是一次具有重大历史转折意义的会议,它结束了长达十多年的动乱,推翻了"两个凡是"的错误方针,系统总结了党在20世纪60年代和70年代的错误,提出了社会主义发展的新方向和新战略,肃清和净化了党内思想,为新时期改革开放提供了思想保障。也是从这一次会议开始,以邓小平为首的党的领导核心开始形成。

针对"文化大革命"遗留下来的问题和如何正确对待毛泽东思想,党的第二代领导集体在十一届三中全会后通过密集研讨,于1979年11月在邓小平的主持下开始起草《关于建国以来党的若干历史问题的决议》,实事求是地对毛泽东的功绩和错误进行评价。1981年6月,党的十一届六中全会一致通过了《决议》。《决议》从根本上否定了"文化大革命"和"无产阶级专政下继续革命"的错误理论,科学总结了党成立以来的成就和经验教训,有力地维护了党的领导核心地位。

20世纪80年代后期,世界局势错综复杂,国内政治环境也充满变数。1989年11月,党的十三届五中全会召开,以江泽民为核心的党的第三代领导集体开始逐渐形成和发展。进入21世纪,中国的改革开放在经济领域取得了举世瞩目的成就。然而,经济全球化、世界局势的变化以及国内各种矛盾凸显,中国共产党依然面临着较大的国际国内风险。在既有的政治体制框架下,党的第三代和第四代领导集体在2002年前后顺利交接。以胡锦涛为核心的领导集体提出了科学发展观,为新一代领导核心的发展和巩固提供了充实的内容。在科学发展观的指导下,中国的经济社会发生了巨大的变化,极大改善了人民群众的生活状况,2010年,中国国内生产总值首次超过日本,位列世界第二。此外,科学发展观还有力促进了生态文明建设的提出,并在党的十八大会议上被纳入"五位一体"当中。这些成绩说明了科学发展观的正确性和有效性。

三、十八大后"以习近平为核心的党中央"的提出

2012年11月,中国共产党第十八届全国代表大会在北京隆重召开。胡锦涛代表第十七届中央委员会做了题为《坚定不移沿着中国特色社会主义道路前进,为全面建成小康社会而奋斗》的报告,会议决定习近平为中央委员会总书记、中央军事委员会主席。以习近平为代表的党中央审时度势,提出一系列重要治国理政的新思想、新理念和新战略,凸显了党的新一代领导核心的客观需要和现实意义。

在反腐倡廉方面,以习近平为核心的党中央以壮士断腕的气魄进行改革。2012年12月,中央出台了改进工作作风、密切联系群众的八项规定,为新时期的反腐倡廉奠定基调。2013年4月,中央政治局常委会审议《关于中央巡视工作领导小组第一次会议研究部署巡视工作情况的报告》,强调建立中央巡视制度的重要作用,并不断运用和实践于反腐倡廉的过程中。党中央认为,"老虎""苍蝇"要一起打,这样才能显示党反腐的决心和信心。党中央的反腐倡廉正视了人民群众的迫切期待,缓解了官民之间的矛盾,极大地提升了普通老百姓的获得感。

以习近平为核心的党中央在中国特色社会主义现代化和各项伟大事业中逐步形成并不断成熟。2015年1月20日,《人民日报》撰文指出,遵守政治纪律和政治规矩,核心在于坚持党的领导,在思想上政治上行动上要同以习近平同志为总书记的党中央保持高度一致,自觉维护中央权威。

2016年1月29日,中共中央政治局召开会议,首次公开提出"增强政治意识、大局意识、核心意识、看齐意识"。之后,党中央领导在不同场合都强调了核心意识的重要作用。核心意识的提出,标志着新一届领导核心的形成。2016年10月,党的十八届六中全会确立了以习近平同志为核心的党中央,新一代领导核心趋于成熟和稳定,为新时期我国全面建成小康社会和实现中华民族伟大复兴的中国梦提供了强大的政治保障。

四、党领导核心形成的现实启示

历史是现实的灯塔。中国共产党的发展史就是一部党领导核心的形成和发展史。经过新民主主义革命、社会主义建设和实行改革开放等重重险阻,中国共产党的领导核心在涉险中日益成熟。党的领导核心的形成和发展彰显了一个先进政党的魅力,也预示着其未来的新发展。

(一)党的领导核心是历史和人民的选择,是中国特色社会主义的本质体现

党的领导核心地位,不是自封的,而是历史的选择、人民的选择。[6]没有历史发展的客观规律和人民群众的拥护,何来领导?何来今天的辉煌成就?党的领导核心之所以能够生生不息,不断发展和成熟,得益于党始终把人民群众的利益放在第一位,始终坚持领导的科学性和先进性,始终能够带领人民群众力挽狂澜,一次次取得胜利。

首先,党的领导核心的形成和壮大是历史的选择。中国共产党是最先进的政党,能够掌握先进的理论武器来进行革命,并能够实事求是地总结经验和谋划未来,使马克思主义理论在半殖民地半封建社会的中国开花结果。其次,党的领导核心的形成和发展也是人民的选择。中国共产党是中国人民和中华民族的先锋队,代表着最广大人民群众的切身利益。自诞生之日起,党就将自身的命运同人民联系在一起,始终同人民群众保持血肉联系,这是任何政党和政治力量都无法比拟的独特优势。[7]

正是因为历史和人民选择了党的领导核心,才有了中国共产党的执政地位,才有了人民翻身做主的幸福生活,才有了社会主义在中国的繁荣昌盛。党的领导核心发挥了社会主义革命党和执政党的先天优势,体现了社会主义发展的终极目标,是中国特色社会主义的本质体现。

(二)党的领导核心是民主集中制的本质要求,必须坚持和发展领导核心,既要坚持集中,也要注重民主

民主集中制是中国共产党的根本组织制度和领导制度。坚持既要民主,也要集中,是社会主义本质和中国特殊国情的辩证统一。没有政治上民主,就难以体现出社会主义的先进性和优越性;没有政治上的集中,就难以发挥集中力量办

大事的效果,也难以保证当前社会的稳定和团结。因此,民主集中制是我国必须长期坚持的政治制度。

党的历史也证明,民主和集中缺一不可,必须要辩证统一起来。遵义会议之前的革命道路,党的领导核心没有形成,党内曾一度出现极端民主化的倾向,认为不需要组织和纪律,主张各行其是进行革命,直接导致了革命的失败。这说明:光有民主,或者民主过了头就不可能实现既定的目标。"文化大革命"时期,党的权力集中在少数人手中,民主意识缺乏,党内充斥着个人崇拜和绝对权力的思想,造成党和国家的巨大损失。苏联兴衰成败的历史也印证了民主与集中对领导核心的重要性。列宁时期,苏联确立了以列宁为核心的党中央,有效地推进了苏联的革命事业。然而,在斯大林时期,苏联的领导核心制却逐步异化为个人集权和专制。直至苏联解体,领导核心制实际处于虚化状态,民主集中制原则始终未得到有效贯彻,最终导致苏共权威丧失、苏联解体。[1]

民主与集中的内在统一,体现的是党领导核心的运行方式,决定的是一个领导核心如何才能长久、如何才能发挥最大效率的核心问题。中国共产党的民主集中制,既实事求是地遵循着中国的文化传统,也积极借鉴了西方的有益成果,其独特的内在张力超越了西方的民主制度,为党的领导核心的健康发展提供理论支撑。

(三)党的领导核心能够凝聚人心、有效应对重大事件,越是在关键时点,越是要巩固和发展领导核心

在社会主义的中国,中国共产党建立国家、领导国家是一个不争的客观事实,党是国家和社会的主心骨。当代中国实行以国家为主导的现代化进程的模式,既需要强大的国家主导作用,更需要强大的领导核心。[4]中国共产党的革命、建设和改革历程充分表明,一个强有力的领导核心能够带领广大的人民群众冲破重重关卡,赢得社会进步和经济发展。邓小平也曾掷地有声地强调"中央要有权威",他指出:"中央要有权威,改革要成功,就必须有领导有秩序地进行。没有这一条,就是乱哄哄,各行其是,怎么行呢?不能搞'你有政策我有对策',不能搞违背中央政策的'对策',这话讲了几十年。党中央、国务院没有权威,局势就控制不住。"[3]中央的权威即为领导核心。

坚持党的领导,确保党的领导核心地位,首先要坚持党中央的集中统一领

导,以保证正确方向、形成强大合力。这是一条根本的政治规矩。[8]历史上的红军长征、新中国的成立、"文化大革命"的结束、改革开放战略的实施、新时期的反腐倡廉等重要事件的背后,都有一个强有力的领导核心发挥政治作用。在各种自然灾害和社会矛盾面前,领导核心也要能够发挥集中力量办大事的独特作用。在2003年的"非典"、2008年的汶川大地震等重要问题面前,党的领导核心矢志不渝地集中力量,快速、顺利地解决各种问题。

党的领导核心能够发挥凝聚人心、有效应对重大事件的重要作用。越是在关键时点,越是要巩固和发展领导核心。只有进一步把党建设好,确保我们党永葆旺盛生命力和强大战斗力,我们党才能带领人民成功应对重大挑战、抵御重大风险、克服重大阻力、解决重大矛盾,不断走向新的胜利。[9]

(四)中国共产党的领导核心是最具有竞争力的政治资源,其与中国的传统文化高度契合,是保障中国未来长盛不衰和超越资本主义国家的核心要素

中国共产党是当代中国一切发展进步的坚强领导核心,进一步推进中国特色社会主义发展,必须始终不渝地坚持和巩固党的领导,充分发挥党总揽全局、协调各方的领导核心作用,任何企图搞多党制,动摇党的领导地位的主张都是错误的。[6]在全球化的竞争中,中国共产党作为最先进的政党组织,掌握了最科学的理论武器,形成了最具有优势和竞争力的领导核心,是最具有竞争力的政治资源。

建成社会主义现代化强国,不仅需要从政治战略上制定系统完备的顶层设计,同时还需要从政治思想上广泛凝聚共识、形成改革合力。[10]共产党坚强的领导核心恰恰能够为中国的社会建设提供强大的内生动力,通过高效的领导创造巨大的物质生产力,才能够及时有效地应对各种艰难险阻,处理生产力与生产关系之间的各种矛盾。因此,在日益激烈的国际竞争中,中国共产党只要能够自觉把握好领导核心这一根本原则,就必将实现社会主义现代化强国的目标。

当今中国的政治制度,依然保留着传统文化中的有益成分,并借鉴吸收了西方文明当中的进步思想。中国共产党成立90多年以来,党领导全国人民夺取革命胜利,推进改革开放新时代和建设中国特色社会主义强国,彰显了当今世界最具活力最先进政党的无穷魅力。展望未来,中国共产党还将继续领导中国人民实现"两个一百年"的雄伟目标,为实现社会主义现代化和实现中华民族伟大复

兴提供政治保障和智力支撑。我们有理由相信,全国各族人民只要紧紧团结在党的领导核心周围,发挥每一个人的聪明才智,一定能够创造更加灿烂辉煌的业绩,也一定能够在政治领域超越西方资本主义,谱写人类发展的新篇章。

（五）独立自主是发挥党领导核心作用的基本前提,党的领导只能是中国共产党这一独立政党的领导,任何来自其他政党和外部力量的领导都必须内化于党的领导

独立自主是中国的基本外交政策。近代中国的遭遇证明,清政府外交上的软弱为中华民族带来了沉重的灾难。中国共产党从始至终都清晰地明白独立自主对中国的重要性。

中国共产党领导的新民主主义革命取得胜利,正是党在独立自主的环境下实现的。中华人民共和国成立后,党将独立自主作为基本的外交政策,"文化大革命"的结束、改革开放的实行等都是在独立自主的前提下,发挥领导核心作用的宝贵经验。

中国共产党的革命成果来之不易。在复杂的世界局势下,中国共产党必须高度重视自身意识形态的建设,坚持自己具有特色的政治原则,加强抵御外部风险的能力,捍卫自身的政权和国家主权。

（四川大学　张仁枫）

参考文献

［1］戴辉礼.从有效集中到权威丧失——苏联共产党领导核心制的历史轨迹及启示［J］.科学社会主义,2017(3).

［2］毛良升.领导核心的内涵、意义及实践要求［J］.公安海警学院学报,2016(4).

［3］邓小平.邓小平文选：第3卷［M］.北京：人民出版社,1993：365.

［4］臧乃康.中国共产党的领导核心作用与执政方式的调适［J］.探索,2002(1).

［5］宗寒.中国共产党是中国特色社会主义的领导核心［J］.中州学刊,2011(3).

［6］王伟光.毛泽东是中国特色社会主义的伟大奠基者、探索者和先行者［J］.中国社会科学,2013(12).

［7］陈晋.推进伟大事业铸就坚强核心——中国共产党的领导核心地位是历史和人民的选择

[J].求是,2016(13).
[8] 中共中央宣传部.习近平总书记系列重要讲话读本(2016年版)[M].北京:人民出版社,2016:102.
[9] 习近平.习近平在省部级主要领导干部"学习习近平总书记重要讲话精神,迎接党的十九大"专题研讨班开班式上发表重要讲话[EB/OL].(2017-07-27)[2017-07-27].http://www.gov.cn/xinwen/2017-07/27/content_5213859.htm.
[10] 袁久红.中国从大国走向强国的理论与实践逻辑[J].中国高等教育,2016(20).

中国传统政治生态话语体系及其当代价值

[摘　要]　中国传统政治主导了几千年的封建历史,这是世界上罕见的,其政治生命力如此强大得益于其稳定有序的政治生态。为了传播和继承优秀的政治生态思想,学者们通过中国特有的语言表达方式形成了庞大的话语体系。从先秦到近代,己、家、君(军)成为政治生态的恒久主体,天命论、君权神授、"伦礼纲常"等思想与王权和制度构成了一套严密的政治生态环境系统。其中"大一统""民本"和"有序"思想对当今的政治生态建设具有重要的现实价值。

[关键词]　政治生态;话语体系;当代价值

"不忘历史才能开辟未来,善于继承才能善于创新。优秀传统文化是一个国家、一个民族传承和发展的根本,如果丢掉了,就割断了精神命脉。我们要善于把弘扬优秀传统文化和发展现实文化有机统一起来,紧密结合起来,在继承中发展,在发展中继承。"[1]党的十八大以来,以习近平同志为核心的党中央高度重视中华优秀传统文化的传承和发展,中国传统政治生态文化也不例外。一国政治生态文化绝不是凭空产生,其形成和演变必定有其历史的渊源。在我国当前高压反腐的现实背景下,针对我国腐败的大案、要案,特别是窝案,使学界和政界兴起了政治生态研究的热潮。遵循习近平总书记对待传统与现实的问题指向,我们把弘扬优秀传统文化和发展现实文化有机统一起来,在继承中发展,在发展中继承。研究中国传统政治生态及其话语体系,是为了更好地吸取中国传统政治生态思想的智慧,为当今我国政治生态的建设、发展和研究奠定坚实的理论基石,树立强大的文化自信。

一、政治生态话语体系释义

所谓话语体系是指构成语言的各层次单位及其互相对立、互相区别、互相联系、互相制约的关系网络。整个语言形成由各个分支系统组成的"系统的系统"。[2]通俗地说,"话语、话语群与话语体系的基本关系是这样的:话语群是由话语构成的,而话语体系又是由话语群构成的。所谓'话语',就是指人们说出来或写出来的语言,话语分析是指对人们说(叙述)什么,如何说(叙述),以及所说的话(叙述)带来的社会后果的研究,它通过一定的符号、字词、句式、信息载体表达出一定思想、观念、情感、理论、知识、文化等,话语是形式,它所表达的思想是内容、是本质"[3]。那么,政治生态话语体系,就是对政治生态的思想、观念、理论等通过语言形式表达出来的系列话语群。

在政治生态的研究史上,最早将生态学引入行政学研究的是美国哈佛大学的J.高斯,而对这一理论做出重要发展的是F.W.雷格斯,其代表作《行政生态学》在学术界有较大的影响。[4]2 他们利用系统理论、结构-功能理论以及生态环境理论,形成了一套西方的学术话语体系。中国政治生态的研究始于20世纪80年代末,王沪宁、王邦佐等学者将西方政治生态学研究方法引入政治学领域[4]3,主要将政治学与生态学的术语和方法交叉融合,此后逐步形成了中国政治生态的学术话语体系,但这套话语体系与现实政治没有太强的针对性。自2014年,习近平总书记提出政治生态一词后,政治生态研究转向了政策话语体系,具有明确的现实针对性和显著的政策性语言特征。"我们在进行现实政治生态分析时,必须以政治生态学的理论和方法为基础。当代中国的政治生态建设,迫切需要政治生态学的深入发展。"[5]这反映了新时期政治与生态交叉融合的研究趋势和话语体系的范式转换。我国政治生态研究是沿着学术和政策两套话语体系双向推进的,两者密切联系,相辅相成。政治话语体系需要学术话语体系的理论支撑,学术话语体系只有结合现实政治才有针对性和时代性,才能保持学术话语体系的生命力。

二、中国传统政治生态话语体系基本内容

中国传统政治生态形成三种类型话语体系：一是先秦时期——"无序民主"政治生态话语体系；二是秦朝至清末时期——"有序无民主"政治生态话语体系；三是清末至新中国成立——"无序无民主"政治生态话语体系。按照政治生态的主要构成要素，下面从政治生态主体和政治生态环境两方面来梳理我国传统政治生态话语体系基本内容：

（一）先秦时期——"无序民主"政治生态话语体系

这个时期称"无序"是指部落或国家没有明确的政治理想、没有统一的政治制度、没有循序渐进的发展战略。称"民主"是指政治主体处于自由、平等地位。原始部落首领、氏族成员都是自由成长、自由生活、自然竞争和淘汰，遵循物竞天择的自然进化，没有专制集权，整个部落或部落联盟形成一个结构和功能简单、状态稳定、没有人为破坏和改变的政治"原生态"（见图1）。这时期政治生态主体是"民—吏—君"，政治环境要素主要有天命、王权、"仁、礼"制度。

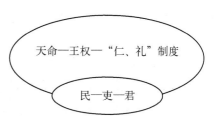

图1 先秦时期的政治生态结构图

1. 政治生态主体：民—吏—君

这个时期的政治主体是"民、吏、君"，是以血缘为纽带，以原始习惯和"仁、礼"来调整人们行为的政治生态系统，各个主体相对松散、自由。"民"是最小的主体单位，整个社会由单个的人组成。"吏"又称"官"，"吏在秦以前是大小官员的通称"[6]。官吏在中国传统政治生活中占据举足轻重的地位，并起着上传下达的桥梁作用，上对君王尽忠效劳，下对平民百姓严格管理。"君"指君主、皇帝或天子，即指国家的最高统领，具有至高无上的权力和权威，决定着政治生态系统的发展态势。"三皇五帝"的传说大概反映了华夏族部落繁衍生息以及试图构建人类政治文明的愿望。这时，活跃在政治舞台上的主角主要是一些像"三皇五帝"一类勇敢的英雄人物，他们是人们心中的"圣人"，是神的化身，是天的"儿子"（故称"天子"）。

2. 政治生态环境：意识—权力—制度

"意识—权力—制度"是政治运行必不可少的三要素，这是遵循"思想—行动—保障"的行动逻辑展开的。

（1）认知——天命论

相信天意、服从天命、惧怕神威是古代先民们的普遍认知。部落首领被认为是天神所派，能传递上天的旨意，是管理人间的至高无上的统帅，是沟通天与人的桥梁。这种"天命论"在先秦时期占据意识形态的主导地位。

（2）权力——王权

为了让先民们过上安定的生活，尧舜禹时期就有了以"公职"为特征的管理机构的雏形。权力继承实行禅让制，传位于贤德之人，这时期，社会生活原始粗放，民风淳朴，没有私有观念，没有等级差别，人人平等、自由，随夏商周的世袭制取代禅让制，政权以家子相传，统治者一方面通过宗法等级制度，另一方面通过武力来维护奴隶主阶级的统治。

（3）制度——"仁、礼"

在奴隶社会矛盾急剧上升，政治生态遭受严重破坏，整个社会生态系统需要一次大范围的治理、修复，代表各阶级的知识分子异常活跃，形成了多元化的政治主体，他们登上历史舞台，纷纷著书立说，提出解决现实问题的方案，出现了百家争鸣的文化繁荣局面。其中影响最大的是儒家、法家和道家，他们为新型的地主阶级设计了一套统治方案，为秦汉以后的封建统治奠定了思想、文化和制度基础。

在春秋战国时期，孔子提出的儒家学说，看似是一套规约人们行为和社会礼仪的思想，实则是为政治服务的治国之道。孔子提出的是一种"道德政治"理念，他承继了西周初年的畏天威、天命无常、重人事的敬天、崇德观念，创立了以"仁、礼"为核心的思想体系。"仁、礼"将人的内在道德与外在规约有机统一起来，将自律与他律紧密结合起来，有力地加强了王权的统治，加强了国家的管理和稳定，加强了对民众的教化。

（二）秦朝至清末时期——"有序无民主"政治生态话语体系

"有序"是指君王有自己的政治理想和治国方案，整个国家政治制度健全完备，国家机构齐备，官吏职能分工明确。"无民主"是指君主专制，中央高度集权，君权凌驾于法律之上，是"人治"而非"法治"，百姓没有参与政治的权利。

从公元前 221 年,秦始皇统一中国以来,秦汉"大一统"帝国的出现是中国历史一大转折,也是中国政治生态的一次大调节。通过"大一统"哲学树立了主流价值观;通过"大一统"政治理想确立了国家发展方向;通过"三纲五常"伦理奠定了社会规范、秩序;通过"仁、礼"教化形成了良善的社会风气,从而形成了"大一统"治国安民的严谨有序政治生态(见图2)。虽然"有序",但失去了"物种"的多样性,形成了"一元化"生态格局,因为这个时代只允许符合统治者意志的"物种"存在和发展。这时期政治生态主体是"民、官吏、君",政治环境要素主要有"大一统"哲学、中央集权、"四位一体"制度。

图 2　秦朝至清末时期的政治生态结构图

1. 政治主体:民—官吏—君

这个时期的政治主体"民—官吏—君"通过"仁、礼、法"来严格规范并固化其思想和行为,各自有明确的社会定位,用生态学术语来说,各主体的"生态位"很明确稳定,君臣等级秩序区分严格。同时,政治主体以血缘为纽带的宗法制和分封制,组成"家国一体""君臣一体"。"普天之下莫非王土;率土之滨莫非王臣"(《诗经·小雅·北山》)则生动描述了家国一体的政治架构。

2. 政治生态环境:意识—王权—制度

(1) 意识——"大一统"哲学

天地一体理论。儒家的天论、气论、心论等学说把宇宙、人生看作是一个整体联系、生机涌动、大化流行的过程,终极存在就是这种大化流行过程中的变化、生成、创造的本性。[7]

天人合一思想。天人关系在古代哲学思想和政治思想领域都占有重要地位,董仲舒继承儒家思想,糅以阴阳五行、法、墨等思想,形成了系统的天人政治论。[8]他通过赋予"天"神秘主义色彩,使之具有类似宗教的束缚力,从而将"天人合一"思想引入政治领域,为统治阶级树立绝对的国家控制力和对臣民的约束力,为大一统的封建统治模式奠定了立论依据。

(2) 王权——"中央集权"

"中央集权"也是"大一统"内在要求,要想实行全国"一统",首先权力一元化是必要的,也就是不能有两个君王。"权出一者强,权出二者弱。"(《荀子·议兵》);其次,君王要树立绝对权威;再次,通过一套制度来协调各政治主体的利益,维护社会的安定,保证王权统治的社会基石牢固。

(3) 制度——"四位一体"

"大一统"是古代思想家们一以贯之的政治理想。《春秋公羊传》充分彰显了以董仲舒为代表的公羊学派的"大一统"的思想,架构了"四位一体"的治理模式:一是君国一体,即君王的统治和权力严格遵循正统血缘,实行世袭制而使权力得以继承和延续,这是"大一统"政治的强大支柱;二是"君臣一体",即指群臣之间相互依存、协同共生的关系;三是"各民族一体"强调华夏礼仪对落后民族的征服作用,从而实现多民族的团结统一;四是"君臣民的统一",通过"三纲五常"实现纵横交错、立体多维的君臣民有序统一。

(三)清末至新中国成立——"无序无民主"政治生态话语体系

"无序"是指从思想、制度方面解构了一个旧的政治秩序,而一个新的政治秩序尚未建构。清政府的腐败衰弱,加上外敌入侵,整个政治生态系统被破坏,甚至濒临崩溃边缘。孙中山领导的辛亥革命摧毁了封建专制,结束了"大一统"的政治生态格局,使国家进入了多党派纷争、多元文化冲击、多派系军阀混战的局面,政治秩序从过去的"有序"转向"无序"。"无民主"是指随着封建制度的推翻,在袁世凯的新帝制以及北洋军阀统治下的专制统治,强权政治依然剥削压迫人民群众。这时期政治生态主体是"民—官—军",政治环境要素主要有政治文化多元,政权离散以及过渡政体(见图3)。

图3 近代政治生态结构图

1. 政治生态主体:民—官—军

"民和官"仍然是这个时期的基本政治主体,只是君主不是皇帝而是军阀,包括直系、奉系、皖系旧军阀以及蒋介石新军阀。军阀统治者与帝国主义相勾结,利用军事独裁和强权政治,对人民进行残酷压迫。

2. 政治生态环境:文化—政权—制度

(1) 文化——多元性

政治文化从封建时代的"独尊儒术"的一元转向世界文化大碰撞的多元文

化。古代政治文化是同质化的、压抑个性的、相对封闭的文化,到了近代则转向异质化的、张扬个性的、自由包容的开放性文化。在五四运动前后,各种文化思潮、政治主张纷至沓来,呈现一幅百家争鸣的多元文化图景。

(2) 政权——离散性

"从某种意义上说,太平天国运动为中国现代化的启动创造了权力分散的良好政治前提,它震撼了清王朝一体化的集权体系,松动了僵硬的社会秩序,权力、资源逐渐分散到地方手中。"[9]在近代中国,相继出现了多个政权:北洋军阀的军事统治政权,蒋介石国民政府,汪精卫伪政府,中华苏维埃政府。

(3) 制度——过渡性

这个时期政体既不是君主政体,也不是政党政体,而是一个"政体空当期",也就是一个过渡期。"军阀政治表现为极端破裂而走向派系化社会。……在政府层面,旧体制已经完全消解了,新秩序还未能填补真空。"[10]

三、中国传统政治生态话语体系当代价值:"大一统"—"民本"—"有序"

生物生态系统是一个动态的系统,它像自然界的任何事物一样,是不断变化发展的,其发展包括生态系统进化和生态系统演替。[11]而人类政治生态系统也一样,也要经历漫长的生态发展和演替的过程,也会经历生态被破坏、被污染,生态稳定和平衡被打破,需要整治、修复或重构的环节。无论经历怎样的生态系统的发展演变,也不能彻底否定和抛弃整个生态系统。中国传统政治生态话语体系对当今中国的政治生态必然会产生影响,我们应去其糟粕,取其精华,让优秀的传统政治文化闪耀时代之光。

(一)"大一统"思想:助益政治生态开拓发展的系统空间

"大一统"思想包含着"大"和"一统"的概念。对于生态系统来说,如果做到"大一统",生态主体生存发展的空间就得到了拓展,也就赢得了生态环境资源。而对于现时代政治生态系统的构建,应该从统一领土、统一思想、统一领导三方面来加强。

1. 统一领土

历史证明:国家分裂则生灵涂炭,国家统一则国泰民安。"大一统"国家观启示我们要加强民族统一和团结,坚决反对民族分离图谋。新中国成立后,我国采用"民族区域自治"很好地解决民族统一问题,采用"一国两制"解决了祖国完全统一问题,这些方法无疑都或多或少受"大一统"思想的影响。

2. 统一思想

自汉武帝"独尊儒术",确立"儒家思想"作为国家的主导思想后,"大一统"思想深入人心,深深扎根于几千年中华传统文化的沃土里。儒家文化作为主流思想贯穿了几千年封建历史,必定有其特定的政治服务功能,与封建统治阶级的政治理想必定有着某种契合性。虽然中华民族走过了分分合合的曲折历程,但总体趋势始终是"大一统"的历史。"大一统"思想留给我们的启示是:统一的多民族国家要想长治久安必须要有核心价值观,要有国家统一的精神支柱。

3. 统一领导

一个国家,一个时代采用什么样的领导制度均应该与现实国情结合起来,也应该与民族的传统文化相结合。在封建时代,君主专制下的"统一领导"是不合理的,但是在新中国,人民是国家的主人,具有至高无上的权威和权力,中国共产党代表人民行使统一领导权,这是与古代完全不同性质的"统一领导"。中国是一个以汉族为主的多民族国家,从维护国家稳定、民族团结的角度来说,从古到今是没有变的,我们应继承"统一领导"的传统。

(二)"民本"思想:助益政治生态培植多样化的活跃主体

"民本"思想是中国传统文化的核心成分,它作为一种政治理念和现实力量,曾对中国的传统社会和政治生活产生过巨大影响。如今中国的"民主"思想,是渗透和糅合了西方民主思想和中国"民本"思想的结果,形成了中国特色的社会主义民主思想,这就是马克思主义的民主思想。"民主"思想是对"民本"思想的扬弃。"民本"思想认为,民众是国家的根本,民意是政权的基础,民生是治国的出发点。[12]孟子曰:"土地、人民、政事是国之三宝。"当然,这些"民本"思想在传统的中国哲学中并没有从人类社会发展的规律来看待人民的历史作用,更不可能把民众的地位与新中国的人民的地位相比,中国传统的"民本"思想,绝对不可能把人民看作是国家的主人,也绝对不可能是站在"为人民服务"的立场上,它只是从社会稳定和治国安民的角度来重视民众。这就是传统"民本"思想的历史性和阶级局限性所在。虽然如此,但是中国自古以来重视民众的思想仍是我们要继承和弘扬的,因为"水能载舟,亦能覆舟"的古训今天对于我们加强党的建设,践行"立党为公、执政为民"的原则,推进中国的民主化进程,构建中国特色社会主义的民主政治体制仍具有重要的现实意义。

（三）"有序"思想：助益政治生态构建稳定的优良环境

封建社会的稳定有序归功于儒家思想,从某种意义上讲,儒家思想就是"秩序"思想。中国当今的"有序"民主政治建设,"有序"政治生态环境都是与我国传统的"有序"政治分不开的。儒家思想的"秩序力"首先是确立一个权威,一个至高无上的"君权",实施权威靠暴力还是非暴力呢？儒家思想选择了"仁政",选择了"德主刑辅"。"秩序并非一种从外部强加给社会的压力,而是一种从内部建立起来的平衡。"[13]"儒家所构建的德治和礼治政治秩序实际上是一个有机的系统体系,这一体系内部的一系列安排造就了儒家政治秩序的超稳结构,从而保证了其君主政治秩序基本价值维度的实现,指导了封建君主专制超越千年的维存。"[14]"有序"是社会长治久安的基石,每个国家每个时代都渴望稳定有序,但真正能实现持久"有序"的,必须要有正确的指导思想,有科学社会理想模式,有切实可行的发展路径。中国当今提倡的核心价值体系,为"有序"的政治生态提供了指导思想和价值取向,从思想上实现了"有序"；马克思主义的最终纲领是实现共产主义,这为"有序"指明了方向；中国梦、中华民族伟大复兴为我们规划了阶段性奋斗目标；中国特色社会主义民主政治的发展道路,为我们提供了科学的发展路径,这就是中国特色的"有序"政治生态,是中国特有的政治生态话语体系。

（武汉华夏理工学院　杜伦芳）

参考文献

[1] 习近平.在纪念孔子诞辰2565周年国际学术研讨会暨国际儒学联合会第五届会员大会开幕会上的讲话[EB/OL].(2014-09-25)[2017-08-12].http：//politics.people.com.cn/n/2014/0925/c1024-25729181.html.

[2] 夏征农.大辞海：语言学卷[M].上海：上海辞书出版社,2003：3.

[3] 卢国琪.中国特色社会主义话语体系研究[J].科学社会主义,2015(6).

[4] 刘京希.政治生态论[M].济南：山东大学出版社,2007.

[5] 杜运泉.话语·内涵·结构：政治生态的学术辨析[J].探索,2016(3).

[6] 李世愉,孟彦弘.中国古代官制概论[M].北京：中国社会科学出版社,2009：1.

[7] 李祥俊.中国传统哲学精神与现时代[M].北京：中国社会科学出版社,2011：7.

[8] 刘泽华,葛荃.中国古代政治思想史[M].天津：南开大学出版社,2001：211.

[9] 许纪霖.近代中国政治变迁中的权力聚散[J].读书,1992(7).

[10] 孔凡义.近代中国军阀政治研究[M].北京：中国社会科学出版社,2010：52-53.

[11] 张雪萍.生态学原理[M].北京：科学出版社,2011：186.

[12] 诸凤娟.民本思想的发展逻辑及其当代价值[M].杭州：浙江大学出版社,2012：90-91.

[13] 弗里德利希·冯·哈耶克.秩序自由原理[M].邓正来,译.北京：生活·读书·新知三联书店,1997：183.

[14] 胡锐军.儒家政治设计思想研究：以政治秩序为分析框架[M].长春：吉林大学出版社,2012：104,203.

十八大以来党的思想建设创新论纲

[摘 要] 思想建设是党的建设的灵魂和基础,也是今后相当长一段时间内的党建重点。党的十八大以来以习近平总书记为核心的党中央新一代领导集体高度重视党的思想建设,提出了一系列关于党内思想建设的新理论、新举措,使党的思想建设体现出新的时代特点,开创了思想建党的新境界。

[关键词] 中国共产党;思想建设;创新论纲

党的十八大以来的这五年是不平凡的五年,这种"不平凡"在党建方面尤其有着鲜明的体现。党的十八大以来,中国共产党人排除万难、扎实推进全面从严治党,开创了党的建设新局面,其中,尤以党的思想建设最为突出。习近平总书记多次强调要把思想建设放在党的建设的首位,并对党的思想建设进行全面部署,使新时期党的思想建设具有了其鲜明的时代特点。

一、十八大以来党的思想建设的理论要求

(一)坚定理想信念,补足精神之钙

党的十八届六中全会审议通过了《关于新形势下党内政治生活的若干准则》(以下简称《准则》),《准则》中针对党内政治生活存在的12个突出问题给出了答案,在这12个问题中排在第一位的就是"坚定理想信念",这说明党中央把坚定理想信念置于党的建设中最为重要的地位。理想信念是共产党人精神上的

"钙"。2012年11月17日,习近平在党的十八届中共中央政治局第一次集体学习时指出:"理想信念坚定,骨头就硬,没有理想信念,或理想信念不坚定,精神上就会'缺钙',就会得'软骨病'……就有可能导致政治上变质、经济上贪婪、道德上堕落、生活上腐化。"[1]我们强调要从严管党治党,首先要坚定党员干部的理想信念。"革命理想高于天",在革命战争年代,正是由于我们共产党人的理想信念筑起了钢铁般的意志长城,党的先驱者们经受住了战火的考验、利益的诱惑,坚定信仰、矢志不渝,才使我们党的事业胜利向前推进。在今天,我们党面临的考验虽然形式发生了变化但程度丝毫不逊于革命战争年代。党面临着执政考验、市场经济考验、外部环境考验、改革开放考验等重大考验,长期的平稳执政使党内不少人淡化了忧患意识、放松了理想信念的学习,出现了思想懈怠、精神涣散、信念不坚定等一系列问题,导致党内腐败、渎职、脱离群众等问题多发、频发,严重影响了党的形象和威信,危害着党的事业和国家的进步。在这种情况下,"坚定理想信念"这一命题的提出更加具有紧迫性和现实性。

只有有了坚定的理想信念,广大党员干部才会更加清晰地认识到自身的责任重担,在面对胜利时才能做到不骄不躁、时刻保持谦虚谨慎的作风;而处于逆境时也能不消沉不动摇、始终坚守底线,永葆共产党人的政治本色。那么我们所要坚守的理想信念究竟指的是什么呢?习近平总书记2017年9月29日,习近平主持中共中央政治局第四十三次学习时给出了回答,他强调我们党是用马克思主义武装起来的党,马克思主义是我们共产党人理想信念的灵魂。"对马克思主义的信仰,对社会主义和共产主义的信念,是共产党人的政治灵魂。是共产党人经受住了任何考验的精神支柱。"[1]中国共产党从诞生之日起就把马克思主义写在自己的旗帜上,把实现共产主义确立为最高理想,历代中国共产党人始终坚持为这一信仰而奋斗,正是他们的前仆后继、生生不息,才开创了我们今天社会主义中国的大好局面。应该充分肯定,我们今天的广大党员干部中,大多数人还是信念坚定、政治可靠的,这也是党能够战胜困难和挑战的重要原因,但是同时也要看到,信仰缺失确实是一个需要引起高度重视的问题。党的十八大以来,以习近平为代表的党中央高度重视党员干部理想信念问题,开创了信仰教育的新局面,重新唤醒广大党员的责任意识、信念意识、大局意识,被形象地称为补足党员干部"精神之钙"。

(二)抓好理论学习,筑牢信仰之基

2012年11月15日,习近平在党的十八届一中全会上强调"在前进道路上,我们一定要加强全党的理论武装,按照建设马克思主义学习型政党的要求,深入学习和掌握马克思列宁主义、毛泽东思想,深入学习和掌握中国特色社会主义理论体系,牢固树立辩证唯物主义和历史唯物主义世界观和方法论"[2]。中国共产党只有学会用科学的理论武器武装自己,才能确保方向不动摇、决策不出错、旗帜永不倒。

我们讲理论学习,首先就是对马克思主义基本理论的学习。马克思主义是由马克思、恩格斯创立,并由其后继者所发展的科学理论体系,是关于无产阶级解放和人类解放的学说,它揭示了自然界和人类社会发展的一般规律和历史特点,是科学的、批判的、革命的伟大学说,是中国共产党的指导思想。党的领导干部特别是高级干部,要把系统掌握马克思主义基本理论作为看家本领,老老实实、原原本本地学习马克思主义、列宁主义的理论精髓,学会用其中体现的正确世界观看待问题,用其中蕴含的科学方法论指导实践,将理论与实践相结合,做到把握内核、与时俱进。

学习马克思主义既要追根溯源,学习它的原生形态,更要与时代结合,学习它在中国的发展形态,特别是在当代中国的发展形态。毛泽东思想是马克思主义中国化的开篇之作,中国特色社会主义理论体系是当代中国发展了的马克思主义,是马克思主义中国化的最新理论成果,更是当下全国人民团结奋斗的共同思想基础。我们广大党员干部要认真学习毛泽东思想、邓小平理论、"三个代表"重要思想、科学发展观,用十八大以来党中央治国理政的新思想、新战略指导我们正在进行的改革事业,不断提高自身的理论水平和实践水平,为实现民族"两个一百年"的奋斗目标扛起旗、掌好舵。同时,广大党员干部还要增强对党的路线方针、党内法规、国家法律的学习。习近平同志强调:"学习党的路线方针政策和国家法律法规,这是领导干部开展工作要做的基本准备,也是很重要的政治素养。"[3]党的方针政策和法律法规是党和国家在相当长一段时间内的发展规划和规范准则,预示了我们党和国家的发展方向,只有掌握党的方针政策,广大党员干部才能紧跟国家发展大势,在日常工作中做到有的放矢、高瞻远瞩,为民谋利;而只有认真学习法律法规,才能使广大党员干部在生活、工作中常怀对党、对人民的敬畏之心,坚守法律底线、遵纪守法,做到对党、人民和国家的忠诚。

(三)加强党性教育,坚守为民之心

所谓党性,就是一个共产党员的组织观念,它包括阶级觉悟、组织纪律性、宗旨意识、共产主义道德修养等方面,是无产阶级政党区别于其他政党的最本质特征。在当今中国,我们党能否始终走在时代前列、始终成为全国人民主心骨、始终成为伟大复兴事业的坚强领导核心,在很大程度上取决于广大党员特别是领导干部能否始终保持坚强的党性。党性是每一个中国共产党人道德的核心与关键所在,加强党员党性教育,对于党员自身健康成长和党的事业薪火相传都有重大而深远的意义。

加强党性修养,首先,应加强党员干部对党史、国史的学习。百年前的近代中国羸弱不堪、内忧外患,中国共产党的成立使中国革命掀开崭新篇章,中国革命的面貌焕然一新。中国共产党自成立以来就是中国无产阶级、中国人民的利益代表者,是中华民族的先锋队,自觉担负起了实现民族解放、国家富强的历史重担。正是因为我们党清醒认识到自身的责任重担、坚守党性,才能够在历史的洪流中立于不败之地。广大党员干部要总结我们党近百年来取得胜利的法宝和遭遇挫折的教训,深刻认识党在长期奋斗中积累的宝贵经验、形成的光荣传统和优良作风,时常温习党史,以学习党史作为加强思想理论建设、提高思想政治素质、加强党性修养的重要途径,不断增强自身的党性认知,矢志不渝地坚持全心全意为人民服务。其次,加强党性修养廉洁教育不可或缺。执政党的党风关系到党的生死存亡,坚决惩治和有效预防腐败是党必须抓好的重大政治任务。每一位党员都必须牢牢谨记,党的先进性和党的执政地位都不是一成不变的,过去先进不代表现在先进,现在先进不代表永远先进;过去拥有不等于现在拥有,现在拥有不代表永远拥有。当今社会各方面的诱惑无处不在,所以更需要我们每位党员,尤其是党员领导干部自觉坚守共产党人的理想观、价值观、人生观,自觉站在人民的立场上。当前我们的廉政教育可以从党内教育、传统廉政文化熏陶教育、家风建设教育等几方面入手,使廉洁自律观念深入人心、共产党员党性得以彰显。最后,加强党性修养还要重视对党员自身道德素质的提高。党员是党的基本组成单位,党员的道德素质不仅关系自身,而且关乎党的发展,共产党员必须具备崇高的道德情操、卓越的精神品质,才能更好地彰显党性。习近平总书记提出党员干部要带头践行社会主义核心价值观,自觉加强道德修养,不断提高思想道德水平,以高尚的道德情操带动全社会广泛形成讲道德、重修养、尚清廉的良好风气。

(四)重视理论创新,占领思想高地

习近平总书记多次强调,中国共产党以马克思主义为指导思想,马克思主义是我们党和人民不断团结奋进的木之根本,也是我们党和人民事业不断发展的河之源泉,我们要立足时代特点,推进马克思主义的时代化,为发展马克思主义做出属于中国的原创性贡献。只有坚持理论创新,使我们的思想常谈常新,才能更好地适应时代发展的需求,才能更加容易产生心理共鸣,才能使思想理论深入人心。回顾党的奋斗历程可以发现,我们党之所以能够不断克服困难创造新的辉煌,很重要的一点就是我们党始终坚持理论强党。根据实践的要求发展理论,再用发展了的理论指导实践、凝聚人心,是我党的一贯经验,理论创新使我们党占领思想高地,更使得党员干部的思想建设有了实质内容和目标方向,对于广大党员干部的思想建设具有重要意义。

今天我们讲理论创新,首先,要立足中国实际进行理论创新。只有民族的才是世界的,只有引领时代才能走向世界。我们要运用马克思主义观察中国、解读现实、引领时代,真正理解我们的时代课题,把握时代脉搏,使理论着眼于解决中国问题、现实问题,让理论更"接地气"。当代中国正经历着人类历史上前所未有的伟大变革,作为中国执政党的中国共产党是最有发言权来解释当今中国社会的,我们的社会发展和社会问题解决的现实导向都将成为理论创新源源不断的源泉和动力。其次,要加强对当代资本主义的分析。资本主义一刻也不曾停止过对我国的思想入侵,反映在社会中就是各色各样的社会思潮泛滥,要批驳资本主义社会思潮,我们就要分析现代资本主义,只有知己知彼方能百战不殆。当代资本主义有了很多新变化,更出现了新的表现形式,我们只有正确认知当代资本主义的新发展,把握资本主义新特征,加深对资本主义未来发展趋势的理解,提出中国的、原创的、新颖的批判理论,这样我们才能占领世界理论发展的制高点,才能掌握理论发展与传播的主动权。

二、十八大以来党的思想建设的实践举措

党员思想建设只有理论层面的努力是远远不够的,要想让思想建设深入人心,还需要在实践中稳步推进、扎实巩固。党的十八大以来,为推进、巩固党的思想建设,党中央开展了一系列实践教育活动。

（一）群众路线教育实践活动

人民立场是我党的根本政治立场,加强党的思想建设必须密切联系群众,巩固党与人民的血肉联系。中国共产党素来重视群众路线工作,但是要"真正学会运用党的群众路线,需要经历一个端正立场、改造世界观、锻炼工作方法和工作作风的长过程,要下一番苦功夫才能做到"[4]。2013年5月9日,中共中央印发了《关于在全党深入开展党的群众路线教育实践活动的意见》。2013年6月至2014年9月,在以习近平为总书记的党中央亲身示范和有力领导推动下,以为民务实清廉为主题的党的群众路线教育实践活动深入开展。群众路线实践活动针对"四风"问题,从群众最关心、最迫切的问题入手,着力解决群众反应强烈的突出问题,以实际行动密切党群关系,使全党牢记并恪守全心全意为人民服务的宗旨,重塑广大党员干部的思想防线,解决党内存在的思想问题、作风问题,使党员干部更加贴近群众、贴近问题、贴近现实。

开展群众路线教育实践活动,就是进行一次对马克思主义唯物史观和群众观点的再教育、再学习、再武装、再实践。这种教育、学习、武装、实践,既着力于认识层面,又超出认识层面,应从确立信仰、构建精神家园、达到知行统一等3个方面加以强化。当前我们开展群众路线实践活动就是要促进党员干部的群众观点从"识"到"信"的转化,对于党的群众路线,现在缺的不是"识"而是"信",一讲到群众观点,似乎每个人都能"讲"得非常好、"说"得很到位,但实际上很多党员干部对其认识并没有真正在思想深处扎根,并没有做到真信、真用、真落实。"信"是一种更牢固、更持久的认识。从"识"到"信"最为关键的是促进思想的自觉。要紧紧围绕"为了谁、依靠谁"这一根本问题,深入进行马克思主义唯物史观、党的群众观点、党性、党的宗旨教育,帮助广大党员干部真正确立起马克思主义群众路线的基本观点。同时,通过群众路线教育实践活动使广大党员干部在

实践中深刻认识自身存在的问题,照照镜子整整衣冠,从而洗涤思想的污浊,获得党性的新生。

(二)"三严三实"专题教育活动

2014年3月9日,在参加第十二届全国人大二次会议安徽代表团审议时,习近平总书记首次提出了"既严以修身、严以用权、严以律己,又谋事要实、创业要实、做人要实"的重要论述,称为"三严三实"讲话。"三严"强调的是加强党性修养、坚定理想信念、勤于自查自省;"三实"注重的是要从实际出发、敢于担当责任、处事公道正派,"三严三实"是党员干部的修身之本、成事之要、做人之基。天下事作于细而成于严,治党更是如此,要实现全面从严治党、加强党的思想建设和作风建设就必须践行"三严三实"。习近平总书记提出的"三严三实"简洁凝练、内涵丰富、指向明确,既继承了我国优秀传统文化,又赋予其新的时代内涵;既坚持了党的优良传统,又提出了新的更高要求,是对党的建设理论的丰富和发展,体现了新一届中央领导集体严明踏实的鲜明执政风格。

为了延展深化群众路线教育实践活动,2015年4月底,党内又开展了"三严三实"专题教育活动,"三严三实"专题教育主要针对各级党政机关和人民团体及其内设机构县处级以上领导干部、事业单位和国有企业中层以上领导人员,是加强党的思想建设和作风建设的重要举措。党中央强调要使"三严三实"专题教育活动融入领导干部经常性教育当中,实现其常态化。

开展"三严三实",首先应该通过自我省视、他人监督、召开民主生活会、民主评议会等方式找出自身"不严不实"之处,而后对症下药,从思想和行动上使"严""实"入脑入心,内化于思想、外化于行动。同时,采取多种形式、创新方法在全国各级党政机关广泛开展教育实践,力求使教育实践活动在加强自身整改上见疗效、在优化党内政治生态上见效果、在促进改革发展稳定上见成效,形成一批理论成果、实践成果,引导党员干部坚定信念、增强党性、坚守共产党人的政治灵魂和思想高地。可以说,贯彻落实好"三严三实"要求,对于进一步巩固党的执政基础和执政地位,实现"两个一百年"奋斗目标和中华民族伟大复兴的中国梦,具有重大而深远的意义。

(三)"两学一做"教育实践活动

2016年2月,中共中央印发《关于在全体党员中开展"学党章党规、学系列讲话,做合格党员"学习教育方案》,部署深入开展"两学一做"学习教育。这是继党的群众路线教育实践活动、"三严三实"专题教育活动之后,深化党内教育的又一次重要实践,也是面向全体党员从集中性教育活动向经常性教育延伸的重要举措。"两学一做"教育活动提出把思想教育放在首位,抓住"关键少数",抓实基层党建,突出日常教育,把"四个合格"党员标尺立起来,进一步发挥领导干部骨干带头作用、基层党组织战斗堡垒作用、党员先锋模范标兵作用。经过一年的教育实践,党中央总结成功经验,于2017年2月21日,审议通过了《关于推进"两学一做"学习教育常态化制度化的意见》,做出推进"两学一做"学习教育常态化制度化的重大部署。

开展"两学一做"学习教育,是以习近平总书记为核心的党中央加强党的思想政治建设的一项重大部署。推进"两学一做"学习教育的常态化与制度化,就要把思想政治建设始终摆在首位,坚持用党章党规规范广大党员干部的言行,教育广大党员干部始终坚定马克思主义信仰,坚定为人民服务,坚守共产党人精神追求。党章规定:"中国共产党党员是中国工人阶级的有共产主义觉悟的先锋战士。"所以,党员在日常生活工作中不同于普通群众,要起好表率作用,要用作风好、表现好、服务好、工作好、带头好的标准严于律己,永不背离自己的入党誓言,用习近平总书记治国理政新理念、新思想、新战略武装自己,深刻领会中央的大政方针精神,牢固树立政治信念,正确把握政治方向,坚定政治立场。习近平总书记的系列重要讲话,是治国理政的基本策略,包含着深刻的哲理,对于把握国际国内纷繁复杂的局势具有重大的现实指导意义。广大党员干部对党章和总书记系列讲话要原原本本学、认认真真学、一字一句学,这对于加强自身理论素养,理解把握党的改革方向、内政外交、治党治军等战略部署,增强道路自信、理论自信、制度自信都有重要意义。同时,还要努力将学习成果转化到具体工作实践中,成为推动工作发展的思想动力、理论基础,力求在思想上、政治上、行动上同党中央保持高度一致,做到政治合格、思想合格、工作合格。

三、十八大以来党的思想建设的创新特点

十八大以来党的思想建设显示出了新时代的新特点,主要体现在:

第一,坚持问题导向,实干特征凸显。纵观十八大以来党中央提出的一系列关于思想建设的理论要求和实践举措,可以发现,我党的主张都坚持了问题导向,即从我们党内、国内面临的突出问题入手,针对这些问题一一给出解决方案,每一个政策、提议、措施都具有针对性和实用性,凸显了我们这一届党中央的实干能力。坚持问题导向可以说是时代的要求,金融危机以来,世界经济受到重创,我国也受到波及,经济增长速度的放缓使之前隐藏、遗留的社会问题、党内问题暴露了出来,一系列问题的浮出水面使得中国共产党必须高效、快速、有针对性地处理各种矛盾才能保证党的本色不变、社会稳定发展。新时代提出了新课题,反映到党内就表现为如何重塑党员干部的信仰、如何提高党员干部自身素质、如何密切党群关系、如何使党与时俱进等,可以看到,十八大以来党中央提出的思想建设新主张均回应了时代的新要求、新课题。我们党坚持问题导向,就是奔着问题去、抓住问题改,有什么问题解决什么问题,什么问题重点突出解决什么问题,凸显了极强的实干特征。

第二,坚持形式创新,开展多渠道党建。十八大以来党的思想建设工作体现出范围大、渠道多、载体多的特点。首先,体现在把教育学习活动扩大化,不再只局限于对少数主要干部的教育,而是将基层党员也囊括在内,扩大了教育实践的范围,同时把教育活动常态化、经常化、制度化,建立了思想建设的全天候、全覆盖机制。其次,应对信息化时代的发展趋势,各级党组织积极打造"线上线下"多渠道党建平台,充分利用互联网、微博、微信等新媒体将网络打造为不受时空限制的政策宣传中心、成果展示中心、经验交流中心、党员服务中心,同时通过录制精品网课、网上测评、公众号推送等一系列新形式、新手段更大范围的向党员干部提供了更便利、更快捷、更高水平的思想学习、理论培训。再次,各级党组织还利用各种教育载体,经常性地开展远程教育、电化教学、座谈交流、短期培训等多种多样的自主式、开放式教育,务求取得党员思想教育的实际效果。

第三,思想建党与制度治党相结合。十八大以来,中央提出并实施全面从严治党的总体战略部署,强调通过思想建党与制度治党结合达到全面从严治党的知行合一。首先,重视从思想上建党,使党成为信念坚定并为人民无私奉献的党,培育全党上下高度的理论自觉和行为自觉。其次,以制度支撑治党。好的制度不是死板的生硬的条条框框,制度是要有核心价值和行为自觉才能维系的,也就是说,制度只有形成了制度文化,才能发挥出应该有的作用。因此,正像习近平总书记强调的那样,思想建党与制度治党一刚一柔、二者只有紧密结合,才能确保从严治党落到实处、取得实效。十八大以来,党中央高度重视党的制度建设,出台了一系列制度性措施:高度重视党章党规,十八届六中全会审议通过了《关于新形势下党内政治生活的若干准则》和《中国共产党党内监督条例》,实现了党内政治生活和党内监督的程序化、规范化、制度化;高度维护以习近平总书记为核心的党中央的权威,把"学习系列讲话"列为"两学一做"的重要内容;高度强调廉洁自律、坚决反对腐败,采取"巡视组""督察组"等监督形式,构建不想腐、不敢腐、不能腐的体制机制。这些制度建设与思想建设同时、同向发力,实践表明,我们党走出了一条知行合一的治党新路。

十八大报告中,党中央提出加强党的思想建设、组织建设、作风建设、反腐倡廉建设和制度建设。应该明确的是,这五大建设没有完全明晰的界限,它们是有机联系、协同发展的有机整体,我们不能孤立地、碎片化地看待五大建设。应将党的思想建设与其他四个方面的建设统一起来看,既抓住思想建设这一突出重点又看到五大建设的协同发展。协调推进党的五大建设,是实现全面从严治党的内在要求和原则条件,更是加强和改善党的领导的根本保证和现实需要。

(山东大学 周田田)

参考文献

[1] 习近平.紧紧围绕坚持和发展中国特色社会主义深入学习宣传贯彻党的十八大精神[N].人民日报,2012-11-19(01).

[2] 习近平.全面贯彻落实党的十八大精神要突出抓好六个方面工作[J].求是,2013(1).

[3] 习近平.习近平在中央党校建校80周年庆祝大会暨2013年春季学期开学典礼上的讲话[N].人民日报,2013-03-03(01).

[4] 江泽民.江泽民文选:第1卷[M].北京:人民出版社,2006:100.

论科学理解马克思群众史观的四个维度

[摘　要]　群众史观是马克思主义的理论支柱,要科学理解群众史观,必须把握好四个维度:一是马克思群众史观是对人类社会阶级斗争发展历程的科学总结;二是马克思群众史观是对传统思辨哲学进行哲学革命的结果;三是马克思在投身群众革命实践的过程中形成了群众史观;四是厘清马克思群众史观与其他相关政治范畴的关系。

[关键词]　群众;群众史观;马克思;维度

"群众"概念在古今东西的不同语境中含义完全不同。在中国古代,它对应于"民"或"臣民"的称呼,用以指代绝对服从于君主专制权威及其官僚体系的普通百姓,它强调的核心意见是"服从",较少含有贬低和轻慢的意思,基本属于中性的称谓;而在西方,一直以来主流的舆论和哲学意见都将群众视为一群无个性、无影响、无智慧、无姓名、无面孔的"群氓",属于贬义的称谓(西方习惯于用公民概念表达普通人的政治诉求)。只有在马克思主义经典作家那里,"群众"的价值和尊严才得到了充分的发现和系统性的阐述,哲学史家称之为"群众史观"的建立或"群众世界"的发现。[1]15当代中国的马克思主义者充分继承了经典作家的群众立场和群众观点,并与中国传统政治智慧中的民本主义等思想相结合,提出了作为中国共产党执政思想基础的群众路线。本文不具体深入探讨群众史观本身的具体内容及其价值和影响,而是讨论与确立群众史观相关的四个问题,以加深人们对群众史观的理解。

一、马克思群众史观是对人类社会阶级斗争发展历程的科学总结

在马克思主义的宏观体系中,群众史观一直被视为唯物史观乃至整个马克思主义理论体系的理论支柱。在创立群众史观的过程中,马克思充分借鉴了人类历史发展过程中有关群众作为历史主体参与和推动历史发展的事实及其相应主体意识的自觉成长过程。马克思对人类历史充满尊重,坚持在群众史观的相关研究和阐述中摒弃纯粹的理论思辨,注重理论思辨与历史考证的相互结合,真正做到了逻辑和历史相统一。人类历史的发展进程已经为我们充分展示了一幅广大人民群众投身历史实践的历史画卷,文明史即为"群众"的实践史和自我觉醒史。

在蒙昧的史前文明时代,人类尚未完全与自然世界相分离,为在物质生产水平极端落后的条件下求得生存,人们相互之间在平等基础上进行广泛的协作。随着时间的推移,人们的思想对以家族和氏族为单位的生产生活共同体表现得越来越重视,于是逐渐产生了相应的族群和家族意识,同时随着生产手段和技术的发展,单独个体的自我意识也开始生长起来。与此相联系,有关个体权利、地位、利益和尊严的概念也开始缓慢生长,人类开始准备进入私有制社会,历史也进入到文明史阶段。在文明史早期,人类社会最为突出的特点是产生了人与人之间在经济和政治地位上的不平等。在许多早期的人类文明中,奴隶制成为最普遍的情形,奴隶主和奴隶之间以阶级为单位形成了持续性和整体性的对抗,马克思将这种对抗称为"阶级斗争的历史"。[2] 在全世界的奴隶制文明中,奴隶主阶级对奴隶阶级采取了极端残酷的经济剥削,并普遍限制奴隶的基本自由,如身体自由、财产自由等,而在奴隶阶级方面,则普遍性地进行了或消极或积极的抵抗,消极抵抗如蓄意拖延工作和在生产环节的暗中破坏,积极抵抗则表现为各种逃亡和对奴隶主的人身攻击,甚至包括奴隶起义。持续不断的反抗和起义对传统奴隶制的存在施加了巨大的压力,最终导致奴隶对奴隶主的经济和人身依附关系的终结,人类历史取得重大进步。进入中世纪以后,封建主阶级和农民阶级的对抗取代了奴隶制下的阶级对抗,农民的人身和经济地位虽然有了一定的提高,但仍然面临打破各种封建特权和等级壁垒的重重压迫。而"有压迫,就有反

抗"[3],世界各地的农民不断发动起义以打破枷锁求得解放。在宣传和发动起义的过程中,广大农民成为一个越来越有意识的阶级整体;在斗争的目的和诉求方面,和经济权利如财产权等相比,农民尤为重视政治权力的分享和政治权利的保证,马克思对此进行的概括中则称:"一切阶级斗争都是政治斗争。"[4]

近代以后,农民相对于封建主的直接人身依附关系被取消,但一种新的"资本主义"的生长使得广大无产阶级逐渐沦为"资本"的奴隶,无产阶级与资产阶级之间围绕经济、政治和文化领域的对抗成为阶级斗争新的发展形式。19世纪30至40年代,英、法、德等国的工人阶级发动了独立的政治运动,充分展示了无产阶级整体的自我觉醒,"群众"的力量震撼了西方资本主义世界。应当注意,在这些工人运动中,广大工人的斗争目标已经远远超越了单纯经济利益的追求,如提高工资、缩短工时等,而是提出了诸如平等权和普选权等更高的政治方面的要求,甚至部分的先进分子已经开始整体反思资本主义私有制和整个人类社会的前途命运问题。可以想象的是,这一时期西欧历史的自我书写已经向立志于"为大家而献身"的马克思展示了一幅工人"群众"自我觉醒、自我奋斗和自我解放的生动图景,马克思个人的历史使命就是为包括工人阶级在内的广大人民群众的解放事业提供思想武器和实践指导。在马克思看来,一部人类文明史就是一部阶级斗争的历史。工业时代和资本主义时代,工人阶级的历史使命即在无产阶级政党的领导下,紧密团结农民、小资产阶级和其他破产者,实现对资产阶级"剥夺者"权力等方面的剥夺,最终实现自身的阶级解放和全人类的解放。从俄国十月革命爆发至20世纪50年代,社会主义革命取得了从一国到多国的胜利;尽管20世纪90年代在世界范围内的共产主义运动遭受重大挫折,但以中国为代表的一批社会主义国家仍然坚持社会制度并取得了举世瞩目的伟大成就,这不仅是马克思主义的胜利,也是群众的胜利,更是群众创造历史的最好例证。

二、马克思群众史观是对传统思辨哲学进行哲学革命的结果

从哲学革命的角度来看,马克思认为,传统哲学长期远离群众生活实践和历史叙事的真实世界,在纯粹的思维和逻辑的世界构筑了一个所谓"社会的社会"(或者也可以称为思想家和哲学家组成的"小社会")。在这一哲学家组成的社会

里,群众是受到排斥的,他们被哲学家视为现象世界中的物质性的存在,毫无个性,甚至被视为"群氓"和"渣滓",即使从最为积极的角度来看,群众也只能是因为被纳入某种特定体制和特定政治运动中,而被视为特定目标而可资利用的工具和手段,这一认知在中国古代官方认可的传统民本思想和近代西方资产阶级认可的无产阶级参与其革命联盟的案例中已得到充分的表证。

为了实现对传统哲学的变革,马克思首先对群众概念进行了整体性的阐述。他首先关注的是方法论问题。他认为,传统哲学和宗教一样,倾向于从纯粹思辨的角度将群众视为精神上具备高度相似性的"人们"。他把这种方法称为唯心主义或经验主义的方法,而称自己所用的方法为新唯物主义或历史唯物主义的方法。此外,马克思还习惯性地使用阶级分析的方法来分析群众,阶级社会一定会有统治阶级和被统治阶级之分[5],统治阶级占有和支配物质和精神生产的各种生产工具和资料,对于被统治阶级处于被统治地位。

马克思认为,应当克服传统唯心史观在思辨领域追寻历史动因的错误倾向,历史是广大人民群众为个体利益参与实践活动的产物。"随着历史活动的深入,必将是群众队伍的扩大"[6]287,在19世纪30至40年代,欧洲三大工人运动标志着无产阶级的阶级觉醒并成为影响重大的一支政治力量,由于无产阶级遭受着极端的苦难并处于极端贫困状态,它必须推翻资本主义生产方式才能获得自身解放,所以无产阶级就成为历史发展的动力。马克思特别重视和强调无产阶级的历史主体地位,无产阶级不仅是打破旧的私有制的资本主义生产方式的主体,而且也是新的共产主义制度的创始人。总体来看,马克思所谓的群众必须是从事实际生产活动并处于被统治地位,在资本主义条件下实际主要是指代"无产阶级"。

在辨析群众观念的基础上,马克思进一步打破传统哲学在纯粹思辨和逻辑领域自我循环、自足论证的封闭传统,使哲学进一步走向实践和靠拢群众,打破了所谓"哲学家的世界"与"群众的世界"之间的隔绝状态,并以关注"群众的世界"为主。马克思在分析思辨哲学的起源时发现,在文明早期(如在柏拉图之前),精神现象还表现为物质世界的一种生成物,意识还是"对自然界的一种产物"[6]534。但是随着生产力的发展,物质劳动和精神劳动逐渐相分离,尤其进入奴隶社会以后,产生了一批职业思想家(或曰哲学家),受其影响逐渐开始形成某种"哲学家的世界","哲学家的思想所聚焦的历史、实践和整体也就越来越脱离群众的历史、实践和整体"[1],哲学家的思辨世界遂与群众的生活世界渐行渐远。一般哲学家开始注意将其自身思想体系从外观上和形式上与统治阶级相分离,逐渐在一般社会意识和观念领域产生某种独立的超越性哲学的假象。自此,哲学家逐渐为自身树立起社会意识与大众意识的代言人形象,从而群众的思考被哲学家的思考所代替,哲学家的世界完全遮蔽了群众的世界。

由于思辨主义哲学家们远离了物质世界和社会实践,而在纯粹思辨领域依靠概念和逻辑构筑起繁琐的超越经验世界的形上世界,所以马克思认为传统哲学是无法真正解释世界和发现真理的,从而总是处在无法触及真理的"真理的彼岸世界"[6]4。为此,马克思提出对传统哲学进行改革,彻底放弃在思辨和逻辑领域寻求纯粹真理的幻想,转而关注"真理的此岸世界",实现传统哲学的根本转向。新的马克思主义哲学的关注重点已经不再是从神的世界实现人的解放,而是重点批判在现实资本主义世界真实发生的各种异化现象,"对天国的批判变成对尘世的批判,对宗教的批判变成对法的批判,对神学的批判变成对政治的批判"[6]4。换言之,马克思倡导哲学关注的现实世界应当是群众的世界,是特定的个人在特定的生产条件下进行生产时发生的各种经济政治关系的总和,尤其应当关注的是广大工人群众生产生活的实际情况。

马克思在以群众观点来对传统哲学进行批判的同时,还以群众观点来对历史唯物主义新哲学进行阐释,真正做到了解构旧哲学与建构新哲学的统一。马克思认为,唯心主义旧哲学沉醉于自身的概念和逻辑,完全脱离社会实际生产和广大群众的实际生活,只是在"哲学家的世界"把玩自己的思想,其消灭是不可避免的。但是新哲学也不能简单等待旧哲学的消灭,而是应当主动承担起建构新哲学的工作。其工作重点自然也是围绕"群众"来展开,哲学家必须紧紧抓住群众尤其是无产阶级群众,"思想的闪电"一旦击中"人民的园地"[6]17-18,无产阶级的解放和人类的解放随即成为可能,哲学由此实现了对世界的解释与改变的双重职能,而那些不能抓住群众和不能抓住无产阶级的旧哲学则难逃被消灭的命运。

马克思认为与新哲学相适应的历史观必然要以唯物主义作为其哲学基础,必然要承认广大群众的物质性生产实践是构成哲学家的抽象世界的基础,必然要承认生产力决定生产关系、经济基础决定上层建筑。同时,更为重要的是新的历史观必然要承认历史是由人民群众创造的,群众的生产实践是各种社会关系生成的关键因素。这些是构成唯物史观和群众史观的基本结论。马克思提倡哲学家也要投身到群众实践中,并认为群众实践的广阔天地是哲学家发挥自身才能,并完成解释世界和改变世界的历史使命的最终舞台。所以,以群众观点或群众原则建构起来的马克思主义新哲学也必将超出思辨领域,而影响到人类社会生产和生活实践的方方面面,尤其在经济生活领域,马克思以群众原则为基础对资本主义私有制进行了颠覆性批判。同样依据群众原则,马克思主义、科学社会主义理论的创立进一步标志着马克思在由哲学革命进入社会批判,并在社会批判的基础上开始为将来社会主义社会构筑蓝图和投身革命实践,马克思本人也实现了从哲学家和理论家向革命家的转向,将无产阶级的解放事业扩展为全人类的解放事业。可见,在马克思主义新哲学的逻辑和演绎中,群众观点或者群众原则已经成为最根本性的内核,群众观点和群众原则改变了马克思产生之前的西方唯心主义哲学对待现实物质世界和群众生活的疏离和空洞的态度。是否坚持群众观点或是群众原则,已经成为区分马克思主义和反马克思主义、非马克思主义和修正主义马克思主义的试金石。

三、马克思在投身群众革命实践的过程中形成了群众史观

马克思是一位著作等身的思想家和理论家,但其更是伟大的革命家和实践家。马克思主义从来就是理论探索和生产生活以及革命实践相统一的,并且在马克思本人的意见中,理论从来就是围绕实践展开并为实践服务的。在马克思青年时代,他就提出青年人应当以"干预生活"为职业,而不是进行纯粹的理论研究。以这种逻辑来观照马克思提出的唯物史观,投身群众、发动群众和指导群众进行生产生活实践和革命斗争实践,自然也是马克思主义理论指导实践的首要工作。马克思反对传统思辨哲学观念到观念、理论到理论的抽象运动,认为"批判的武器当然不能代替武器的批判,物质的力量只能用物质的力量来摧毁,但是理论一经掌握群众,也会变成物质的力量。理论只要说服人,就能掌握群众;而理论只要彻底,就能说服人。所谓的彻底,就是抓住事物的根本,但人的根本就

是人本身"。[7]理论用以指导实践,精神的力量要变为物质的力量,群众是最为关键的媒介,或者说理论掌握群众、群众通过自身实践来改变自然世界、生产关系和社会关系,从而最终实现群众自我解放并实现整个人类的解放是马克思主义的基本逻辑。

中学时代,马克思在自己的家乡特里尔古城用朴素的自由主义和人道主义目光观察人民群众的生活状态。他发现占古城绝大多数人口的普通工人、农民和手工业者终日辛勤劳作,换来的却是苦难的生活;而极少数的庄园主和商人以及官僚等不用辛勤劳动却生活优越。因此,从少年时马克思心中便产生了和多数劳动群众站在一起想法,并决心将来从事最能服务于人民群众的职业。他总是主动积极地靠近群众,亲身观察特里尔中心广场贫民的生活状态。拿到博士学位后,在任《莱茵报》记者和主编期间,马克思参与了多次著名的案件辩护,多次站在莱茵省群众的立场,抨击普鲁士政府的国家主义和专制主义倾向,发出了维护群众利益的正义的呼声。1842年10月,马克思发表了《关于林木盗窃法的辩护》一文,指出所谓《林木盗窃法》实质就是维护莱茵省林木所有者的权利,直接无视贫苦群众的基本生存权利。1842年底至1843年初,马克思在《莱茵报》发表了著名的《摩泽尔记者的辩护》的调查报告,报告中对摩泽尔河沿岸地区农民的生活生产状况进行了深入调查,揭示了摩泽尔地区葡萄种植者遭受的"物质上的贫困""法律上的贫困""精神上的贫困",从而更深入地揭示了普鲁士社会与国家之间的紧张与对立。同时,他批判了普鲁士议会选举的等级代表制,要求实现平等的人民代表制,还对普鲁士的宪政及其思想基础进行反思,对普鲁士政府限制城乡区域权利平等的企图也有批评。他发现,在造成普鲁士农民贫困状况的各种因素中,由物质和制度贫困引起的精神贫困是最深层次的原因,也是最难改变的现状。可见,马克思从青年时代开始已经坚定站在了贫困的多数群众的立场上,从而与现行体制与制度形成了尖锐的对立,也就越来越为体制所不容,并被迫经历一种辗转艰辛的理论探索和革命实践生涯。

1843年3月,马克思被迫退出《莱茵报》编辑部,随后于1843年10月迁居巴黎,开始从事政治经济学研究。为收集研究素材,马克思开始有意识地走进工人居住的社区,向广大工人群众了解其生产生活情况,了解他们的民生需求和权利要求;他积极参与德法两国的工人运动,甚至还有意接触一些工人秘密社团并参加其活动。他对工人群众的事业怀有极大的热情,认为它是一项高尚的事业,又对工人运动的前途充满希望,因为工人崇尚科学、尊重知识并富有道德力量。1845年2月,马克思被迫迁居布鲁塞尔。他开始对英国工人阶级的生存现状和觉悟程度给予极大关注,为此他建立了与英国工人群众的通信联系以收集英国工人阶级和相关运动的情报资料。1845年8月,马克思和恩格斯还到伦敦和曼彻斯特进行考察旅行,并在伦敦会见了宪章派和正义者同盟的一些领导人。[8]他发现,即使在号称工业革命最为成功的先进资本主义国家英国,经济的发展以及社会财富的增加并没有带来工人生活状况的相应改善,工人阶级作为一个整体仍然饱受资本主义制度剥削和压迫之苦。为此,马克思开始关注工人阶级的阶级解放问题并将其与整个人类的解放相互联系起来。他认识到,工人阶级必须首先实现自身的阶级解放,才能最终完成自身历史使命,即:整个人类的解放事业。1847年,马克思、恩格斯加入正义者同盟,随后将其改组为共产主义者同盟,并于1848年2月发表《共产党宣言》,公开宣布其政治主张,世界范围的共产主义运动由此开始。1849年以后,马克思开始定居伦敦,在继续进行创立马克思主义的宏大体系的理论研究的同时,长期关注各国工人阶级的动向并与之保持密切联系,随时提供指导意见。直至马克思去世,马克思的全部实践活动都是以人民群众力争实现自身阶级解放的事业为中心,恩格斯对此评价道:"(马克思)首先是一个革命家。他毕生的真正使命,就是以这种或那种方式参加推翻资本主义社会及其所建立的国家设施的事业……很少有人像他那样满腔热情、坚韧不拔和卓有成效地进行斗争"[9]。这是恩格斯作为革命战友对马克思一生做出的最为关键也是最为客观中肯的评价。

　　回顾马克思的一生,苦难的命运和挫折起伏的人生是他留给我们的主要印象。但是个人生活的艰辛并没有掩盖其作为伟大共产主义战士和革命家的光辉形象,他一生进行了艰苦的理论探索,基本以一人之力创立了宏大的马克思主义理论体系。更为可贵的是,他一生都不愿意仅仅是成为书斋里的革命家,他还亲身参与和经历了早期国际共产主义运动每一次重大历史实践活动和里程碑事件,并始终以高度的革命热情关注着世界范围内的每一场重大革命运动。他无愧于共产主义奠基人和马克思主义理论体系的创立者的称号,他的努力工作推动全世界范围内的底层人民群众的解放事业,真正改写了近现代人类的历史和命运。

四、厘清马克思群众史观与其他相关政治范畴的关系

马克思在讨论群众问题时,经常会涉及人民、公民、阶级、阶层、社会、政党、国家等一些相互关联的概念和范畴。其中,"人民"概念与"群众"概念的通假性质及二者相对于"公民""社会"的概念的意识形态区别是得到学界认可的,前者主要在社会主义国家的政治语境下使用,后者则一般性地被视为西方政治和学术范畴。而"阶级""阶层"概念也一般性作为"群众"概念统属之下的分支概念来使用。但为了对"群众"概念有更为透彻的理解,我们最需要厘清的是"群众"与"国家""政党"两个范畴的关系。

首先,关于国家与群众。近代以来,西欧民族独立国家不断增多,欧洲社会逐渐开始弥漫一种国家主义和民族主义至上的氛围。德国统一完成之后,新生的普鲁士国家的主流意识形态更是视国家主义为圭臬,原来在各个日耳曼封建小国内自然生长的类似于英国市民自治的政治传统,逐渐被狂热的民族主义情绪所取代。受到特定时代思潮的影响,德国古典政治哲学在国家与社会(群众)的关系上,也倾向于认为只有强大统一国家才是良好的社会生活的前提和基础。而马克思则对此种认识进行了批判。他认为,人们为自身生存和发展而从事一定的生活产品和生产资料的生产,并在这种生产过程中彼此之间发生一种客观存在的生产关系,家庭、宗族、社会、私有制等概念才因此产生。国家的产生作为一种最重要的上层建筑也是以家庭和社会的存在为基础的,国家会随着家庭和社会的变化而变化,并且国家作为一种与经济基础相对应的上层建筑会随着生产关系的改变而改变,因而国家的存在形式也是由生产力的发展水平所决定的。正是在这一意义上,马克思提出社会即国家,"人不是抽象的蛰居于世界之外的存在物。人就是人的世界,就是国家,社会"[2]1。所以,在国家与群众的关系上,是群众决定国家而不是国家决定群众,只有占绝大多数的底层社会的劳苦大众才是国家的真正创造者。群众创造国家的基本逻辑过程是:底层群众的劳动创造了基本的生产生活物资甚至创造了人本身,同时还创造了人们之间的基本的生活关系、生产关系和社会关系,人们依照这种关系形成家庭、社会并最终形成国家。但是,随着近代以来工业文明的发展以及资本的扩张,人们相互之

间的关系逐渐开始了一种货币化的历程,单一的金钱联系逐渐取代工业文明和"市民社会"产生之前的人与人之间的多维度关系。同时,在社会与国家之间逐渐形成了一种对立的情形:国家逐渐向资本靠拢,并逐步变成资本利益的代表者;政治逐渐演变为阶级斗争的代名词,即无产阶级和资产阶级之间为争夺统治权而斗争。由于无产阶级在资本主义制度下被剥夺了一切,他们必须打破资产阶级的统治地位,必须与之展开残酷的斗争,也只有现行国家机器被彻底消灭,无产阶级与资产阶级之间的对立才能结束,最终到来的一定是包括无产阶级劳动群众在内的全体人民群众的解放。

其次,关于群众与政党。在马克思使用群众一词时,我们可以注意到它与国家的对立。同时,还应当注意到的是,群众一词很多情形下也是与解放相联系的。群众的解放或者是人类的解放是整个马克思主义理论体系的归结和终点。但是群众不能实现自动自发地自我解放,群众的解放必然要与最具代表性的群众性政党的组织与领导相联系。这是马克思在纵观 18 世纪末直至共产党宣言发表期间多次群众运动的失败之后得出的基本教训。对于政党本身的要求方面,这种群众性政党必然要具备坚定的群众立场和革命立场,才能担负起领导群众革命运动的重任,同时,群众性政党还必须具备开阔的政治视野和丰富的斗争经验。综合各种条件来看,在 19 世纪 30 至 40 年代的欧洲,只有无产阶级政党才具备领导群众进行自我解放的资格。因为在马克思看来,无产阶级在一般劳动群众队伍中经济地位最低,变革现存社会秩序的愿望最强烈,而且社会化大生产方式的推进也使得无产阶级越来越集中,自身的阶级认同也最为清晰。只有从无产阶级队伍中走出的先进分子进一步组建无产阶级政党,才能够获得群众认同,也最能捍卫群众利益和领导无产阶级革命。"在无产者不同的民族的斗争中,共产党人强调和坚持整个无产阶级共同的不分民族的利益;另一方面,在无产阶级和资产阶级的斗争所经历的各个发展阶段上,共产党人始终代表整个运动的利益。"[2]285 而且,无产阶级政党领导包括无产阶级本身在内的广大劳动群众的解放事业,不仅是事关全部劳动群众的事业,还是事关整个人类最终解放和自由的事业。这一事业不仅对无产阶级政党的领导意志和能力提出了极高的要求,也对广大劳动群众的觉悟和认知水平提出了极高的要求。为此,必须要对广大劳动群众尤其是广大无产阶级劳动者进行共产主义教育,"必须把科学共产主义同当时已存在的工人组织结合起来"[2]15。无产阶级政党有意识有计划的推动共产主义教育运动,将会使得包括无产阶级在内的广大劳动群众充分意识到自身所处的政治、经济和社会文化地位,充分辨别自身的阶级定位并强化其阶级意识和革命意识,坚定他们解放的决心。

总而言之,群众史观是马克思主义的理论支柱,对此必须充分认识。我们必须承认群众史观是马克思对人类社会阶级斗争发展历程做出的科学总结,也是马克思对传统思辨哲学进行哲学革命的结果,还要认识马克思个人的群众革命实践与其群众史观的联系,更要厘清马克思群众史观与其他相关政治范畴的关系。因此,从上述四个方面进行梳理有助于加深我们对群众史观在马克思主义全部理论体系中的核心地位的理解,也有助于新时期加强对党的群众路线的理解,提高广大党员干部践行群众路线的自觉性和主动性。

(南京师范大学　刘国习)

参考文献

[1] 牟成文.马克思的群众观及其哲学变革[J].中国社会科学,2012(2).

[2] 马克思,恩格斯.马克思恩格斯选集:第1卷[M].北京:人民出版社,2012:353.

[3] 毛泽东.毛泽东文集:第8卷[M].北京:人民出版社,1999:384.

[4] 马克思,恩格斯.马克思恩格斯全集:第2卷[M].北京:人民出版社,2009:40.

[5] 马克思,恩格斯.马克思恩格斯文集:第3卷[M].北京:人民出版社,2009:459.

[6] 马克思,恩格斯.马克思恩格斯文集:第1卷[M].北京:人民出版社,2009.

[7] 马克思,恩格斯.马克思恩格斯全集:第3卷[M].北京:人民出版社,2002:214.

[8] 李秀伟.卡尔·马克思年谱[EB/OL].(2015-05-25)[2015-05-25].http://www.cssn.cn/2t/2t_xkzt//2746/2015mksdzqzzjqsx/2015mksda/201505/t20150525_2009543.shtml.

[9] 马克思,恩格斯.马克思恩格斯选集:第4卷[M].北京:人民出版社,1995:776-777.

中国道路的理论基础、历史延续和实践特色

[摘　要] 中国道路是中国共产党把马克思主义基本原理同中国实际和时代特征结合起来走出的新路,引起了世界的广泛关注。中国道路以中华民族优秀传统文化、中国特色社会主义制度、中国特色社会主义理论体系为理论基础,经历了旧民主主义革命、新民主主义革命、社会主义新时期几个不同历史阶段,被中国人民的探索与发展,烙下了深刻的时代印记。中国道路在实践中能取得巨大的成功,主要还在于其具有探索科学发展、注重和谐发展、追求和平发展的鲜明实践特色,其为世界的发展作出了重要的贡献。

[关键词]　中国道路;理论基础;历史阶段;实践特色

党的十八大指出"道路关乎党的命脉,关乎国家前途、民族命运、人民幸福",所以"全面建成小康社会,加快推进社会主义现代化,实现中华民族伟大复兴,必须坚定不移地走中国特色社会主义道路"[1]。中国道路是由近代以来中华人民不断探索和发展而产生的,它不仅是历史的选择,也是人民的选择,更是实现国家现代化和中华民族复兴的必由之路。它凝结着中华民族在全球化背景下的经验和智慧,包含着对历史经验的总结、对前人探索的继承、对时代特征的观察以及对现实问题的思考和回应。

一、中国道路的理论基础

（一）中国传统文化是中国道路的精神积淀

中国传统文化是中华民族在长期实践中积淀的文化遗产,是中国人民的智

慧结晶,认同和传承传统文化对一个国家、民族和个人的发展至关重要。中国传统文化内涵丰富,有自强不息的奋斗精神、和谐统一的"和为贵"精神、爱国主义精神以及勇于奉献的大无畏精神等。中国道路汲取传统文化的精髓,在不断探索的过程中走出了一条独具中国特色的道路,其表现在:首先,中国传统文化的精华与社会主义思想具有互洽性,其为社会主义道路在中国确立发展提供了有利条件。中国传统文化中的大同思想与社会主义和共产主义理想,"修身齐家治国"思想与集体主义、爱国主义价值观,"以民为本"思想与人民当家作主,勤劳、勇于奉献与"一切为人民服务"的精神理想之间都具有互洽性。正是由于这种精神上的相通,社会主义思想才能够在中国扎根并茁壮成长,这也为中华民族接受社会主义理论、选择社会主义道路奠定了坚实的基础。其次,中国传统文化与马克思主义理论具有相容性。传统文化中"天下为公""崇公抑私"思想与马克思主义的公有制观念,传统文化的"仁者爱人""大同世界"与马克思主义主张的"人人为我,我为人人"的和谐关系以及"每个人的自由发展是一切人的自由发展的条件"[2]的理想社会,民本思想与马克思主义人民群众是历史的创造者的唯物史观等很多方面都存在着异曲同工之处。作为中国道路探索者和实践者的中国共产党把中国优秀传统文化与马克思主义结合起来,确立了立党为公、执政为民的执政理念,以一切为人民服务为宗旨,实事求是,形成了党在一切工作中的群众路线,推进全面建成小康社会,实现中华民族的伟大复兴,走中国道路,圆中国梦想,增强了中国道路自信和文化自信。

(二)中国特色社会主义制度是中国传统文化的制度保障

在长期的革命和建设中,我国坚持以马克思主义为指导思想,并结合中国具体实际,形成了中国特色社会主义制度。中国特色社会主义制度既包括中国特色社会主义的根本政治经济制度和基本政治经济制度,也包括经济、政治、文化、社会和生态等各个领域的具体制度,是依据我国的具体国情所制定的一整套制度体系。历史证明,中国特色社会主义制度是中国共产党带领全国各族人民走中国道路的伟大实践。在推进中国道路过程中,中国特色社会主义制度对实现中国道路的本质要求和价值目标起着根本的保障作用。例如,市场经济中出现的自发性、盲目性,对个人利益的盲目追求等弊病,需要社会主义制度的约束,而社会保障体系的逐步发展和我国宏观调控体系的日渐完善,可以有效遏制市场经济的这些弊端。再如,社会主义制度还可以调节收入分配中出现的不公平性、不合理性。以按劳分配为主体、多种分配方式并存的分配制度的进一步完善,也会加大收入分配调节力度,对解决收入差距过大的问题起到重要作用,等。因此,中国特色社会主义制度既有利于调动一切积极因素,为发展生产力、增强国家的综合国力服务,也有利于解放和发展社会生产力、推动经济社会全面发展;既有利于维护和促进社会公平正义、实现全体人民共同富裕,也有利于集中力量办大事、有效应对前进道路上的各种风险挑战。中国特色社会主义制度为坚持和发展中国道路提供了保障,有利于增强中国制度自信。

(三)中国特色社会主义理论体系是中国道路的行动指南

中国特色社会主义理论体系,是中国共产党带领全国人民在社会主义现代化建设和改革开放的伟大历史进程中,把马克思主义基本原理同中国具体实际相结合的创造性成果,是沿着中国道路实现中华民族伟大复兴的正确理论。党的十八大对中国特色社会主义理论体系的内容做了全面的概括:"中国特色社会主义理论体系,就是包括邓小平理论、'三个代表'重要思想、科学发展观在内的科学理论体系,是马克思列宁主义、毛泽东思想的坚持和发展。"[3]改革开放以来,我国在走中国道路的过程中,遇到了许多难题,而中国特色社会主义理论体系都对这些难题做出了科学的解答。例如,在人们对什么是社会主义、怎样建设社会主义产生疑问和困惑时,中国特色社会主义理论体系便对关于社会主义初级阶段论、社会主义本质论、社会主义改革开放论和社会主义市场经济论等重大理论做出阐释,使人们更加明确、系统地认识到社会主义的建设发展问题,也为坚持中国道路奠定了理论基础。又如,我们所处的时代和社会环境在不断变化,我们党所肩负的历史任务也在变化。中国特色社会主义理论体系关于"三个代表"的重要思想、执政党建设的思想等,增强了人们对中国共产党执政的信心,也使人们认识到党的执政水平和执政能力的提高对走中国道路的重要性。中国特色社会主义理论体系关于"实现什么样的发展、怎样发展"的科学应答,是我们坚持中国道路的思想保障。中国特色社会主义理论体系是我们走中国道路必须坚持的指导思想,更是我们走中国道路的行动指南,有利于增强中国理论自信。

二、中国道路的历史延续

（一）旧民主主义革命时期中国道路的艰辛探索

1840年鸦片战争期间，面对国家的日益衰败，以林则徐、魏源为代表的仁人志士，在目睹了帝国主义列强的船坚炮利之后，开创了中国学习西方的先河，号召"师夷长技以制夷"，即以外国优秀的技术为己用，来抵御外来的侵略；第二次鸦片战争以后，以曾国藩、李鸿章为代表的仁人志士，先是学习西方的军事，接着学习西方的经济，开工厂，办学堂，派留学生，并创立了北洋舰队，但封建制度严重束缚了其发展，致使北洋舰队在甲午战争中惨败给日本；以洪秀全为代表的农民阶级，发起太平天国运动，试图建立一个"无处不均匀，无处不饱暖"的理想社会，但由于阶级和时代的局限性，最终在中外势力的联合绞杀下失败了；以康有为、梁启超为代表的资产阶级改良派，为免华夏"亡国灭种"之危机，领导了一场戊戌维新运动，这场运动倡导发展资本主义，建立君主立宪政体，但在自身局限性及守旧势力阻挠下失败了；以孙中山为代表的资产阶级革命派，主张像美国一样三权分立，推翻清政府，但资产阶级有其固有的软弱性，虽然推翻了清王朝但却没能真正解放中国，革命果实被袁世凯窃取。这些都表明，以地主阶级、农民阶级和资产阶级领导的旧民主主义革命不能取得救中国的胜利，中国革命要进入新民主主义革命时期。

（二）新民主主义革命时期中国道路的成功开辟

1921年中国共产党成立后，中国人民肩负起反帝反封建的历史重任，为争取民族独立和人民解放，继续探索中国道路。首先，认清中国的国情，是我们认清一切革命问题的基本依据。因为如果"我们已经明白了中国的社会性质，亦即中国的特殊的国情，这是解决中国一切革命问题的最基本的根据"[4]，因此，1922年中共二大第一次明确提出反帝反封建的民主革命纲领。同时，中共党人还领导了一系列工人运动，但京汉铁路工人罢工的失败，党认识到，中国革命必须建立广泛的统一战线。因此，党的三大又提出了建立国共合作统一战线的思想，但并没有明确提出无产阶级的领导权问题。随着大革命的兴起和发展，统一战线内部争夺领导权的斗争日益激化。到党的四大，第一次明确提出了坚持无产阶级领导权和农民同盟军的思想。1926年前后,党逐步形成了新民主主义革命的基本思想。大革命失败后,中共发起南昌起义、秋收起义、广州起义,对中国革命道路进行了新的探索。"农村包围城市、武装夺取政权"中国式革命道路的成功开辟,以及毛泽东思想的确立,我们最终取得了新民主主义革命的胜利。新中国成立后,在经历土地改革、"三化一改"等巩固政权措施后,建立的社会主义制度,为中国道路的进一步发展奠定了基础。

(三)社会主义新时期中国道路的丰富与完善

一个国家,只有正确认识自己的历史,才能在现实中把握方向;一个民族,只有正确理解自己的道路,才能在社会变革中不断走向进步。[5]从改革的启程到摸着石头过河,从道路的选择和探索到道路的开辟和发展,在实践与认识相互作用、相互促进的过程中,我们对中国特色社会主义道路的认识日益成熟,对中国道路的理解也愈加清晰。改革开放将中国道路送入世界的视野,以邓小平为核心的党的第二代中央领导集体带领全党全国人民在改革开放的崭新实践中,逐步找到中国特色社会主义建设的道路,之后以江泽民、胡锦涛、习近平为核心的党中央领导集体带领全党全国人民在新世纪、新阶段继续推进。首先,在理论层面,形成了邓小平理论、"三个代表"重要思想、科学发展观、中国梦以及习近平治国理政思想,集中回答了"什么是社会主义,怎样建设社会主义""建设什么样的党,怎样建党""实现什么样的发展,怎样发展"等一系列重大理论问题。其次,在实践层面,在中国共产党的领导下,按照经济建设、政治建设、文化建设、社会建设、生态文明建设"五位一体"的总布局全面推进,实现社会主义现代化建设。实现中国梦,全面建成小康社会,推进国家治理体系和治理能力现代化,必须走好中国道路。

三、中国道路的实践特色

(一)中国道路是探索科学发展的道路

新世纪新阶段,经济全球化深入发展,科技进步日新月异,综合国力竞争日趋激烈,国家间更多的是发展方式的竞争。以胡锦涛为核心的党中央准确把握世界发展趋势,提出科学发展观,坚定不移地走科学发展之路。我国用30多年时间完成了西方在工业革命时期100年才完成的使命,并且完成得很好。中国国内生产总值占世界比重由1978年改革开放之初的1%上升到2012年的10%强,2011年中国GDP相当于美国GDP的40.2%,中国人均国民总收入大幅提高。在中国特色社会主义道路行进过程中,我国绝对贫困人口由2.5亿人减少到1 479万人,第一个提前实现了联合国千年发展目标中贫困人口比例减半的目标。在世界陷入金融危机的今天,中国改革开放后所取得的经济增长和技术进步已成为实现"发展和稳定的成功典范"。中国的发展不仅使国家强大,而且人民也从中受益,人民的生活水平有了显著提高。这些成就,充分反映了中国道路科学发展的重要性。

(二)中国道路是注重和谐发展的道路

中国道路是一条汲取世界文明发展成果、创新发展理念、创新科技文化、创新体制机制,以解放和发展生产力为本质要求、以实现共同富裕为价值指向的现代文明发展道路。20世纪,世界上已经有许多国家实现了工业化、走向了现代化。这些国家虽然在经济发展方面取得了很好的成绩,但也留下了一些深刻教训。由于单纯追求经济增长,忽视社会发展和社会公平,忽视能源资源节约和生态环境保护,致使一些国家出现了"有增长无发展"的状况。从世界各国发展经验来看,发展不只是经济增长,应该是经济、政治、文化、社会全面协调发展,应该是社会公平随着社会财富增加得到更好地发展,更应该是人与自然和谐相处的可持续发展。我国认真吸取世界各国发展的经验和教训,把以提高人民生活水平作为出发点,以可持续发展、人的全面发展和社会和谐作为追求目标,坚持走和谐发展之路。党的十八届五中全会坚持以人民为中心的发展思想,鲜明提出了创新、协调、绿色、开放、共享的发展理念。[6]新的发展理念是在理论和实践上的新突破,是针对我国经济发展进入新常态而提出的治本之策,其标志着我们党对经济社会发展规律的认识达到了新的高度,表明了我党对新的发展阶段基本特征的准确把握,为实现中华民族伟大复兴奠定了物质基础。

(三)中国道路是追求和平发展的道路

随着经济全球化、世界格局多极化的深入发展,中国共产党和中国政府根据时代发展潮流和自身根本利益做出战略选择:中国将始终不渝地走和平发展道路。中国所走的和平发展道路,既是通过维护世界和平来发展自己,也是通过自身的发展来促进世界和平,中国永远不称霸,也不搞对外扩张。自古以来,中华民族就是对外和平交往通商,而不是侵略扩张;有保家卫国的爱国主义精神,而不是殖民主义。中国人民抗日战争和世界人民反法西斯战争的胜利,让我们明白走和平发展道路才是正确的道路。党的十八大以来,以习近平总书记为核心的党中央,统筹国内、国际两个大局,坚持独立自主的和平外交方针,坚定不移维护世界和平、促进共同发展,推动构建以合作共赢为核心的新型国际关系,打造人类命运共同体,开辟了中国特色外交新的道路。2013年,习近平主席提出建设丝绸之路经济带和海上丝绸之路的倡议,简称"一带一路"倡议,东连亚太经济圈,西入欧洲经济圈。"一带一路"建设是共商、共建、共享的,目的是沿线周边各国共同发展,共同打造开放、包容、均衡的发展架构互利共赢。我们有理由相信:中国道路的自觉,将不可逆转地书写社会主义生机勃勃的态势,以及中华民族屹立于世界民族之林的光明前景。中国道路遵循人类发展规律,紧跟世界进步潮流,不仅使中国得到了巨大发展,也为世界发展破解了难题,符合人类进步的时代潮流。

(成都理工大学 李晓林)

参考文献

[1] 本书编写组.中国共产党第十八次全国代表大会文件汇编[M].北京:人民出版社,2012:9.

[2] 马克思,恩格斯.马克思恩格斯选集:第1卷[M].北京:人民出版社,1995:294.

[3] 胡锦涛.坚定不移沿着中国特色社会主义道路前进为全面建成小康社会而奋斗[M].北京:人民出版社,2012:12.

[4] 毛泽东.毛泽东选集:第3卷[M].北京:人民出版社,1991:633.

[5] 顾海良,王越.道路 制度 理论体系:中国特色社会主义基本理论[M].武汉:武汉大学出版社,2014:46.

[6] 中共中央宣传部.习近平总书记系列重要讲话读本(2016年版)[M].北京:学习出版社,人民出版社,2016:127.

城市发展与中国道路
——以上海为中心[*]

[摘　要]　自开埠以来,上海城市发展和建设有了巨大飞跃,但生态建设存在明显不足。要实现上海生态建设目标,必须将城市和乡村联为一体,改变原有乡村服务于城市发展的单一走向,形成城市以乡村为依靠,城市促进乡村发展的良性循环。上海是一个典型的近代迅速发展起来的移民城市,作为中国城市生态建设中的排头兵,其为中国道路建设中的城市发展模式提供经验借鉴。

[关键词]　上海;城市发展;生态建设

一、引言

新中国成立尤其是改革开放后,中国经济建设有了突飞猛进的发展。经济发展也为生态环境带来了巨大的破坏,环境污染成为城市和乡村都无法逃避的现实。生态文明建设成为摆在我们面前的课题且受到了一定的重视。2015年《中共中央国务院关于加快推进生态文明建设的意见》中提出坚持把培育生态文化作为重要支撑。2016年全国生态文明建设工作推进会上,习近平总书记强调:"要深化生态文明体制改革,尽快把生态文明制度的'四梁八柱'建立起来,把生态文明建设纳入制度化、法治化轨道。"学术界对生态环境

---

[*] 本文系上海市哲社重点项目"新中国上海城市建设与工业布局发展研究"研究成果。

恶化给予高度关注和担忧,对生态思想的演化进行了深入的研究,也提出一系列方法和措施。[1—6]

唐纳德·沃斯特教授指出,当代全球性生态危机并不源于生态系统自身,而源于我们的文化系统。[7]舒永久提出,生态危机只是文化危机的一种表现形式。[8]文化本身是深植于人们日常的生活方式,离开了生活,文化无处立足;生活的好坏从根本上取决于生态环境的优劣,背离了生态的发展,人类长远生活就无从保障。本文以上海为中心,考察城市发展与生态建设并提出一己之见。

二、西方城乡发展和建设理念

工业革命兴起后,城市发展速度加快的同时,也带来一系列社会危机:农村衰退、农业人口大量涌向城市、城市环境急剧恶化,等等。为了应对这些危机,许多学者进行了探索,如英国爵士埃比尼泽·霍华德在他的著作《明日:一条引向真正改革的和平道路》(1898),用建设示范性田园城市的实例教育来达到社会城市化目的。田园城市理论主张城市分散发展,若干个田园城市围绕中心城市布置。雷蒙·恩温在《卫星城镇的建设》(1922)一书中提出,城市地区要限制发展,把多余人口和就业岗位疏散到一连串的"卫星城镇"中去。芬兰伊里尔·沙里宁提出有机疏散理论(1918),主张将个人日常的生活和工作区域作集中布置,日常活动尽可能集中在一定的范围内,不经常的"偶然活动"场所作分散布置。[9]

1944年,阿伯克比主持编制"大伦敦规划",在伦敦外围建设8个"卫星城"。1946年,英国制定了新城法,用新城代替"卫星城"。二战后,欧洲重建时普遍新建了一批卫星城。同时,也产生了一种完全独立的新城,强调城市的相对独立性。20世纪50年代开始,城市问题日益普遍和严重,卧城、卫星城和新城建设在各国得到实施。19世纪末至20世纪70年代,城市更新重点转向区域化,从区域的角度来完善城市结构、调整城市功能,注重系统化和整体化。此后随着城市化水平的提升,欧美城市与区域的结构逐渐成熟,更侧重于内城建设,偏重于改善实质环境的规划,注重现存都市结构的保护和完善,关注民众参与的社区规划,强调城市社会的多元性和复杂性。[10]

自20世纪70年代起,西方城市生态建设思想已日益成熟,并推动了实践的发展。1975年,理查德·雷吉斯特等人,以"重建城市与自然平衡"为宗旨,开展了一系列生态城市建设活动。吉迪恩·格兰尼认为,一个成功的新城应该提供满足社区日常居住、文化、教育、商业和公众或私人服务的需求,并尽可能减少与外界交换的行为,形成相对独立的城市社区。一个真正的现代城市的发展必须以市民的日常为重,并且日常模式需建立在生态理念之上。苏联生态学家杨尼斯基认为,生态城市是一种理想城模式,其中技术和自然应充分融合,人的创造力和生产力要得到最大限度的发挥,居民的身心健康和环境质量要得到最大限度的保护,物质、能量、信息要高效利用,生态能良性循环。1994年,澳大利亚生态城市学者保罗·F.道顿在阿德莱德市推行生态城市建设。1996年,在理查德·雷吉斯特的生态城市建设指导下,美国西海岸的伯克利市也推进了生态城市建设实践。

20世纪30年代始,伴随着农业技术的发展,西方发达国家逐渐完成了传统农业向现代农业的转变。20世纪60年代开始,一些国家明确提出保护乡村景观,并推出相关法令,如1964年美国的野地点、1968年英国的乡村法。同时,一些国家也推行了一系列的乡村改造运动。二战后,美国大力发展农业机械化,农业发展速度提升;现代农业的发展加上天然的资源优势,使得美国乡村发展一直领先于许多国家。20世纪50年代,德国就关注村庄的发展和更新,重点进行农地整理。20世纪70至80年代,德国农村基本实现代化,村庄发展转向重视地方文化和生态环境,发展村庄特色。20世纪90年代德国农村建设转向保护地方特征,村庄与自然环境协调发展,形成了城乡均衡发展的模式。日本通过推行多次新村建设,缩小城乡发展差距。20世纪70年代末,日本开始推行"造村运动",培植乡村特色和文化。1979年,日本大分县新任知事平松先生发起了"一村一品"运动,振兴农村经济,提高农民收入,让乡村焕发活力。

在乡村建设过程中,城市扩张和逆城市化的发展使乡村景观面临着严重危机,乡村的生态建设也日益受到重视,乡村保护、乡村景观与生态、乡村生活等均成为国外学者研究的重点和热点。赫曼·赫茨伯格和戴维·M.奥辛斯基采用GIS和建模工具研究德国乡村地区规划,并将地方民众的参与关注反映在规划过程中,提出规划既是自上而下的过程,也是自下而上的过程。[11] 保罗·克洛克和保罗·米尔本等人总结了英国在20世纪90年代早期以来进行乡村生活方式研究的成果,认为研究应该摆脱对准则的单纯依赖而走向研究不同乡村生活方式物质和文化条件变化经历的道路,不能简单地把这种具有剥削特点的生活方式当作是有问题的。[12]斯科特·D.哈迪和托马斯·M.孔茨认为城市和乡村不同的文化属性和制度框架导致了不同的治理过程和效果。[13]

三、上海城市发展与建设

自开埠以来,上海在航运、贸易、工业等领域发展迅速,至20世纪30年代成为航运、贸易、金融、工业、信息中心为一体的多功能经济中心。同时,上海人口也快速增长,在新中国成立前的百年间,人口净增长了9倍,净增长人口达到近500万人。[14]1929年7月始,新成立的上海特别市陆续颁布了一系列城市建设方案,统称"大上海计划",于是年9月在市政府会议上通过;并开展了具体的市政建设工作。

抗日战争胜利后,上海新城市规划提上了日程,工务局负责都市计划工作,1946年12月"大上海都市计划"初稿编制完成,1948年完成二稿编制,1949年6月完成三稿编制。"大上海都市计划"提出建立"卫星市镇",把工业迁移至郊区,疏散市区人口。"卫星市镇"以上海为经济和文化中心,在功能上每个市镇都是一个独立的单位,以都市生活为标准,形成50万—100万人的市区单位,市区以下形成16万—18万人的若干市镇。[15]

1951年10月,上海市市政建设委员会编制《上海市发展方向图(草案)》,作为短期城市建设的依据,并将上海定位为全国轻工业的中心。在毛泽东发表《论十大关系》后,"上海有前途,要发展"成为中央对上海的殷切期望。上海市委抓住时机,在1956年7月召开的中共上海市第一届代表大会上正式提出了"充分利用,合理发展"的工业建设方针。1958年,上海市委做出关于"在上海周围建立卫星城镇,分散一部分工业企业,减少市区人口过分集中"的决定,上海开始建设闵行、吴泾、安亭、嘉定、松江等第一批卫星城,并在20世纪60年代初取得一定发展。在中共中央的统筹布局中,上海的工业布局有了非常大的调整,城市功能、城市地位也发生了巨大变化。在70多年的城市发展中,上海逐渐形成了工业布局完整、人口布局合理、城市建设有优势有特点的城市,为其建成国际大都市奠定了基础。

21世纪以来,上海一直致力于新城建设:2000年上海建设"一城九镇",2004年增加松江、临港、嘉定—安亭3个新城,2016年重点建设"七大新城"。在2014年4月"上海经济论坛"上,就上海新城建设问题专家们普遍提出:产业不足、人气不足是新城发展中的突出问题。[16] 包树芳认为,早年上海卫星城建设虽然以"就地工作就地生活"为建设宗旨,但是实际上以工作为重、生活为轻,户口等相关政策又加剧了职工对住房、教育、医疗、文娱等各方面的不满,重生产、轻生活令卫星城"反磁力"功能发挥受限。[17]

2015年《中共中央国务院关于加快推进生态文明建设的意见》中提出,要认真落实《国家新型城镇化规划(2014—2020年)》,严格控制特大城市规模,增强中小城市承载能力,促进大中小城市和小城镇协调发展。尊重自然格局,依托现有山水脉络、气象条件等,合理布局城镇各类空间,尽量减少对自然的干扰和损害。虽然中央政府一直在控制特大城市规模的发展,但上海作为中国特大城市,发展规模一直在增长,这也是全国特大城市的通病。在追求高度发展的过程中,所有的制度建构都是围绕发展而建设,而和谐建设和生态文化被忽视。上海城市文化也日益体现出立足于经济发展的"精致的市民精神",有依赖乡村发展却拒绝接受乡村人的矛盾焦灼心态。城市生态系统具有复杂性、开放性、依赖性和脆弱性等特点,对乡村的依赖性和生态环境的脆弱性尤其需要高度重视。

《上海市"十五"生态环境建设重点专项规划》将上海与国际大都市的差距进行比较,提出上海发展的主线是提高城市综合竞争力,优化城市综合发展环境,成为适宜国内外人士生活居住的城市。[18] 2016年11月28日至12月28日,中央第二环境保护督察组对上海市开展环境保护督察,并形成督察意见,对上海城市建设进行了大力表扬,批评生态建设不足:2013年以来,上海市环境保护工作取得明显成效,但生态环境质量依然是影响城市整体发展的一个突出短板,与市民日益增长的环境需求和建设生态宜居城市目标相比还有较大差距。[19]

四、上海的生态建设:城与乡

就生态环境而言,上海的条件比较优良。上海地处河口三角洲冲积平原,整个大陆和江岛地势低平,西部淀泖地区略低,东部临海地区略高。上海属于亚热带季风气候,四季分明,光照和雨水充足:年平均气温约 17℃,年降水量达 956—1 263 mm。上海北界长江,东濒东海,南临杭州湾,境内河道、港汊、湖泊纵横交错,水网密布,平均每平方千米有河道 6 千米—7 千米,地表水资源总量约为 593.54 亿立方米。黄浦江终年不冻,苏州河上海境内长 54 千米,有 62 平方千米的淀山湖,拥有中国最大的冲积岛崇明岛,以及内河岛屿复兴岛。

上海土壤类型有水稻土、潮土、滨海盐土、黄棕壤四类,理化性状较好,有机质含量较高,一般都具有较高的农业生产力。自唐朝末年,上海所在地区的水稻生产就有"苏湖熟,天下足"之誉。近代随着城市的发展,上海的农业逐步向城郊型演变。1949 年 5 月上海解放时,郊区已是城市蔬菜、鲜牛奶和一些瓜果、花卉等产品的重要供应基地。解放后 40 多年中,大力进行水利建设。到 1990 年底,郊区已初步建成以海塘、江堤、圩堤为主体的防涝挡潮工程体系,以骨干河道和水闸、泵站为主体的农田排灌工程体系,低洼地、高亢地、盐渍地大部分得到改造治理,旱涝保收面积已占耕地总面积的 95%。为了弥补耕地资源的减少,上海郊区还不断进行围涂造地。从 20 世纪 50 年代开始到 1990 年,已围涂造地上百万亩。在成片滩涂围区,新建 15 个市属国营农场、2 个军垦农场、4 个垦区乡和 5 个县农场、种子场、林场、养殖场等。[20]

中华人民共和国成立后的近 70 年中,上海农业基础设施有了显著的提高,在全国农业现代化中明显处于前列。在水利建设和围涂造地中,水系环境有了翻天覆地的变化。如光明村,是典型的江南水乡。新中国成立前,境内河港交叉,阡陌纵横,土地高低不平,自然村宅有 40 多个,主要河道都为东西向的,有油车港、界沟港、湘塘港、沙衍港等。20 世纪 70 年代起,大搞农田基本建设,兴修水利,铺设机耕路,平整土地,地形地貌逐年改变。土地绝大部分经机械化大平整,油车港、界沟港大部分河段和湘塘港等其他小河浜先后被填平,代之而起的便是错落有致的厂房、别墅群和宽阔的混凝土道路。至 2010 年,全村土地总面积的 30% 左右为居民住宅区,其余都为工商业用地。[21] 上海农村以服务城区为根本转向,现代化农村建设更重于以城市为标杆和取向。

2007 年,上海市启动实施了村庄改造工作。村庄改造以基本农田保护区、水源保护区、生态林地区、农民集中居住区等规划保留的农村地区为实施区域,以保护修缮、改善环境、完善功能、保持风貌、传承历史为主要原则,在保持农村自然居住风貌的基础上,提升农村地区的基础设施条件、优化综合环境状况。2014 年上海市启动美丽乡村建设工作,以"美在生态、富在产业、根在文化"为主线,努力在城乡统筹和新农村建设方面走在全国前列。上海市有关部门先后下发《本市推进美丽乡村建设工作的意见》《上海市美丽乡村建设导则(试行)》等政策意见。2015 年 3 月,经上海市美丽乡村建设工作领导小组评定,浦东新区周浦镇棋杆村等 15 个为首批上海市美丽乡村示范村。[22]

2015 年《中共中央国务院关于加快推进生态文明建设的意见》提出要加快美丽乡村建设:加强农村基础设施建设,加快转变农业生产方式,依据乡村生态资源,保护生态环境的前提下,加快发展乡村旅游休闲业。"美丽乡村"的必要条件是环境。但让环境美丽起来,并不容易,难点在于乡村能否改变传统的发展观念。杭州湾畔的金山嘴渔村早早拿下上海首批美丽乡村示范村,但现在依旧在为挖掘和保护文化根源而"挣扎"。[23] 历史村镇的保护已经成为我国城乡协调发展的重要环节,但也存在许多现实问题。如上海市浦东新区新场古镇,在历史村镇保护和开发中存在着经济基础薄弱、原住民文化流失、城乡功能定位模糊等问题;陈思雨、曾刚提出文化—经济—生态协同发展的保护性开发模式。[24] 传统村落的保护实质上更是传统文化的保护,存于现代的村落也必然以现代文化传播和现代农村人的发展为主导。现代乡村村落的发展,要妥善处理好传统与现代的关系:基于历史底蕴和生活基础的传统文化必须要传承,基于现实需求和生活必需的现代文化必须要发展。当两者出现矛盾时,一方可先行妥协退让,但不能以生态环境为代价。

王敏、王卿、苏敬华等提出:未来上海全球城市建设目标将面临生态环境制约。城市规模、城市功能空间布局与产业、能源结构均可通过自身调控进行优化,上游开发所造成的水源安全问题很可能将成为未来发展的重大环境制约。上海应对挑战的基本思路应是:树立底线,控制城市未来规模总量;优化布局,构建城市生态安全格局;调整结构,加快转变经济发展方式;深化治理,提升生态系统服务功能。[25] 要实现上海总体生态环境的改良,必须将城市和乡村联为一体,改变原有乡村服务于城市发展的单一走向,形成城市以乡村为依靠,城市促进乡村发展的良性循环。

五、城市生态建设：中国道路

现代工业给生活和工作带来极大的便利，也带来更严重的生态恶化，关于这一点学术界已进行了深入的反思。中国由来已久的城市发展水平低和城乡隔离政策都是"重工业优先发展战略"造成的后果。[26]各地都倾向于模仿和套用西方发达国家的现代化模式，包括他们治理生态环境的所谓先进经验，这就难免陷入对科技的过分信赖和对现代性的过分"迷信"，而忽视本土人群的主体性，使地方性知识不断被冲击、扭曲甚至遗失，难以在生态文明建设中起到应有的作用。[27]阿伦·奈斯明确指出：大限度的自我实现就需要最大限度的多样性和共生；多样性是一条基本原则。[28]

如何解决环境问题和生态危机？加拿大哲学家威廉·莱斯指出："环境问题的根源不在于科学本身，而在于一种意识形态，现代科学仅仅是控制自然这一更大谋划的工具。因此，控制自然观念才是环境问题最深刻的根源。只有深入理解了这一根源，才能找到解决环境问题的根本出路。"[29]阿伦·奈斯深层生态学思想核心是"生态智慧"：Sophy来自希腊术语，即智慧，它与伦理、准则、规则及其实践相关。生态智慧即深层生态学，包含了从科学向智慧的转换。[30]赖章盛指出，当代作为大传统的社会主义生态文化，需要通过将其转化为各式各样的民间小传统的形式，以利于让广大民众从心理上真正接受和认可。[31]解决环境问题和生态危机的根本，在于从人的观念、人的思想和文化入手。

上海是一个典型的通过近代迅速发展起来的移民城市，其发展更多受益于国家建设，也更多受益于周边乡村和全国其他地区的支持，上海在中国城市生态建设中是排头兵，可为中国道路建设中的城市发展模式提供经验借鉴。对各地移民文化的充分包容和吸收，在移民群体生活的基础上形成并努力维持五彩斑斓的地方文化传统，对于上海的发展无疑有巨大促进作用。上海真正的文化自信，必然既要吸取西方文化中的优秀部分，又需整合移民群体的传统生态文化。上海城市生态建设中也不乏需极力改进的地方，过于追求效率和速度，过于追求国际化和发展，恰恰会与真正的生态建设背道而驰。不拘于传统文化壁垒，以更智慧的方式衔接传统与现代、城市与乡村，进行更为生态多样性的城市建设，无疑应成为上海接下来发展的重要目标。

(上海大学　丰　箫)

参考文献

[1] 白光润.论生态文化与生态文明[J].人文地理,2003(2).

[2] 曾繁仁.中国古代"天人合一"思想与当代生态文化建设[J].文史哲,2006(4).

[3] 宋周尧.马克思恩格斯的生态文化思想及其现实价值[J].社会主义研究,2007(2).

[4] 雷毅.阿伦·奈斯的深层生态学思想[J].世界哲学,2010(4).

[5] 刘传,周广平.论生态文化视角下的生态文明建设[J].环境保护,2015(22).

[6] 赖章盛,吴丹.关于生态智慧与生态文化的若干思考[J].江西理工大学学报,2015(2).

[7] 唐纳德·沃斯特.地球的终结:关于现代环境史的一些观点[M].薛良凯,译.北京:商务印书馆,1988:P292.

[8] 舒永久.用生态文化建设生态文明[J].云南民族大学学报(哲学社会科学版),2013(4).

[9] 伊里尔·沙里宁.城市:它的发展、衰败与未来[M].北京:中国建筑工业出版社,1986:170-177.

[10] John M.Levy, Contemporary Urban Planning[M]. Prentice Hall, 2005:169-187.

[11] Herrmann S, Osinski E. Planning Sustainable Land Use in Rural Areas at Different Spatial Levels Using GIS and Modelling Tools[J]. Landscape and Urban Planning, 1999,46(1):93-101.

[12] Cloke P, Milbourne P, Thomas C. Living Lives in Different Ways? Deprivation, Marginalization and Changing Lifestyles in Rural England[J]. Transactions of the Institute of British Geographers, 1997(2):210-230.

[13] Hardy S D, Koontz T M. Collaborative Watershed Partnerships in Urban and Rural Areas: Different Pathways to Success? [J]. Landscape and Urban Planning, 2010, 95(3):79-90.

[14] 邹依仁.旧上海人口变迁的研究[M].上海:上海人民出版社,1980:3.

[15] 上海城市规划志编撰委员会.上海城市规划志[M].上海:上海社会科学院出版社,1999:77.

[16] 上海新城建设应该慢一点?[N].东方早报·上海经济评论,2014-04-08.

[17] 包树芳.上海卫星城规划与建设研究(1949—1977)[D].上海大学博士后研究报告,

2015：132.

[18] 沈国明,诸大建.生态型城市与上海生态环境建设：2001年上海环境建设蓝皮书[M].上海：上海社会科学院出版社,2001.

[19] 韩正.韩正：生态环境是影响上海发展的短板[EB/OL].(2017-04-13)[2018-05-12].http：//www.sh.chinanews.com/shxw/2017-04-13/21271.shtml.

[20] 上海市地方志办公室.上海农业志·总述[EB/OL].(2003-11-17)[2018-02-09]. http：// www. shtong. gov. cn/Newsite/node2/node2245/node66643/node66645/index.html.

[21] 上海市地方志办公室.上海地方志·光明村志[EB/OL].(2016-11-30)[2018-02-09]. http：//www. shtong. gov. cn/Newsite/node2/node4/n107748/n95637/n95644/n95645/n95647/userobject1ai145151.html.

[22] 上海首批美丽乡村出炉 15家示范村脱颖而出[EB/OL].(2015-06-08)[2015-06-08].http：//news.cnr.cn/native/city/20150608/t20150608-518783270.shtml.

[23] 上海美丽乡村发展建设模式：乡村观[EB/OL].(2016-07-06)[2018-03-15]. http：//www.360doc.com/content/16/0706/07/12102060_573431198.shtml.

[24] 陈思雨,曾刚.我国大都市郊区古镇保护性开发模式探索——以上海市浦东新区新场古镇为例[J].世界地理研究,2017(1).

[25] 王敏.上海生态环境容量、发展趋势与生态城市建设[J].科学发展,2017(2).

[26] 林毅夫.中国的城市发展与农村现代化[J].北京大学学报(哲学社会科学版),2002(4).

[27] 马晓琴,杨德亮.地方性知识与区域生态环境保护——以青海藏区习惯法为例[J].青海社会科学,2006(2).

[28] AmeNaess. The Deep Ecological Movement：Some Philosophical Aspects[A]. George Sessions. Deep Ecology for the 21st Century, Shambhala, 1995：64-84.

[29] 威廉·莱斯.自然的控制[M].岳长龄,李建华,译.重庆：重庆出版社,2007：8.

[30] Stephen Bodian. Simple in Means, Rich in Ends, A Conversation with Ame Naess [A]. Ten Directions (California：Institute for Transcultural Studies), Zen Center of Los Angeles, Summer/Fall, 1982：29-36.

[31] 赖章盛.论"小传统"——民间生态文化的传承、改造与提升[J].南京林业大学学报(人文社会科学版),2016(4).

从十九大报告看中国道路的文化意义

——文化自信须防止落入神化夸大与自负自恋两个误区

[摘　要]　中国道路的要义是中国道路自信,而中国道路自信的根本在于中国的文化自信。随着近几年来中国的飞速发展,中国国力显著提升,在国际上的表现也越来越自信,这正是中国五千年浓厚的文化支撑的结果。但文化自信必须防止落入两个误区,一是要避免以抗战神剧为代表的对严肃重大历史事件的神化歪曲夸大现象。树立文化自信无须自我吹捧和过分标榜,对主旋律问题的肆意解读绝不是文化自信的正确表现,恰好相反,体现了文化的不自信。二是要避免重蹈"闭关锁国"的覆辙。文化自信不是自负、自恋,尽管当下的中国早已不是清朝末年的中国,但今天的强大和进步稍有不慎仍然会同当年的愚昧和落后一样导致同样"闭关锁国"的恶果,最终危害中国的百年大计,此绝非危言耸听。

[关键词]　十九大报告;中国道路;文化自信;抗日神剧;闭关锁国

2017年10月18日至24日,在召开的中共十九大中,习近平总书记做了重要报告,提出了两个"十五年"奋斗目标,对当前中国社会的性质给出了"中国特色社会主义进入新时代"的精准分析,对中国当前的社会主要矛盾给出了"已经转化为人民日益增长的美好生活需要和不平衡不充分的发展之间的矛盾"的重大的全新诠释,对中国未来的发展制定出了"21世纪中叶成为综合国力和国际影响力领先的社会主义现代化强国"的极具前瞻性目标。党的十九大报告在国内外产生了强烈的反响,让每个中国人都感受到了前所未有的使命感和责任感。

坚持中国特色社会主义重在坚持"四个自信",即道路自信、理论自信、制度自信、文化自信。本文认为上述四个自信的根本是文化自信,只有每个中国人均认同我国的文化优点,才会对中国共产党选择的发展道路信服,相信党创造的制度和理论,并万众一心、追随党指引的道路坚定地走下去。因此,本文特别关注习近平总书记在十九大报告中关于文化发展的相关重要表述,这也是本文的重要出发点。

一、四个自信的根本在于文化自信

习近平总书记在十九大报告的第七部分指出,"坚定文化自信,推动社会主义文化繁荣兴盛。文化是一个国家、一个民族的灵魂。文化兴国运兴,文化强民族强。没有高度的文化自信,没有文化的繁荣兴盛,就没有中华民族伟大复兴。要坚持中国特色社会主义文化发展道路,激发全民族文化创新创造活力,建设社会主义文化强国"[1]。也就是说,中国五千年的灿烂文化和文明是中华民族最宝贵的精神财富,是和世界其他国家和地区文化区别开来的重要特质,更是几千年来历经无数次的朝代更迭和战乱、特别是近代以来的国土沦丧、悲惨屈辱历史之后,我们的国家却越来越强大的最重要的精神纽带。无论是炎黄二帝和尧舜禹原始社会时期的重视民生,还是夏商周奴隶社会的连年战乱及周武文王的止战政策,抑或春秋战国乱世诞生的诸子百家深邃思想以及之后秦始皇统一中国开启中国的2 800年封建社会历史,还有岳飞、文天祥、史可法、戚继光、谭嗣同、赵一曼等各个时期的英雄,其中所包含的忠于国家、胸怀天下、除暴安良、劫富济贫、关心民生、以和为贵、忍辱负重、勤劳勇敢、不怕牺牲等,极为重要的精神品质至今仍然得到很好地保留和传承,并且在当下的中国发挥着重要的作用,甚至是中国接下来将成为实现两个"十五年"发展目标的重要保证。

习近平总书记在十九大报告的第七部分进一步指出,"中国特色社会主义文化源自中华民族五千多年文明历史所孕育的中华优秀传统文化,熔铸于党领导人民在革命、建设、改革中创造的革命文化和社会主义先进文化,植根于中国特色社会主义伟大实践。发展中国特色社会主义文化,就是以马克思主义为指导,坚守中华文化立场,立足当代中国现实,结合当今时代条件,发展面向现代化、面向世界、面向未来的,民族的、科学的、大众的社会主义文化,推动社会主义精神文明和物质文明协调发展。要坚持为人民服务、为社会主义服务,坚持百花齐放、百家争鸣,坚持创造性转化、创新性发展,不断铸就中华文化新辉煌"[1]。换言之,上述提到的许多重要的理念需要与时俱进,并结合当下的新时代特点补充和完善新的内容。尤其是以毛泽东、周恩来为代表的中国共产党人所找到的中国发展的正确方向。实践证明,只有在中国共产党的领导下,特别是以习近平总书记为代表的,具有睿智进取的开拓精神的新一届中国共产党领导集体的带领下,中国五千年的灿烂文化才可能焕发出新的生命力,并融进中国特色社会主义的伟大实践中,得到更好的传承。

习近平总书记在十九大报告的第七部分指出,"繁荣发展社会主义文艺。社会主义文艺是人民的文艺,必须坚持以人民为中心的创作导向,在深入生活、扎根人民中进行无愧于时代的文艺创造。要繁荣文艺创作,坚持思想精深、艺术精湛、制作精良相统一,加强现实题材创作,不断推出讴歌党、讴歌祖国、讴歌人民、讴歌英雄的精品力作。发扬学术民主、艺术民主,提升文艺原创力,推动文艺创新。倡导讲品位、讲格调、讲责任,抵制低俗、庸俗、媚俗。加强文艺队伍建设,造就一大批德艺双馨名家大师,培育一大批高水平创作人才"[1]。在这个问题上,马克思、恩格斯等人早已有明确表述,马克思在1842—1843年间《莱茵报》发表的《第六届莱茵省议会的辩论》一文中,提出了新闻出版的自由究竟是特权阶层的自由,还是人民应该享有的权利问题,他说:"自由报刊应该具有人民性,代表人民,人民历来就是什么样的作者'够资格'和什么样的作者'不够资格'的唯一判断者。新闻出版的自由是人民应该享有的权利。"[2]而列宁则发展了马克思、恩格斯的文艺人民性思想,明确地提出了社会主义的写作要"为千千万万劳动人民服务"的主张。[3]71列宁说:"资产阶级忘记了微不足道的任务,忘记了人民,忘记了千千万万的工人和农民,可这些工人和农民却用自己的劳动为资产阶级创造了全部的财富,并且正在为了他们所需要的像阳光和空气一样的自由而进行斗争。"[4]列宁在与蔡特金的谈话中说:"艺术属于人民。它必须深深地扎根于广大劳动群众中间。它必须为群众所了解和爱好。它必须从群众的感情、思想和愿望方面把他们团结起来并使他们得到提高。它必须唤醒群众中的艺术家并使之发展。我们必须经常把工农放在眼前。我们必须学会为他们打算,为他们管理。即使在艺术和文化的范围内也是如此。"[3]435

由上述可见,文艺人民性的思想,人民创造历史的观点,始终是马克思主义历史观和文艺观的重要思想。从马克思到习近平,均强调文艺要为人民服务的问题,而且他们都认为这是一个大是大非的根本原则问题。但不同的是,马克思、恩格斯、列宁对文艺的人民性的理解不可避免地被深深地打上了时代烙印,反映了早期资本主义社会的阶级特征,具有资产阶级和无产阶级根本对立的鲜明的阶级性和意识形态政治色彩;而习总书记的人民性思想相较而言则更加具有时代感,特别是在一个多样文明共处的多样化的世界中,其人民性思想更加具有人本主义色彩,而不是简单粗暴地将文艺僵化定性为政治武器和意识形态工具。这样就把"文艺为人民"的问题提到了更高的层次。提高整个社会的思想、文化、道德水平,是马克思主义创始人提出的建设共产主义的理想境界。马克思和恩格斯说过:"在共产主义社会里,任何人都没有特定的活动范围,每个人都可以在任何部门发展。"[5]这种人的全面发展状态,是社会主义文艺不能排除或忽视的崇高的历史使命。

二、文化自信须防止落入神化夸大与自负自恋两个误区

我国正处于全面深化改革、建设法治中国、实现中华民族伟大复兴的"中国梦"的历史新阶段,急需大量弘扬积极进取、健康向上的具有积极品格的优秀文艺作品来凝聚精气神、传播正能量。因此,文化自信须防止落入神化夸大与自负自恋两个误区。一方面,一切文艺创作要切忌"在市场经济大潮中迷失方向""在为什么人的问题上发生偏差",努力避免文艺创作中出现有数量缺质量、抄袭模仿、千篇一律、庸俗低俗等问题。当前文艺发展中出现的这些负面现象,给马克思主义文艺理论中国化带来了挑战。因此,必须以马克思主义文艺理论来指导当前中国的文艺实践,方能树立正确的文化舆论导向。一切文艺创作必须始终坚守以民为本、以人为本这条马克思主义文艺理论的主线,只有坚持以最广大劳动人民为中心的创作导向,才能发挥主流文艺在价值认同、文化传承、艺术欣赏和身心愉悦等方面的主导作用。另一方面,要避免重蹈"闭关锁国"的覆辙,文化

自信不是自负、自恋,尽管当下的中国早已不是清朝末年的中国,但今天的强大和进步稍有不慎仍然会同当年的愚昧和落后一样导致同样"闭关锁国"的恶果,最终危害中国的百年大计,此绝非危言耸听。

(一)文化自信决不等于可以肆无忌惮地解读历史

作为近代中国巨大的民族创伤,抗日战争承载着国人的集体记忆,而与之相关的题材则一直是电视剧创作中极为重要的红色资源。新中国成立后特别是21世纪以来,大量的优秀抗日题材电视剧作品不断涌现,如电视剧《亮剑》《小兵张嘎》《雪豹》《潜伏》《人间正道是沧桑》《永不磨灭的番号》《恰同学少年》等。这些电视剧都展现了中华民族的苦难与创伤、强烈的爱国情怀和民族精神、我国军民的善良勇敢,都体现出高度的意识形态功能。然而,现今市场经济的发展对中国当前文艺发展已经带来了比较严重的负面效应。近年来抗日等严肃重大主题被过度娱乐化现象比较严重,令人瞠目结舌、夸张神化的"抗日神剧"霸占了银屏,不但严重歪曲史实,给革命先烈抹黑、误导青少年,甚至一些还出现了庸俗低俗的现象,产生了极为恶劣的社会负面影响。

"抗日神剧"是指在故事情节中演员台词、道具场景与史实严重不符,情节过分夸张的一类抗战题材影视作品。例如:中国士兵可以用手榴弹炸毁日军飞行中的飞机;可以徒手对付成群荷枪实弹的日军士兵;大喊一声可以将日军士兵撕成两半……还有刻意恶搞、卖萌耍酷、打斗虚假等,还有剧情胡编乱造、频频穿帮、主题模糊等。现将相关剧目列表如下:

序号	影视作品	播出年月	夸 张 情 节
1	《神枪》	2012/05	子弹空中180度的大转弯
2	《铁血使命》	2012/06	炸弹引爆石头炸飞机
3	《正者无敌》	2012/09	军服混搭,三个姨太太抗日
4	《孤岛飞鹰》	2012/12	突击车太时髦,M3冲锋枪穿越现场
5	《利箭行动》	2012/12	用杀猪刀、石块、弹弓、飞针打鬼子
6	《一个鬼子都不留》	2013/03	男主角单枪匹马赤身肉搏十几个带长枪的敌人毫发无损,一次一把飞刀撂倒成片敌人

续表

序号	影视作品	播出年月	夸张情节
7	《来势凶猛》	2015/05	裤裆藏雷
8	《地雷战》	2015/08	肩扛土炮打鬼子
9	《信者无敌》	2016/08	赶马车炸日军战车,成排冲向国民党军炮兵阵地

注:表格系笔者根据材料整理而成。

影视剧虽然不是历史教科书,有适当的艺术夸张本无可厚非,但决不可以逾越底线,歪曲历史真相,挑战民族共识,这样会严重误导年轻一代;这些奇葩的剧情,消解了抗战的残酷性,让观众尤其是青少年感受不到历史的伤痛,树立不起对抗战先烈的崇敬,认识不到我们民族所经受的磨难。[6]曾有媒体采访抗战老兵,他们说,抗战极其残酷,他们都很反感抗日神剧,抗日神剧把敌人描写得过于弱智,不仅是对历史的歪曲,更是对先烈们的不敬。设想,先烈们九泉之下如果知晓他们浴血奋战换来的胜利果实被描绘成唾手可得,甚至与雷人、暴力、尺度大挂钩,不知会作何感想?![7]最后伤害的只会是那段沉重的历史。中国的抗日战争艰辛惨烈,付出了惨重的代价,在中国人民长达14年艰苦卓绝的努力下,才取得了最后的胜利。这段沉痛的历史,我们本应以严肃的态度对待,而在各种"神剧"中却充斥了娱乐恶搞、弥漫着乌烟瘴气,呈现出历史观扭曲的病态。[8]

抗战剧过度娱乐化现象的根源主要在于:市场经济的消极影响、创作者的主旋律意识薄弱、创作主体不明确等。首先,一直以来,票房多少和收视率高低一直被当作影视类文化产品创作成功与否、影响力大小的衡量标准,追求收视率成为影视创作的首要目标。抗日神剧的投资编创者们为了获得最大化的商业利润,毫无原则地在抗战剧的框架下植入武打、枪战、爱情、时尚等各种所谓看点,以达到吸引观众注意力、扩大观众基数、获得更高收视率的效果。[9]换言之,演员是商品,只要颜值高、观众喜欢,能保证票房和收视率,无所谓演技,哪怕演员只露个脸,全部用替身也无所谓。金钱至上、利益至上的商品经济时代对文艺创作的负面影响是非常大的,政府急须要做的就是加强监管,而文艺工作者也要切记:文艺创作是有底线和边界的,并不是什么内容、什么题材都可以拿来肆无忌惮地加工和夸张,抗战历史是用来铭记而不是用来娱乐的。其次,文艺创作价值导向模糊化。近年来学校历史教育的越来越不受重视的现象,导致很多文艺创作者的历史知识记忆模糊,甚至出现低级错误。文艺创作者怀着侥幸心理,以为只要不反对现行政策,不出现明显政治错误,价值导向就没问题。殊不知,以抗战为代表的重大历史题材若过度夸张、肆意歪曲、胡编乱造,就一定会出现价值导向方面的严重问题。一个不尊重史实的国家,很难让别人尊重,一个记不住自己国家历史的民族,很难让文明永续。夸张、神化的抗战剧只会造成公众对历史的误解,失去了抗战的严肃性和悲壮感,违背了艰苦卓绝的抗战历史,偏离了爱国主义教育的轨道。再者,创作主体服务对象不明确。部分抗战影视剧的创作团队在市场经济的大环境下唯利是图、迷失方向,没有找准文艺作品的服务对象。剧情胡编乱造,道具敷衍,缺乏深层的文化精神内涵。[10]这些问题恰恰说明了一部分文艺工作者忘记了自己创作服务的对象到底是谁?! 文艺创作最重要的原则就是,扎根于人民,服务于人民,想人民所想,思人民所思,一切为了人民。只有真正做到了胸中有人民,心系天下,并以此为基准去进行文艺创作,才有可能出真正优秀的精品。

针对抗日"神剧"现象,国家必须大力加强监管和治理的力度。2011年,国家广电总局下发了《关于2011年5月全国拍摄制作电视剧备案公示的通知》。该通知批评了个别备案的剧目"在表现抗战和对敌斗争等内容时,没有边际地胡编乱造,将严肃的抗战和对敌斗争娱乐化"[11]。习近平总书记在2014年的文艺工作座谈会上指出,市场经济中文艺创作应把握正确的方向,创作者要弄清文艺到底是为什么,要走进生活,走进人民,不能只是一味追求短时间的快餐式文化,要厚积薄发。文艺创作要积极挖掘中国优秀的文艺传统和文化遗产,弘扬中华民族优秀的精神价值和文化精髓,而不是一味的盲目跟风外国的创作。[12]此外,习近平总书记在2016年的文联十大、作协九大开幕式上的重要讲话中更明确指出,对中华民族的英雄,要心怀崇敬,浓墨重彩记录英雄、塑造英雄,让英雄在文艺作品中得到传扬,引导人民树立正确的历史观、民族观、国家观、文化观,绝不做亵渎祖先、亵渎经典、亵渎英雄的事情。历史给了文学家、艺术家无穷的滋养和无限的想象空间,但文学家、艺术家不能用无端的想象去描写历史,更不能使历史虚无化。文学家、艺术家虽不可能完全还原历史的真实,但有责任告诉人们真实的历史,告诉人们历史中最有价值的东西。戏弄历史的作品,不仅是对历史的不尊重,而且是对自己创作的不尊重,最终必将被历史戏弄。[13]

(二)文化自信更不是自负、自恋。

近年以来中国的迅速崛起让中国和世界各国的联系越来越密切,互相之间的交往也越来越频繁,越来越多的中国企业走出国门,中国的孔子学院遍布世界各地,全球学习汉语的外国人数已经超过了一个亿,中文已经成为联合国、上合组织等许多国际组织的工作语言,中国在世界政治舞台上越来越自信,越来越呈现出一种独特的文化魅力,这些都是有目共睹且值得肯定的事实。正因为如此,中国的文化自信必须避免走入自负、自恋的误区,甚至走向另类"闭关锁国"的反面。一方面,过于自信极有可能变成自负和自恋。无论我们变得多么强大,与时俱进、互相交流和切磋、互相尊重包容的对外开放政策都是必须要时刻坚持的,只有在互相交流中才能明白自己与他人的差距,明确自己的长处和短处以及今后的奋斗方向。高高在上和自我封闭的结果注定是倒退。有史可鉴,唐朝吸纳世界各国文化、有容乃大的风范气度与明清时代闭关锁国政策形成了鲜明对照,造成的结果自然也是大相径庭,一个是繁荣富强的世界强国,一个却是饱受外来侵略的"东亚病夫"。另一方面,虽然近年来中国的文化发展越来越自信,取得了非常惊人的成就,走出了一条独特的中国特色发展道路,但是谦虚仍然是中华民族的传统美德,尊重文明的多样性仍然是我们当前对外文化交往坚定不移的既定国策,取其精华、去其糟粕、兼收并蓄、站在巨人的肩膀上看世界、他山之石可以攻玉等文化思想仍然是我们对外文化交往的基本方法。我们要看到世界各国文化和文明的多样性,每种文化和文明都自然有其可取之处,都对人类历史的发展作出了宝贵的贡献。

(上海大学　何　英　丁　颖)

参考文献

[1] 习近平.决胜全面建成小康社会夺取新时代中国特色社会主义伟大胜利——在中国共产党第十九次全国代表大会上的报告[M].北京:人民出版社,2017.

[2] 马克思,恩格斯.马克思恩格斯全集:第1卷[M].北京:人民出版社,1995:195-196.

[3] 列宁.论文学与艺术[M].北京:人民文学出版社,1983.

［4］列宁.列宁全集：第11卷[M].北京：人民出版社,1985：149.
［5］马克思,恩格斯.马克思恩格斯选集：第3卷[M].北京：人民出版社,1995：37.
［6］曾庆瑞.抗战"雷剧""神剧"批判[J].名作欣赏,2015(8).
［7］陈国恩.抗日神剧传播的错误价值观[J].文学教育(上),2013(10).
［8］余承周.从精神生态视角批判"抗日神剧"[J].传媒观察,2014(2).
［9］李静.从"抗日神剧"看国产电视剧的制播与消费逻辑[J].当代电视,2017(2).
[10]张永清.社会主义文艺不能在市场经济大潮中迷失方向——学习习近平总书记在文艺工作座谈会上的讲话[J].社会科学战线,2015(2).
[11]张玉洪.广电总局发通知批评个别抗战剧"娱乐化"[N].北京青年报,2011-06-08.
[12]习近平.在文艺工作座谈会上的讲话[EB/OL].(2015-10-14)[2018-7-25].http：//news.xinhuanet.com/politics/2015-10/14/c_1116825558.htm.
[13]习近平.习近平在中国文联十大、中国作协九大开幕式上的讲话[EB/OL].(2016-12-01)[2018-7-12].http：//news.qq.com/a/20161201/012865.htm.

中国梦：微评价的活力与动力之源

——对中国道路的时代价值的一个评价论考察

[摘　要] 在实现中国梦必须走的中国道路上，评价活动获得了一种新的形式和机制，这就是微评价。微评价得以成为可能，当然有技术上的支持，但它的内在活力和动力的源泉是中国梦。首先，在微评价中，个体主体的评价以及这个评价所得到的对待都无法被简单地还原到某种既定的现实身份，这意味着微评价主体以一种更为彻底的方式突出了其在国家和社会层面上的公共维度，而这与中国梦的超越性和包容性相一致。其次，在中国梦的鼓舞下，微评价的改造和行动使得个体主体获得了为自己负责的契机，而这个改造和行动的出发点，即评价活动中的主体需要就是中华民族的伟大复兴，这同时也是对主体自身的更新和生成的刻画。最后，体现中国梦内在尺度的社会主义核心价值观为微评价提供了组织和导向，即对于评价活动来说，一方面，中国梦内在于个体主体之中；另一方面，个体主体为这个梦进行自我组织。

[关键词] 中国梦；微评价；社会主义核心价值观

2013年3月17日，习近平总书记在第十二届全国人民代表大会第一次会议上指出，"实现中国梦必须走中国道路。……中华民族是具有非凡创造力的民族，我们创造了伟大的中华文明，我们也能够继续拓展和走好适合中国国情的发展道路"。中国道路充分体现了我们这个民族的创造性，这与中国梦是一致的，因为梦正是意味着生活对于自身的一种重新审视，一种自我更新的契机，就像德国诗人诺瓦利斯写的，"梦是对千篇一律的生活习惯的一种防范"[1]37。中国改革

开放以来,取得了彪炳史册的成果,但是我们要记住习近平总书记 2012 年 12 月 31 日在中共中央政治局就坚定不移推进改革开放进行第二次集体学习时强调的,"改革开放只有进行时没有完成时"。无论如何,我们的事业没有结束,它需要自我更新。就评价论而言,社会生活的自我更新表现在评价活动之中。微评价作为技术和人文相融合的时代产物,是当前评价活动的一种新的形式和机制,它的内在活力和动力的源泉是中国梦。因此,当我们从评价论来考察中国道路的时代价值时,非常有必要对微评价展开探讨。

一、超越与包容

在微评价中,个体主体的现实身份往往是隐去的或者至少是不突出的,之所以如此,是因为其试图超越既定身份,或者说,试图在一个超越性的领域获得自己的身份。在这个超越性的领域中,他的评价以及他的评价所得到的对待都无法被简单地还原到他的既定身份。但是,这意味着微评价主体以一种更为彻底的方式突出了他的公共维度,与这个公共维度相对照,所谓专业人员这样的现实身份是私人的,因为它们的专门性要求就其本身而言构成了对公共事件的排斥。这与梦的超越性特点是一致的:梦所传递的正是个体的一种整体性的倾向。换句话说,梦的恣意和盎然刻画了个体主体的全面发展的内在要求,而这样的全面发展只有在他的公共维度上才能成为一种自我意识。就此而言,梦有着更为重要的意义,即使得主体免于由于自失于专业身份之中而被剥夺这种自我意识,或者,至少如诺瓦利斯所说,对这样的自失形成一种防范。

在现代性的进程中,专业化一方面促进了生产能力的发展,另一方面改善了专业人员的生计。但是,专业化并不回答这个发展以及这个生计的方向的问题。事实上,如果我们稍加追溯的话,就会发现专业化本身倒是被方向问题所决定的,就像我们在过往的大历史时代中一再看到的那样。现在的情况是,随着专业化的深入,方向问题本身被以专业的方式对待了,因为专业化已经由于其素来的高效而成了一种一般的对待方式。然而,方向恰恰不是专业化或者专门性的,因为它所诉诸的是个体主体在公共维度上的自我意识。这就如同,中华民族的伟大复兴并不能被归结到某个或者某些专业,而是必须归结到个体主体由于超越其专业而获得的自我意识。简而言之，个体主体不是以其专业身份，而是以其自我意识，归属于中华民族的伟大复兴或者说中国梦的。

这种成长着的自我意识在微评价中得到了充分的展现。乍看起来，微评价内容所体现的更多地是评价主体的个体性的方面，比如他的个体性的兴趣点、关注点以及渗透于其中的立场与准则。但是，这种个体性的东西就其超越了个体的专业而言，乃是个体的公共维度的呈现。在今天，一个普通而又日常的事实是：个体主体以微评价的方式对公共事件表达兴趣和做出关注。这恐怕正印证了马克思的一个判断，"我从自身所做出的东西，是我从自身为社会做出的，并且意识到我自己是社会存在物"[2]302。如果是这样的话，那么微评价无非意味着，个体的公共维度会在一种极其广大同时又极其细微的程度上呈现出来。

之所以说广大，一方面当然是由于技术科学的支持。我们看到，借助微平台，个体主体可以随时随地将他们对事件的感受和评论传递出来。也就是说，无论在何处，无论做什么，个体主体都可以与微评价保持同步，即时刻保持为微评价主体。这样传递的东西从表面上来看是各式各样甚至混杂凌乱的，但它们之所以得到传递却有一个共同的并且是重要的原因，这就是，它们使个体主体发生了振动，从而从自身出发形成了某种态度、做出了某种筹划。这就涉及了与技术科学形成对照的另一个方面，即自我意识的方面。那么，这些表达着自我意识的态度和筹划的本质是什么呢？是个体主体的渴求和希望。而渴求和希望也正是梦的本质，这为我们考察微评价与中国梦提供了一个线索。

循着这个线索，我们发现，透露着个体主体的渴求和希望的微评价所要传递的东西从根本上来说乃是他们的梦，是对中华民族伟大复兴的使命有所领会并借着这领会对千篇一律的生活习惯有所防范的梦。由于这种领会和防范，个体主体对于公共事件获得了一种更有张力的观察。之所以这么说，是因为这里所说的领会与专业身份以及由专业身份延伸而来的阶层身份无关，是对它们的反对与批判。在这方面，有关"官二代"以及"富二代"之类社会现象所展开的微评价活动是一种集中的表达，并不是说这些社会现象在微评价中得到了一种一致的、定性的判断，而是说它们由于微评价从私人领域中剥离出来从而得到了公共的对待。事实上，"官二代"和"富二代"正是千篇一律的生活习惯的体现，是必须要加以防范的东西。这种防范是从梦而来的，因为它们对于现实即专业身份及其延伸来说，非但不是要防范的，反而是要维护的。

不过，事情的要点还不是在于这里，而是在于，如果使这样的社会现象得到公共对待或者说成为公共事件，那么哪个主体将因此而受益？我们发现，微评价主体并不是受益者。确切地说，我们无法将任何一个个体主体指认为这样的受益者。如果一定要对什么加以如此指认的话，那么恐怕只能指认我们的公共领域，而公共领域正是中国梦得以承载和推进的地方。反过来说，并不因此而受益的微评价主体在其评价活动中所呈现的是他们的公共维度。这一点也可以通过另外一个事实来说明，即在微评价中，主体总是以隐匿或者变化其现实身份的方式阻止对于其现实身份的诉诸。放弃现实的利益和身份意味着，微评价主体超越专业与阶层，仅仅作为公共领域的一分子来做出评价和吐露梦想。就此而言，个体公共维度的呈现得到了广大程度上的刻画。

那么，如何理解细微程度上的刻画呢？事实上，个体主体这个称谓已经给出了某种回答，即微评价主体并不是从既定的宏大叙事来表达自己，而是从这个个体的自我的诸多细微之处来表达自己。因为对于他们来说，并没有已然既定的东西，而只有正在形成的东西，后者与他们的渴求和希望有关。因此，如果存在着什么宏大叙事的话，那么这个宏大叙事一方面是尚未确定的，另一方面是关乎细微的。中国梦就是这样的宏大叙事。这种未定和细微也解释了微评价表面上的混杂和凌乱，即微评价主体对于中国梦即中华民族伟大复兴的使命的领会是个体的和开放的。之所以如此，恰恰是因为中国梦并不是一个既定的东西，而是作为渴求和希望被交付给公共领域中的每个个体。

每个个体以他们的细微来诠释中华民族的内涵，这种诠释在发展的意义上就是复兴。相反地，细微的取消则意味着诠释的终止。在这里，如果我们还记得马克思的告诫"首先应当避免重新把'社会'当作抽象的东西同个人对立起来"[3]122，那么我们就不会把中国梦当作无当的宏大与个体的细微对立起来了。当然，要强调和重申的是，这里的个体是就公共维度或公共领域而言的个体，而不是就私人身份而言的个体。由此，我们也体会到了中国梦的一种深刻的包容性，即包容中华民族的每个个体，而毫不顾及他或者她的贵贱、贫富以及任何诸如此类私人的东西。

二、改造与行动

　　如前所述,梦意味着领会和防御。这表明,我们正在改造我们对待现实世界的方式。当然,就梦而言,这种改造首先是内在的,因为梦关联于精神;但同时,也正是就梦而言,这种改造首先是外在的,因为梦关联于未来。在这个意义上,中国梦所召唤的是梦想者,也是改造者和行动者。在充满梦想的微评价平台上,个体主体不仅把改造当作构想来表述,而且把改造当作行动来实施。

　　那么,我们对待世界的方式是如何得到改造的呢?这种改造就梦想而言具有指向意义,这就同物质性的改造区分开来。但是,物质性的东西只有在意义中才能得到规定,否则它就是无规定的,就是无。换言之,物只有先经过意识的加工才能成为我们的对象——无论这个对象是就自然科学而言,还是就人文科学而言。这就如同马克思所说的,"植物、动物、石头、空气、光等等,一方面作为自然科学的对象,一方面作为艺术的对象,都是人的意识的一部分,是人的精神的无机界,是人必须事先进行加工以便享用和消化的精神食粮"[3]95。在这里,意识的事先加工就是给出意义的过程。这个意义从根本上来说乃是出于评价,因为意义是在主体为着自身需要的对象性活动中产生的,而"评价活动就是指主体对于客体属性与主体需要之间关系的反映"[4]。也就是说,评价意味着一种最初的场域的开启。在这个场域中,事物由于善恶或者利害的判断而从无中摆脱出来,从而产生分别、获得位置,成为可被对待的东西。

　　进一步地,只要主体的这种对象性活动还在继续,或者如杜威所说的"生活的需要本身将我们推向未知境界"[5],那么评价就总是再评价,即在历史的进程中重构善恶与利害,从而使那个最初的场域始终处在正在开启的状态之中。作为结果,对对象的对待就总是再对待,意义的给出就总是再给出。杜威甚至直接把评价归结到了问题的存在和改变的发生,"……先前冲动或常规习惯的改变。只有在这种情况下才会发生评价"[6]40。因此,他这样来描述评价的发生,"评价只会发生在有问题的地方,发生在需要祛除某种麻烦的地方,发生在需要改变困窘、匮乏、丧失的地方,发生在需要依靠改变现存条件来解决各种倾向相互冲突的地方"[6]40。这个归结是意味深长的,因为如果说这个时代呼求着梦想和评价,那么正是因为这个时代存在着问题和麻烦。事实上,它们被规定为问题和麻烦,就已经是梦想和评价的结果了。尽管如此,来自梦想和评价的改造才刚刚开始。

如果说所改造的是我们对待世界的方式,那么就评价论而言,首先要考虑的就是主体,即这里所说的我们的需要。中国梦所表达的主体的需要就是中华民族的伟大复兴。但这个需要是不同寻常的,因为它的指涉不是外在的而是内在的,即主体的需要就是主体自身。确切地说,就是更新和生成着的主体自身。这意味着,主体既是起点又是终点。但是,显然并不能据此而认为,起点可以和终点简单地等同起来。这是因为,这个从起点到终点的过程是评价与再评价的过程,而我们对待世界的方式也是在这个过程中呈现出来的。

主体的根本特征就是行动,所以中华民族的伟大复兴这个梦所要解决的问题是:主体应该如何从自己出发采取行动。复兴中华民族不是把这个民族的光荣和伟大当作某样东西展现出来,而是怀着对这个民族的珍视和期待来对这个民族采取行动,这样的行动本身就是光荣和伟大的。像这样的采取行动正是评价,对此,杜威曾经给出过一个有趣的比喻,"我们以一个小孩发现了一块闪亮而光滑的石头为例。小孩对石头的外观和手感都很满意。但在这儿并没有评价,因为这儿没有欲望和所期待的结果。直到他提出了'应该拿这块石头来干什么'这样的问题,直到这个小孩珍视他偶然发现的这个东西时,才有了评价"[6]44。只不过,在我们的讨论中,所提出的问题是"应该拿我们来干什么"。那么,应该干什么呢?

对这个问题的回答的尝试贯穿在微评价之中。之所以这么说,是因为在微评价平台上,我们真正成其为我们,即作为复数的我,或者说,作为复数的每个人。这样的复数是值得认真对待的,尤其是当我们考虑到马克思和恩格斯的这个论断时:"代替那存在着阶级和阶级对立的资产阶级旧社会的,将是这样一个联合体,在那里,每个人的自由发展是一切人的自由发展的条件。"[7]如果我们把联合体理解为复数,那么我们正是在微评价上看到了这样的复数。在那里,每个评价都是每个人对"应该拿我来干什么"这个问题的回答。这是因为,摆脱了专业和阶层束缚的个体主体无需以他的评价来为他的现实身份负责,惟其如此,他的评价使他获得了为自己负责的契机,当然不是为现实的自己,而是为可能的自己、应该的自己。这个可能和应该与梦想有关,同时也与改造有关。在这个意义上，我们更多地不是把这里所说的复数关联于网络上的"点赞"，而是把它关联于行动。

当我们从行动的角度来考虑"应该拿我来干什么"这个问题时，我们也许可以更多地在微公益中找到我们想要的东西。在微公益中，主体不是政府部门和公益团体，而是个体。更为重要的是，一方面，这些个体主体是诉诸行动的，另一方面，他们并不把自己交付给群体，亦即他们只是复数，或者说，他们以群体的方式实施自己对自己的负责。比如，我们看到从事微公益的个体主体彼此并不相识，他们只是完成一件所倡议的公益行为，随后就各自散开。就此而言，微公益并不一劳永逸地回答"应该拿我来干什么"这个问题，而是通过一次又一次的新的倡议和行动来回答这个问题。之所以如此，是因为那里没有凌驾于个体主体之上的权威，而只有个体主体彼此之间的倡议和支持或者反对。因此，就每一次微公益都是对"应该拿我来干什么"这个问题的一次新的回答而言，主体是在不断地改造自己，或者说，是不断地进行再评价。与此同时，另外一点同样重要，这就是微公益是个体主体的公共维度的呈现。在微公益中，无论是施益者还是受益者，都与其现实身份无关，而只与他们的个人状态有关。这一点与前一点其实是一致的，因为只有在公共领域中，"应该拿我来干什么"这个问题才是真实的。相反地，在诸如专业身份这样的私人领域中，一切都是被决定的，因此不可能出现"应该拿我来干什么"这样的问题，即使出现也是虚假的。

在这里，"公共"和"应该"正是对梦想的刻画，它们恢复了在专业和阶层之类的现实身份中被遗忘或者说抑制的东西。这种恢复是前面所说的有别于物的意义的恢复，确切地说，是创造，因为意义的每一次恢复都是意义本身的改造。中国梦就是一个创造意义和改造自身的过程，这个过程在微评价中得到了最具时代特色的写照。

三、组织与导向

前面我们谈到，微评价使主体获得了为自己负责的契机。但是，如何为自己负责呢？如果这个问题不解决，那么认为为自己负责就会混同于为自己负责。但是，认为为自己负责显然并不就是为自己负责，这就如同维特根斯坦所说的，

"认为自己在遵守规则并不就是遵守规则"[8]。对此,可以争辩的是,在微评价平台上,个体主体可以即时获取有助于他们摆脱狭隘与偏颇以做出妥当评价的海量信息。也就是说,微评价平台自身就能够保证个体主体为自己负责。但是,这个争辩忽视了一个前提,即信息的海量是不是意味着信息本身就是客观的、全面的。之所以这么说,是因为那些海量信息完全有可能是经过某种过滤而产生的结果,比如像微博大V这样网络意见领袖的过滤。更为重要的是,这样的过滤是隐蔽的。如果是这样的话,那么信息越是海量就越是狭隘和偏颇。因此,事情毋宁是反过来,即不是海量信息帮助个体主体做出妥当评价,而是妥当评价帮助个体主体对海量信息进行甄别。

那么,个体主体如何做出妥当评价?回答是,通过某种组织和导向。微评价只有通过组织和导向,才能完成它的工作,即我们前面分析的超越和包容、改造和行动。在组织和导向上,微评价再次与中国梦关联在了一起,因为正是中国梦使微评价获得了组织和导向。这不是说,中国梦作为外在的尺度加诸微评价主体;而是说,一方面,中国梦内在于这样的个体主体之中,另一方面,个体主体为这个梦进行自我组织。这样一来,以中华民族的伟大复兴这个使命作为导向的同时也就是个体主体的自我导向。由此,"应该拿我来干什么"这个问题得到了一种更为深入的阐释,即尽管这个问题可以通过诸如微公益之类的细微方式来回答,但是这无非意味着,中华民族在它的诸个体那里获得了自身伟大复兴的细微环节。当然,尺度仍然是必要的,只不过这个尺度是内在的尺度。中国梦将这个尺度表述为社会主义核心价值观。

这样一来,我们要讨论的东西就更加明了了,因为价值观本来就是评价的尺度,当然也是微评价的尺度。事实上,我们在社会主义核心价值观上所看到的,正是我们前面认为微评价和中国梦于其中得到承载和推进的公共领域。在中国共产党第十八次全国代表大会上,社会主义核心价值观的基本内容被概括为24个字:"富强、民主、文明、和谐、自由、平等、公正、法治、爱国、敬业、诚信、友善"。正如我们所知,这24个字分别表述了国家层面的价值目标、社会层面的价值取向以及公民个人层面的价值准则。不难发现,它们乃是从不同层面来指涉公共领域,反过来也可以说,它们乃从不同层面来防范私人领域。无论是国家、社会,还是公民个人,都关联于个体主体的公共维度。进一步地,社会主义核心价值观为我们一再论及的个体主体在公共维度和私人维度上的区分给出一个根本的说明,因为它涉及怎样的生活才值得过的问题。

对于这个区分,我们可以从杜威考察柏拉图对话篇时所说的一番话来入手,"靴匠虽能判定靴的好坏,但穿靴是好是坏和什么时候好穿靴,这些更重大的问题他却不能判定。医生虽善于诊断健康,但是活着或死了是好是坏,他却不晓得。技术者关于一部分技术问题虽属内行,但关于真正重要的,如对于价值的道德问题,他却无法解决"[9]。在这里,靴匠和医生作为专业人员,所处理的是私人的问题,即我们前面所说的生计的问题,而不是生活的问题。如果一定要说前者是生活以便同动物式的活着区别开来,那么就其无关乎我们所说的意义的创造而言,它只是千篇一律的生活。相应地,靴匠和医生这样的现实身份也归属于私人领域。与生活相关联的公共领域是意义的领域,它所需要的不是技术专业,而是价值判断。社会主义核心价值观所给出的正是公共领域所需要的东西。那么,这24个字到底描述了一种怎样的值得过的生活呢?

如果结合中国梦来考虑,那么对于这个问题的回答是:有尊严的生活,确切地说,有尊严的中国人的生活。我们看到,在专业身份特别是阶层身份越来越固定化的同时,被创造出来的社会财富越来越集中化。但这并不是说财富的多寡决定着尊严的有无,而是说财富的多寡与尊严无关。换言之,如果判断的尺度是财富,那么占有财富的人和不占有财富的人都同样地没有尊严。他们或者由于养尊处优而没有尊严,或者由于含辛茹苦而没有尊严。这是因为,养尊处优和含辛茹苦同样都属于私人领域,而尊严只存在于公共领域。我们常常说中国现在处在社会转型期,这个转型可以从多个角度来理解,其中的一个角度就是私人领域向公共领域的转型。这一转型首先是意义以及意识的层面,然后是制度与管理的层面。

无可否认的是,私人领域中的财富差距也许会在很长时间里一直存在,但与此同时可以期待的是,公共领域中的每个个体无论其财富多寡都能有尊严地生活。这恐怕正是社会主义核心价值观所旨在的一个方面,也是中国梦所旨在的一个方面。事实上,从那24个字中,我们正是可以读出国家、社会以及公民个人这三个层面与尊严的关联:就现代民族国家而言,个体主体的尊严在任何时候都是一种国家的精神和一种社会的品质。如果一个国家能使个体主体有尊严地生活于其中,那么它必定能够有尊严地存在于这个世界。这是中国梦所旨在的另一个方面,即中国对于世界而言,不仅是一个正在崛起的财富的创造者,而且是一个正在崛起的意义的创造者。

这个意义就是价值的规定和重新规定,这些规定写照着一个民族国家的尊严。而由社会主义核心价值观所组织和导向的微评价,正在以细微环节的方式投入到这个意义的创造之中,投入到中国梦之中。

(上海大学　张艳芬)

参考文献

[1] 诺瓦利斯.大革命与诗化小说——诺瓦利斯选集:卷二[M].刘小枫,主编.林克,译.北京:华夏出版社.2008.

[2] 马克思,恩格斯.马克思恩格斯全集:第3卷[M].北京:人民出版社.2002.

[3] 马克思,恩格斯.马克思恩格斯全集:第42卷[M].北京:人民出版社,1979.

[4] 陈新汉.权威评价论·引论[M].上海:上海人民出版社,2006:3.

[5] 杜威.艺术即经验[M].高建平,译.北京:商务印书馆,2005:186.

[6] 杜威.评价理论[M].冯平,等,译.上海:上海译文出版社,2007.

[7] 马克思,恩格斯.马克思恩格斯选集:第1卷[M].北京:人民出版社,1995:294.

[8] 维特根斯坦.哲学研究[M].李步楼,译.北京:商务印书馆,1996:121.

[9] 杜威.哲学的改造[M].许崇清,译.北京:商务印书馆,1997:8.

论严复译介穆勒逻辑思想的
文化关怀及其当代价值

[摘　要]　中国近代是社会大变革时期,面对"千古未有之强敌",思想家们以自强保种为己任遍寻救亡图存良方。基于民族复兴离不开文化复兴的认识,以及随西学东渐而发生的中西文化碰撞,从19世纪末,中国思想界开启了一场近代文化革新运动,旨在以反思、重建中国文化来挽救文化危机,进而拯救民族危亡。在这一历史转型期,英国近代思想家穆勒的逻辑思想,以特有的精神文化特质引起严复的极大关切,成为他文化救国意识的重要思想资源,并以译介的方式将其引入国人视野,用于中国近代文化的批判与重建。

[关键词]　严复;译介思想;文化关怀;价值

一、为契合文化革新译介穆勒逻辑思想

穆勒是古典归纳逻辑的集大成者,于1843年出版的《逻辑体系:演绎和归纳》(简称《逻辑体系》),被德国逻辑学家亨肖尔兹称为"影响到全世界"的逻辑。穆勒逻辑能获如此赞誉,是因为他在反思亚里士多德逻辑的基础上形成了自己对逻辑研究与价值指向的独特思考,开辟了逻辑发展的文化方向。在穆勒看来,任何一般的规则都是由许多特定实例的经验总结而成,他试图通过解决归纳与演绎的关系、精神科学的原则等问题,构设经验成为知识基础的系统规则,使逻辑成为人与社会发展的精神文化载体。穆勒逻辑思想充满对英国社会转型期的

精神文化观照,以期为社会改革提供逻辑的思想方法。

穆勒逻辑思想所表现出来的精神文化价值,恰与严复"鼓民力、开民智、新民德"的启蒙思想救国纲领相契合。于是严复从1900年开始翻译此书,于1905年由金陵金粟斋木刻出版译著《穆勒名学》,此书他以自己的语用表达方式将内蕴文化关怀的穆勒逻辑学说引进与传播,使国人的思维方式得以向富有科学精神的文化引领靠拢,并注意纠正传统思维方式由偏重直觉体悟而造成的随意性与模糊性特征。书中他既对西学文本义理进行阐释,又以中学来贯通西说。从对西学的认识加深对中国文化的思考,同时通过对中国传统文化的反思增进对西学的了解。基于这种自觉意识,严复强调,应将科学精神注入中国近代文化变革之中。

严复将穆勒逻辑思想引进并传播,为中国近代文化批判提供了逻辑工具,也为中国近代文化革故鼎新铺垫了科学基础,对于国人涵养科学精神、科学态度,以及掌握科学方法产生重要影响。从这个意义上讲,严复译介穆勒逻辑,为近代文化变革带来新的思维方式、新的思想资源、新的文化观念,对中国近代思维方法的转换、理性自觉的形成具有必要的借鉴意义。然而,每个民族都有着体现自己民族特色的文化,从而使文化呈现出不同的民族形态。同时,不同的民族文化又在自身发展过程中自觉或不自觉地相互影响,文化更新也在所难免。一个民族的发展依赖于民族文化的发展,民族文化的发展需要文化创新,创新文化离不开民族文化的土壤。任何一种新文化的诞生,都必须通过一定的民族文化认同来实现,都要反映出本民族的时代特色、历史风貌及社会发展的现实需要。中国的传统文化,积淀着民族的共同心理素质、思维模式、价值系统、知识结构和行为习惯。中西文化冲突与会通融合,是民族文化自我扬弃,并对外来文化进行选择、认同、整合的过程,这一过程既有排斥又有接纳,逐渐导向对形成新文化要素的需要。严复在对西方文化的选择上,首先考虑到的是文化的民族属性及近代社会变革的需要。他怀着民族情结去运用其所熟知的概念范畴、认知方法和思维模式来会通融合西学。中国文化所具有的包容性,使中学西说的会通、融合成为近代文化革新的必由之路,这也是文化自觉的体现,其中,严复对穆勒逻辑思想的引入起到了桥梁纽带作用。

其实,早在16世纪的明朝末叶,意大利传教士利玛窦来华传教,就已将亚里士多德的逻辑著作带入中国,后由李之藻等将其译为《名理探》。这种反映古希腊科学文化背景的演绎逻辑方法,在当时的中国并没有引起国人的重视,更未能得以传播。探其原因,不乏有以下几个方面:一是中国传统文化注重人伦规范、社会关系,思想家们长于对人们的社会生活进行反思,常常将圣贤的格言融入伦理纲常、道德规范及社会生活中,用于控制人们的内在思维和外显言行,即便缺乏逻辑的系统抽象、清晰分析及理性实证的认知心态也无妨,这与中国两千多年的旧学影响和传统积习密不可分;加之,传统文化重视语言的隐喻、追求富有想象力的人生理想境界,形成了中国人自在自发的、经验主义的传统文化模式,缺乏古希腊几何学那种从公理、公设出发的演绎方法,由此阻碍了自然科学的发展,限制了人们对严密、清晰的西方逻辑方法的接受;另外,由亚里士多德创立的逻辑方法是用于推论、明晰思想的,是西方哲学家手中的工具,在中世纪哲学成为神学的婢女,逻辑方法被用于烦琐论证,直至一些近代哲学家借名而用,其承载精神文化的价值淹没于哲学的思辨之中,难以与中国传统文化中的实用主义倾向对接,从而导致了《名理探》这部篇幅为20多万字的西方逻辑的第一个中译本由于文化背景的差异,在中国也难以有人问津,更谈不到推广和普及了。由此不难看出,中国古代长期积淀的文化传统的惯性作用,以及知识体系中自然科学的贫乏,人们的思维方式欠缺精密的逻辑方法、缺少科学精神,甚至那些重要的思想概念也常常是含混、歧义的,不能形成观念的系统表达方式,导致思想体系的不清晰、不确定、不具有普遍特性。这些文化弊端日成顽疾,在那时无法接纳反映科学传统的西方逻辑方法。

严复从穆勒逻辑思想出发,对中国传统思维的缺陷进行了反思,指出国人对于"外籀"(演绎法)和"内籀"(归纳法)两个方面都存在着"不如法"的问题,要对传统文化革故鼎新,就必须掌握新的科学方法。严复引进的不仅是一种科学的方法,更重要的是引进了一种观念,即一种文化的观念,这种文化观念是以科学精神、理性自觉的方式所体现出来的对自由与幸福的追求。在这种文化观念的感召下,19世纪末20世纪初,墨家逻辑被唤醒,西方逻辑思想与被重新诠释的墨家逻辑方法合成了中国近代逻辑研究的特有形态,为中国近代文化重建带来了新的研究范式,促成国人对逻辑学的高度重视,在中国近代文化革新中展开了中西逻辑思想的互动。到了20世纪20至30年代,金岳霖系统引进西方现代演绎逻辑方法,并将其运用于中国哲学的体系重构,为缺乏逻辑分析方法的中国传统思维注入了活力。以金岳霖为代表的一代思想家,为西方现代逻辑方法的传播与应用做出了重大贡献,将逻辑方法在中国文化重构中的作用推向新的高度。

二、传播穆勒逻辑思想中的精神文化内涵

中国近代是一个社会变革、文化转型的时代,对传统文化的批判与革新既是时代的课题,又是推动中国近代社会变革和近代化进程的动力。在严复看来,穆勒逻辑以科学的方法关注人类社会的生存方式,这正是近代中国文化重建的关键所在。为方便国人了解穆勒思想,充分表达穆勒逻辑的思想内涵,严复在译著《穆勒名学》时,曾对各种逻辑术语的译名进行精心选择,尽可能用中国古典逻辑的思想来加以译解。在中国思想史上,"逻辑""名学"这两个词都是严复最早用来指称和翻译逻辑科学的。"逻辑"是音译,"名学"是意译,严复选择用"名学"来替代"逻辑",使正名原则成了真正逻辑思维的原则。《穆勒名学》还首创了一些具有中国话语习惯的逻辑术语的译名,简洁、典雅。例如,他以"内籀"译归纳,以"外籀"译演绎,以"名"译概念,以"辞"或"词"译判断,以"联珠"译三段论,以"推证"译推理,以"统同术"译契合论,以"别异术"译差异法,以"同异合术"译契合差异并用法,以"归余术"译剩余法,以"消息术"译共变法等等,他试图以中国文化特有的表达方式让国人接受,但"连当时的古文大家吴汝纶、梁启超等也都认为严复译的《穆勒名学》虽很古雅,但难于读懂。"[1]即便如此,并不影响严复译介穆勒逻辑思想对近代中国文化革新的影响,如冯契先生所言:"严复在这方面付出了相当大的努力。他在翻译西方名著时,精心选取甚至创造概念,用心良苦,表明了一位学者的严肃的科学态度。"[2]虽然严复未完成穆勒《逻辑体系》的全本译著,但他对穆勒逻辑思想所贯穿的文化内涵感同身受,他在《穆勒名学》按语中曾讲:"本学之所以称逻辑者,以如贝根言,是学为一切法之法、一切学之学;明其为体之尊,为用之广,则变逻各斯为逻辑以名之。学者可以知其学之精深广大矣。"[3]借培根之言,强调逻辑方法的重要性,显然关乎文化的核心要素,展现了穆勒《逻辑体系》所具有的语言分析基础及其独到的文化特征。

穆勒逻辑思想形成并运用于科学研究与社会文化现象的分析中,他从解决

人们心智活动的科学方法入手,解决逻辑的技术性问题,进而解决知识从何而来等,将逻辑作为人类心智运作的科学进行研究,触及主体认知、信念、信仰等认知逻辑问题,试图构建一个合乎人类自由本性的逻辑体系,将逻辑从外在的工具内化为人的精神修养,这体现了英国近代启蒙精神和理性自觉思想。在穆勒看来,逻辑不能直接提供关于信念的问题,逻辑的作用在于找到前提材料与推出结论间的关系,找出证据与有待证明的结论间的关系,如果能在它们之间找到必然且精确的关系,个人自主的行为就有了遵循,这些正是逻辑存在的意义。他说:"逻辑学研究的是由已知推出未知,……逻辑学不关乎信念,只关乎证明或是证据。只要构成信念的基础是证明,那么,逻辑学的任务就是提供某种验证方式,通过这种方式使人能够判断出这种信念是否证据充分。"[4]9 穆勒将逻辑方法带来的思想力量作为精神文化的组成部分,对于提升逻辑的价值理性、重建逻辑的思想维度不可或缺。

穆勒还关注逻辑在人类公共生活中的运用,使其成为具有社会功能、文化关切、实践价值的逻辑,为了实现逻辑原理运用于具有指导意义的公共政策领域,他强调遵奉逻辑是保障每个成员经济与政治的权益、人身与精神自由的必要条件。弗瑞德·威尔逊曾指出,在穆勒看来,人类的最高目标是促进人类的普遍幸福,穆勒作为19世纪社会改革的捍卫者,将促进自由视为人类幸福的必要条件,而促进自由和获得幸福只能通过清晰的思考和合理政策的发展,使用的工具就是逻辑,它能使我们保持思想的一致性,避免误入思维的歧途。[5]他的《逻辑体系》第六卷是关于人类精神文化的逻辑思考,具体讲,穆勒将寻求现象间因果关系的方法用于寻找社会现象的普遍性,从人性的分析入手,人的行为是受某种原因支配的,虽然是或然性的原因,但可根据实验和观察的方法对人的性格、情绪、行为和环境要素做出推断,以秉持人的道德责任。穆勒在谈及人与社会的进步性时,指出这种变化不是简单的日复一日的变化,而是具有时代性的变化;不仅是人的个体特性的改变,而是大多数人的特征的改变,形成一定历史发展时期的人类性格特征,他指出:"事实上,我的信念是,除了偶然的和临时的例外,通常的趋势是并且继续是一种改进——向着更好和更快乐的趋势。"[4]913-914 可见,"穆勒之所以写《逻辑体系》,与其说是出于学术的爱好,不如说是出于强烈的政治和道德动机。可以说他之写作此书旨在为社会、政治和道德改革提供认识论和方法论的依据"[6]。

虽然严复对穆勒的《逻辑体系》仅是有选择的译介,且因其所用古文艰深而受到批评,但他用语精当、意义深远是毋庸置疑的。中国的近现代文化革新是与民族复兴的根本任务紧密相连的,是在世界范围的文化会通中发生的,打破封闭,兼收并蓄、择善而从是文化创新的重要前提。在这一过程中,寻求新的思维方法、变革思维方式,为中国文化注入新的活力就成为启蒙思想家们的首要任务。由此,西方逻辑方法的引入与传播,成为一种历史的选择,而严复试图从穆勒逻辑的精神文化取向为近代中国文化重构提供借鉴是极其难得的。

三、构建近代文化的逻辑维度及其当代启示

从中国近代文化革新的视角看严复译介穆勒逻辑的意图,显然是他主张思想启蒙先于政治变革的必然结果。作为中国近代思想史、文化史上的重要代表,严复尤为关注观念变革与文化革新,高度重视培育、树立近代文化重构的自觉意识,并在一定程度上引发了中国传统思维方式的变革,顺应了中国近代社会转型的需要。在严复看来,穆勒逻辑对国人具有开启文化和科学视野等作用,他试图以逻辑方法将人们引向对科学方法、科学精神以及精神文化的关注,形成具有科学观念的文化自觉。逻辑方法作为文化的构成要素,在文化重建中占有重要的一席之地,是由其内在的价值诉求决定的,那就是因其与自然科学紧密联系、相互作用,同自然科学成果结伴而来,并以科学思维的方式作用于人们的思想。不仅如此,逻辑又有其人文价值,是人类追求幸福、社会赖以生存和发展的理性基础,为人类守护共同的精神家园必不可少。因此,严复为唤醒国人的逻辑意识、从逻辑的维度建构近代文化做出了不懈努力。

从严复《穆勒名学》的许多按语也可看出,他很欣赏体现在穆勒逻辑思想中的科学方法,对于逻辑学是什么,它在思想维度中的作用如何,严复认同穆勒的观点。穆勒认为:"逻辑是有关智力活动的科学,是有效的求证活动。这是一个由已知到未知的过程。"[4]12 逻辑学是求真的,用于明是非、辨真伪;逻辑既是科学又是技艺,为人类的思想活动提供工具;逻辑是关于科学方法的科学,具有方法论特征。他指出:"我们绝大部分知识,无论是普遍的真理还是特

殊的事实,都是推理的问题,几乎不管是科学,还是人类的行为,都应服从逻辑的权威。推理是生活中的大事,每人时刻都要探知没有直接觉察的事实;不是因为这些事实附加到知识储备中的普遍意义,而是因为这些事实本身对于人们的利益和工作是重要的。"[4]9 严复译介穆勒逻辑思想所体现出来的文化关怀,在近现代文化转型中得到金岳霖思想的回应。哲学是文化的核心要素,在金岳霖看来,逻辑是哲学的本质[7]210。他认为,哲学不仅是理智的分析,还应关心人类生活的意义与价值[7]219。20世纪上半叶,金岳霖以西方逻辑分析方法重建形而上学体系,力促西方逻辑与中国哲学的融合。在他看来,逻辑分析方法是当时西方文化发展的新成果,以此用于推进和完善中国哲学体系重构是有重要借鉴意义的。

显然,在中国近现代社会转型期,严复引介穆勒逻辑思想,充分表明逻辑的价值存在于文化建构的自觉活动中,并在文化更新的进程中产生新的意义。严复译介穆勒逻辑,强调文化革新离不开思维方式的转换,而思维方式的深层要素是体现理性精神的逻辑观念,要变革传统的思维方式,就要探寻具有精神文化活力的逻辑思想。张东荪曾说过:"一个文化要有自己的活力以从事于自身改造,则必在其内部常如火山一样,能自己发火。这个火就是其活力,而代表这个活力的就是这个民族中(或这个文化中)的理想家,于此所谓理想家,亦就是哲学家,倘使哲学家而不能以理想提供于其国家,则便失其为哲学家了"[8]。可以说,严复就是走在近代思想家前列的寻找新的文化火种之人。如果说"严复在国难深重、民族危亡的关键时刻,高举科学与爱国两面旗帜,苦心探索救国救民的道路,表现了作为一个先进的中国人非凡的见识和勇气"[9]11。那么,在当代中国"我们要进一步学习和发扬严复的首倡变革精神。严复是清末中国维新运动最坚决、最权威的理论家。严复在传播维新思想、反对封建专制制度方面,做出了同时代人所望尘莫及的贡献。……他的不少论述不仅成了当时维新变法的最有力的理论依据和最锐利的思想武器,而且对于辛亥革命也具有不可忽视的影响,也为'五四'新文化运动开辟了道路,甚至至今还可以借鉴"。[9]序言 2011年11月9日,习近平在会见来自海内外专家学者和严复后裔时曾说:"严复是中国近代的'思想先驱',希望对严复的研究能进一步开展起来,从中得到借鉴,走好开放之路,弘扬民族精神。"深入挖掘严复译介穆勒逻辑思想的当代价值,可以从一个新的视角展现严复的爱国方式及其所倡导的科学精神,对建构当代中国文化自觉、自信及自强的话语体系仍然具有重要的现实借鉴意义。

(上海大学　宁莉娜)

参考文献

[1] 倪鼎夫,金岳霖.金岳霖解读《穆勒名学》[M].北京:中国社会科学出版社,2005:2.

[2] 冯契.中国近代哲学史[M].上海:上海人民出版社,1989:323.

[3] 穆勒.穆勒名学[M].严复,译.北京:商务印书馆,1981:2.

[4] J. S. Mill, 1974, A System of Logic, Ratiocinative and Inductive[M]. University of Toronto Press, 2011:39.

[5] Fred Wilson. The logic of John Stuart Mill[J]. Handbook of the History of Logic, 2008, 4:229.

[6] 姜新艳.穆勒:为了人类的幸福[M].北京:九州出版社,2013:79.

[7] 金岳霖.道、自然与人[M].北京:生活・读书・新知三联书店,2005.

[8] 张东荪.思想与社会[M].长沙:岳麓书社,2010:304.

[9] 福建省严复研究会.93年严复国际学术研讨会论文集[C].福州:海峡文艺出版社,1995.

新方位、新矛盾、新思想、新征程

——党的十九大与中国道路的新发展

[摘　要]　党的十九大报告中,习近平总书记对中国特色社会主义所处的历史方位、主要矛盾、指导思想和面临的阶段性特征等都做了新的界定和阐释,标志着我们党对中国道路认识和探索上的不断深化,对推进建设中国特色社会主义现代化事业具有十分重要的指导意义。

[关键词]　十九大;中国道路;新时代;新思想;新矛盾

　　中国道路是我们党在实践中不断探索而逐渐形成和发展起来的中国特色社会主义道路。1982年9月,邓小平在党的十二大开幕词中首次提出"把马克思主义普遍真理同我国的具体实际结合起来,走自己的道路,建设有中国特色的社会主义"的新命题,标志着我们党探索中国道路的开始。其后,江泽民、胡锦涛、习近平等几代党和国家领导人在历次的全国代表大会报告中,都把坚持和发展"中国特色社会主义"这一重要命题贯穿其中。1997年9月12日,江泽民在党的十五大报告中指出:"旗帜问题至关紧要。旗帜就是方向,旗帜就是形象。坚持十一届三中全会以来的路线不动摇,就是高举邓小平理论的旗帜不动摇。"2012年11月8日,胡锦涛在党的十八大报告中说:"道路关乎党的命脉,关乎国家前途、民族命运、人民幸福。在中国这样一个经济文化十分落后的国家探索民族复兴道路,是极为艰巨的任务。九十多年来,我们党紧紧依靠人民,把马克思主义基本原理同中国实际和时代特征结合起来,独立自主走自己的路,历经千辛万苦,付出各种代价,取得革命建设改革伟大胜利,开创和发展了中国特色社会主义,从根本上改变了中国人民和中华民族的前途命运。"

2013年1月8日,习近平总书记在学习贯彻党的十八大精神研讨班开班式上的讲话中指出,"道路问题是关系党的事业兴衰成败第一位的问题,道路就是党的生命。中国特色社会主义,是科学社会主义理论逻辑和中国社会发展历史逻辑的辩证统一,是根植于中国大地、反映中国人民意愿、适应中国和时代发展进步要求的科学社会主义,是全面建成小康社会、加快推进社会主义现代化、实现中华民族伟大复兴的必由之路"。2017年10月18日,习近平总书记在十九大报告中指出,"中国特色社会主义道路是实现社会主义现代化、创造人民美好生活的必由之路","全党要更加自觉地增强道路自信、理论自信、制度自信、文化自信,既不走封闭僵化的老路,也不走改旗易帜的邪路,保持政治定力,坚持实干兴邦,始终坚持和发展中国特色社会主义"。道路决定命运。中国道路的成功,让中国日益强大起来,由此也揭示了人类文明发展的多样性,"拓展了发展中国家走向现代化的途径,给世界上那些既希望加快发展又希望保持自身独立性的国家和民族提供了全新选择,为解决人类问题贡献了中国智慧和中国方案"[1]。

唯物辩证法认为,一切事物都是不断变化发展的,发展的实质是事物的前进和上升。推进马克思主义的中国化,就是要促进马克思主义与当代中国的具体实际相结合,解放思想,实事求是,与时俱进,不断进行理论创新。在党的十九大报告中,习近平总书记对中国特色社会主义所处的历史方位、主要矛盾、指导思想和面临的阶段性特征等都做了新的界定和阐释,标志着我们党对中国道路认识和探索上的不断深化,使中国道路在内涵和实践上有了新的发展,对推进建设中国特色社会主义现代化事业具有重要的指导意义。

(1)中国特色社会主义进入新时代,是党的十九大对中国未来发展新的历史方位的科学判断,是建立在我们党带领全体中国人民经过长期努力和伟大变革的探索基础之上,也标志着中国道路的自信升级,展现了我们党对中国道路的空前信心。

2017年10月18日十九大召开首日,习近平总书记代表十八届中央委员会庄严宣告,"经过长期努力,中国特色社会主义进入了新时代,这是我国发展新的历史方位"。这是我们党在回顾和总结我国过去的发展情况,对中国未来发展新的历史方位的科学判断。中国特色社会主义进入新时代,习近平用三个"意味着"作了进一步阐释。一是意味着"近代以来久经磨难的中华民族迎来了从站起来、富起来到强起来的伟大飞跃",未来实现中华民族的伟大复兴指日可待;二是意味着"科学社会主义在21世纪的中国焕发出强大生机活力,在世界上高高举起了中国特色社会主义伟大旗帜",中国化的马克思主义在中国得到进一步发展;三是意味着"中国特色社会主义道路、理论、制度、文化不断发展,拓展了发展中国家走向现代化的途径",为世界其他国家和民族的发展提供了全新选择,贡献了中国智慧和中国方案。

中国道路的形成和发展有其历史的源头和承续。近代以来中国备受西方列强欺凌、侵略的历史,为中国各阶级的先进分子救亡图存,努力探索出一条独立、自由、民主、富强的新中国而走的道路提供了不竭动力。从魏源、林则徐到康有为、梁启超,从孙中山、蔡元培到李大钊、毛泽东,在不同的历史条件下,他们对中国的先进道路均进行了卓有成效的探索和实践,让中国道路得以实现历史性的飞跃。

改革开放前后我们党的实践和理论创新,是中国道路开创和继续发展的动力和源泉。从新中国成立到改革开放前这段时期,以毛泽东为首的中共领导人对建设社会主义进行了不断的实践和探索,虽然中间出现了严重错误的曲折,最终没有形成一条正确的道路,但为中国道路的开创和发展"奠定了根本政治前提和制度基础"[2],同时"提供了宝贵经验、理论准备、物质基础"[3]。邓小平在1980年主持起草《关于建国以来党的若干历史问题的决议》时曾指出:"从许多方面来说,现在我们还是把毛泽东同志已经提出、但是没有做的事情做起来,把他反对错了的改正过来,把他没有做好的事情做好。今后相当长的时期,还是做这件事。当然,我们也有发展,而且还要继续发展。"[4]所以,从这个意义上说,中国道路是在以毛泽东为核心的第一代领导集体奠定的基础上开创起来的。

改革开放后,邓小平围绕"什么是社会主义,怎样建设社会主义"这个建设有中国特色社会主义首要的基本理论问题进行了不懈探索,最终确立了中国特色社会主义,开创了中国道路。其后,在以江泽民、胡锦涛、习近平为代表的中央领导集体的坚持和努力下,短短30多年间,我国在经济、政治、文化、社会、生态等方面均取得了长足发展和进步,综合国力进入世界前列,国际地位得到极大提升,中国进入全面建成小康社会的决胜阶段。中国道路得以成功地坚持、推进和发展,"中国特色社会主义进入了新时代"。

(2) 中国特色社会主义面临新矛盾,是党的十九大基于我国社会发展的实际,对我国社会主要矛盾认识上的又一次深化,标志着中国特色社会主义进入了一个新的发展阶段,是中国道路继续发展的又一次理论创新。

唯物辩证法认为,在事物的矛盾体系中存在着许多矛盾,其中必有一种矛盾处于支配地位、起着决定作用,这种矛盾就是主要矛盾。主要矛盾在事物发展过程中起着主要作用,因而对主要矛盾的认识和把握至关重要。新中国成立以来,我们党对社会主要矛盾的准确把握和科学判断,反映了我国国内经济供给、需求发生的结构性变化,为新时代谋划和推动发展指明了正确方向。一百多年来,我国社会的主要矛盾从党的八大时提出的"国内的主要矛盾是人民对于建立先进的工业国的要求同落后的农业国的现实之间的矛盾,人民对于经济文化迅速发展的需要同当前经济文化不能满足人民需要的状况之间的矛盾",到党的十一届六中全会时提出的"人民日益增长的物质文化需要同落后的社会生产之间的矛盾",再到党的十九大时提出的"我国社会主要矛盾已经转化为人民日益增长的美好生活需要和不平衡不充分的发展之间的矛盾"的最新阐述,显示出社会主要矛盾变化的背后是我国经济供给、需求内部的结构性变化。

在社会主义建设时期,由于当时新中国刚刚成立,还是一个十分落后的农业国,人民生活十分困苦,所以当时的主要任务就是集中力量把我国尽快地从落后的农业国变为先进的工业国,同时努力提高人民的生活水平。

到了改革开放时期,面对着十年浩劫给中国经济、社会造成的巨大破坏和停滞不前,我国当时所要解决的主要矛盾,就是"人民日益增长的物质文化需要同落后的社会生产之间的矛盾"。因此,党的十一届三中全会提出党和国家的工作重心转移到经济建设上来的重要决策。发展社会生产力,提高国家的综合实力,同时逐步改善人民的物质文化生活成为当时党的主要任务。通过30多年的创新和发展,我国的社会面貌发生了翻天覆地的变化,人民的生活逐步富裕起来。

进入中国特色社会主义的新时代,党的十九大做出了"我国社会主要矛盾已经转化为人民日益增长的美好生活需要和不平衡不充分的发展之间的矛盾"的新论断,是我们党基于现实基础上的正确判断,也是自1981年以来党对我国社会主要矛盾认识上的首次调整,体现了我们党作为马克思主义政党的实事求是、与时俱进的理论品格。

唯物辩证法认为,事物的发展具有阶段性特征,在不同的发展阶段,各种矛盾的力量对比和相互关系不断变化。因此,改革开放30多年来我国社会主要矛盾发生的历史性变化,反映了我国社会发展的阶段性特征。

首先,从"人民日益增长的物质文化需要"到"人民日益增长的美好生活需要"的转变,让我们看到现在人民群众需要的不仅仅是物质文化的生活,而是对社会生活更高层次的追求。人们在由过去对物质文化生活的要求基本满足之后,现在又有了更加多样化、多层次的需求:要求有更好的教育、更稳定的工作、更满意的收入、更健全的法制、更可靠的社保、更安心的治安、更优美的环境、更高水平的医疗条件、更舒适的居住条件、更加丰富的精神文化生活。习近平总书记就在十九大报告中指出,"民生领域还有不少短板","群众在就业、教育、医疗、居住、养老等方面面临不少难题","这些问题,必须着力加以解决"。因此,"美好生活"表达了老百姓对未来美好生活的向往和追求,同时也推动着我们党撸起袖子加油干,以便让全体人民获得全方位的幸福感、满足感。

其次,从"落后的社会生产力"转变为"不平衡不充分的发展",反映了中国社会各方面从"低"到"高"发展的转变。改革开放初期,我国社会总体落后。1985年10月,邓小平在会见美国时代公司组织的美国高级企业家代表团时提出让一部分人、一部分地区先富起来,并带动和帮助其他地区、其他的人,逐步达到共同富裕的主张。通过先富带动后富,我们实现了人民和国家富起来的目标。2010年我国即已成为世界第二大经济体,2016年我国对世界经济增长贡献率超过30%。要注意的是,虽然现在我们综合实力居于世界前列,但是正如习近平总书记在十九大报告中所指出的,"发展不平衡不充分的一些突出问题尚未解决","我国城乡区域发展和收入分配差距依然较大",这些问题成为制约我国社会发展的巨大障碍。因此,在未来发展过程中我们要逐步缩小东西部之间、城乡之间的发展差距,不断推动社会各方面的综合平衡发展,让改革发展的成果更多、更公平地惠及全体人民。

最后,我国社会主要矛盾的变化也是社会生产与发展之间关系的反映。社会生产的目的是为了满足社会发展的需要。但是当前我国"发展质量和效益还不高,创新能力不够强""生态环境保护任重道远""社会矛盾和问题交织叠加,全面依法治国任务依然繁重,国家治理体系和治理能力有待加强"等问题[1],都需要我们进一步树立改革和发展的思想,以人民为中心,努力加强供给侧结构性改革,着力提升发展的质量和效益,以更好地满足人们在经济、政治、文化、社会、生态等方面日益增长的需要。

(3)新时代中国特色社会主义新思想,是党的十九大基于我国发展所处的历史方位已经发生了重大变化,需要新的重大理论创新和思想指导而提出来的,是党的十八大以来我们党重要理论和实践创新的最新概括和表述。习近平新时代中国特色社会主义思想,用"八个明确"阐述了新时代坚持和发展什么样的中国特色社会主义,用"十四个坚持"明确了怎样坚持和发展中国特色社会主义这一重大时代课题。

2016年12月,习近平总书记在全国高校思想政治工作会议上曾指出,做好高校思想政治工作,要"因事而化、因时而进、因势而新"[5]。这"三因"是马克思主义与时俱进的理论品格和思想方法的深刻概括。正确把握"事"和"化"、"时"和"进"、"势"和"新"之间的辩证关系,是理解习近平新时代中国特色社会主义思想的精神实质、核心要义和基本方略的重要方法。

首先,对新时代中国特色社会主义思想要"因事而化"。党的十八大以来,以习近平总书记为核心的党中央统筹推进"五位一体"总体布局、协调推进"四个全面"战略布局,开创了党和国家各项事业的新局面:经济建设取得重大成就、全面深化改革取得重大突破、民主法治建设迈出重大步伐、思想文化建设取得重大进展、人民生活不断改善、生态文明建设成效显著、强军兴军开创新局面、港澳台工作取得新进展、全方位外交布局深入展开、全面从严治党成效卓著。"五年来,我们党以巨大的政治勇气和强烈的责任担当……解决了许多长期想解决而没有解决的难题,办成了许多过去想办而没有办成的大事,推动党和国家事业发生历史性变革"。[1]在对过去"极不平凡"的五年"历史性变革"的探索中,"因事而化",必然"化"出一个根本的道理:党的十八大以来,以习近平总书记为核心的党中央的坚强领导、习近平总书记系列重要讲话精神和治国理政的新理念、新思想、新战略的科学指引,是这五年取得这些历史性成就和变革的根本保证,同时也是习近平新时代中国特色社会主义思想形成的现实根据。

其次,对新时代中国特色社会主义思想要"因时而进"。近年来的"历史性变革",与改革开放新时期以来的历史紧密相连。在这一接续的历史过程中,中国特色社会主义进入了新时代。习近平总书记在党的十九大报告中,指出了这个新时代的五个内涵和标志:"这个新时代,是承前启后、继往开来、在新的历史条件下继续夺取中国特色社会主义伟大胜利的时代,是决胜全面建成小康社会、进而全面建设社会主义现代化强国的时代,是全国各族人民团结奋斗、不断创造美好生活、逐步实现全体人民共同富裕的时代,是全体中华儿女勠力同心、奋力实现中华民族伟大复兴中国梦的时代,是我国日益走近世界舞台中央、不断为人类做出更大贡献的时代。"[1]在这个社会主义的新时代,我们要实现中华民族伟大复兴的梦想,必须"因时而进",进行伟大斗争、建设伟大工程、推进伟大事业。为此,全党要更加自觉地增强"四个自信",既不走封闭僵化的老路,也不走改旗易帜的邪路,保持政治定力,坚持实干兴邦,始终坚持和发展中国特色社会主义。

最后,对新时代中国特色社会主义思想要"因势而新"。中国特色社会主义理论体系主要对四个重大课题做出了探索和回答:什么是马克思主义、怎样对待马克思主义;什么是社会主义、怎样建设社会主义;建设什么样的党、怎样建设党;实现什么样的发展、怎样发展等重大理论和实际问题。围绕回答新时代坚持和发展什么样的中国特色社会主义、怎样坚持和发展中国特色社会主义这个重大时代课题,我们党进行了艰辛的理论探索,取得重大理论创新成果,形成习近平新时代中国特色社会主义思想,并提出基本方略。

其中,"八个明确"是习近平新时代中国特色社会主义思想的核心要义和完备科学的思想理论体系。"八个明确,从新时代坚持和发展中国特色社会主义的总目标、总任务、总体布局、战略布局和发展方向、发展方式、发展动力、战略步骤、外部条件、政治保证等基本问题破题,阐明了习近平新时代中国特色社会主义思想的深刻内涵,充分体现了理论创新在历史与现实、理论与实践方面的有机结合,把在新时代坚持和发展什么样的中国特色社会主义这一重大问题具体化了。"[6]31在"八个明确"中,指出在2020年全面建成小康社会的基础上,我们将用两个十五年的时间分阶段实现社会主义现代化和建成富强民主文明和谐美丽的社会主义现代化强国的伟大目标,让我们对"实现中华民族的伟大复兴"这一奋斗目标有了更加可期待的路线图。

而"十四个坚持"则构成了新时代的发展蓝图和习近平新时代中国特色社会主义思想的方略体系。"十四个坚持,以新时代中国特色社会主义为圆心,从'坚持党对一切工作的领导'开始布局,对经济、政治、法治、科技、文化、教育、民生、民族、宗教、社会、生态文明、国家安全、国防和军队、'一国两制'和祖国统一、统一战线、外交、党的建设等各方面进行谋划,直到以'坚持全面从严治党'压轴,形成了一个逻辑严密的'同心圆'。"[6]32 这"十四个坚持"为主题内容的基本方略,是新时代坚持和发展中国特色社会主义的行动指南和实践旨向。

(4) 中国特色社会主义踏入新征程,是党的十九大对我国未来30年发展的划时代战略谋划,也是习近平总书记对"中国道路"描绘的宏伟蓝图:决胜全面建成小康社会,实现民族的伟大复兴,推动构建人类命运共同体,开启全面建设社会主义现代化国家新征程。

在十九大报告中,习近平总书记指出,在2020年实现决胜全面建成小康社会战略目标之后,党和国家事业发展的重心,是分两步走全面建设社会主义现代化国家,实现中华民族的伟大复兴。"第一个阶段,从2020年到2035年,在全面建成小康社会的基础上,再奋斗十五年,基本实现社会主义现代化""第二个阶段,从2035年到21世纪中叶,在基本实现现代化的基础上,再奋斗十五年,把我国建成富强民主文明和谐美丽的社会主义现代化强国。"[1] 十九大报告两个阶段战略目标的规划,一方面承载着近代以来中国人民实现伟大复兴的夙愿和梦想,另一方面也反映了我们的强大自信,社会主义现代化目标的提前实现,正是这一信心的体现。

在新的征程里,中国承担起为人类进步做出新的更大贡献的使命。十九大报告中,习近平总书记呼吁"各国人民同心协力,构建人类命运共同体,建设持久和平、普遍安全、共同繁荣、开放包容、清洁美丽的世界"。[1] 这是中国步入世界舞台中心的现实反映和责任担当,也是中国的终极梦想。面对霸权主义、强权政治,面对民粹主义、贸易保护主义的回归,面对地区动荡、恐怖袭击日益加剧,面对社会分裂、贫富差距日益增大等人类面临的共同挑战,唯有秉持人类命运共同体的理念,超越社会制度、价值理念、意识形态等的歧见,以更加民主、包容和均衡的姿态迎接经济全球化、政治多极化和文化多样化,建设更加公正、合理的全球治理新体系,让世界各国人民共享全球发展成果。

总之,党的十九大报告对我国所处的新的历史方位、所面临的新的主要矛盾、所提出的新的指导思想和所开启的新的历史征程作了全面而深刻的分析和阐述,标志着中国道路的新发展,开启了中国梦的新征程。党的十九大精神将指引中国人民奋勇前进,为实现两个百年奋斗目标,为实现中华民族伟大复兴的中国梦而奋斗。

(上海大学 孙士庆)

参考文献

[1] 习近平.习近平:决胜全面建成小康社会夺取新时代中国特色社会主义伟大胜利——在中国共产党第十九次全国代表大会上的报告[R/OL].(2017-10-27)[2018-05-18]. http://www.xinhuanet.com/2017-10/27/c_1121867529.htm.

[2] 胡锦涛.高举中国特色社会主义伟大旗帜为夺取全面建设小康社会新胜利而奋斗——在中国共产党第十七次全国代表大会上的报告[R].北京:人民出版社,2007.

[3] 胡锦涛.坚定不移沿着中国特色社会主义道路前进为全面建成小康社会而奋斗——在中国共产党第十八次全国代表大会上的报告[R].北京:人民出版社,2012.

[4] 邓小平.邓小平文选:第2卷[M].北京:人民出版社,1994:300.

[5] 习近平在全国高校思想政治工作会议上强调:把思想政治工作贯穿教育教学全过程开创我国高等教育事业发展新局面[N].人民日报,2016-12-09.

[6] 袁元,夏宇,屈辰等.习近平新时代中国特色社会主义思想何以诞生[J].理论导报,2017(10).

我国财税体制改革的目标及路径选择

[摘　要]　财政是国家治理的基础和重要支柱,科学的财税体制为全面建成小康社会、实现中华民族的伟大复兴提供制度保障和战略支撑,对于实现资源优化配置、维护市场统一、促进社会公平、实现国家长治久安具有重要的现实意义。但是,目前我国财税体制在预算管理制度、税收制度、中央和地方政府间收支的划分、转移支付等方面还存在许多不合理的地方。因此,加快财税体制的改革,并以此作为全面深化改革的突破口,建立一套完善的现代财税体制势在必行。从我国财税体制改革的历史演进过程出发,在分析目前我国财税体制存在问题的基础上,进一步探讨我国财税体制改革的目标及路径选择的问题。

[关键词]　财税体制;现代财政制度;预算管理制度;税收制度;转移支付

在社会主义市场经济条件下,财政是国家治理的基础和重要支柱,财税体制改革不仅涉及中央与地方之间责权利关系的调整,涉及政府、企业和个人之间利益关系的调整,而且还涉及政府与市场在资源配置中的定位与作用。科学的财税体制为全面建成小康社会、实现中华民族的伟大复兴提供制度保障和战略支撑,对于实现资源优化配置、维护市场统一、促进社会公平、实现国家长治久安具有重要的现实意义。我国"十五"发展纲要就提出深化财税体制改革的要求,回顾财税体制改革的历史演进过程,对探寻我国财税体制改革的目标及路径选择具有极其重要的意义。

一、我国财税体制改革的历史演进

建国以来,我国财税体制经历了计划经济时期的高度集中、统收统支,也经历了改革开放后的"分灶吃饭"、包干制,最终在1994年确立了分税制财政管理体制。

(一)改革开放以前的高度集中、统收统支的财税体制

建国初期,为了国民经济的恢复和发展,我国实行"生产建设型财政",资源配置权高度集中于中央政府手中,建立了高度集中的统收统支财政体制。在计划经济时期,我国虽然开始在中央统一政策、统一计划和统一制度的前提下,实行分级管理,但地方政府权利较小,难以成为一级独立的预算主体。这种财政管理体制实质上仍然是高度集中的统收统支体制。

高度集中、统收统支的财政体制虽然适应了当时国家有计划地、大规模地进行经济建设的发展要求,保证了经济建设的资金需要,促进了财政经济状况的好转,但不利于调动地方政府积极性。

(二)1978年至1993年"分灶吃饭"、财政包干制的财税体制

1978年以前,财税体制是以高度集中为主要特征。1979年,为了解决传统体制"管得过多,统得过死"的问题,财税体制改革以"分灶吃饭"的体制来扩大地方政府的经济资源支配能力,调动中央和地方的积极性。从1980年开始,中央政府决定实行"划分收支、分级包干"的新财税管理体制。1985年,在完成两步"利改税"之后,"分灶吃饭"体制调整为"划分税种,核定收支,分级包干",即把财政收入划分为中央固定收入、地方固定收入和中央与地方共享收入,而在支出划分上则基本维持原有的体制格局。1988年,为了解决财政收入占GDP的比重过低和由于中央财政收入占全部财政收入比重过低,使得中央财政连年出现较大赤字,导致宏观调控能力逐渐削弱的问题,国家开始实行多种形式的地方财政包干办法,包括"收入递增包干""总额分成""总额分成加增长分成""上解递增包干""定额上解"和"定额补助"等,这一体制一直实行到1993年。纵观1980—1993年间的财税体制变化,虽然名称各异,但实质都是"财政承包制"。

(三)1994年以来的分税制财税体制改革

1992年10月党的第十四次全国代表大会召开,确立了建立社会主义市场

经济体制的总目标,自此我国开始进入市场经济体制的全面建设和完善时期。从明确实行市场经济体制后,我国财税体制改革也确定了实行分税制的基本思路,并于1994年进行具有里程碑意义的财税体制改革,即实施经济性分权的"分税制"财税体制,以事权的划分为基础来划分中央与地方政府间的财政支出,按税种的归属来明确中央与地方政府间财政收入的范围,同时辅之以财政转移支付制度。

1994年财税体制改革是从统一财务会计制度起步,实行税利分流制度,初步理顺了国家与企业的分配关系,特别是以分税制改革结合转移支付制度理顺了中央与地方的分配关系。这次财税体制改革也是新中国成立以来规模最大、范围最广、内容最深刻的一次财税改革,初步建立了适应社会主义市场经济的财税体制的基本框架。

(四) 1998年以来财税体制改革

1998年以来,我国财税体制改革集中于以支出管理改革为重心,以公共财政为导向,实行了部门预算、政府收支分类、收支两条线、国库集中收付、完善税制等多项改革,提高了财政收支管理的制度化、规范化、科学化水平,构建了公共财政体制的框架体系。

二、我国现行财税体制存在的问题

我国财税体制虽然历经多次改革取得了重大成就,但是,现行财税体制在运行过程中仍然存在许多不足之处,主要表现在预算管理制度不规范、不透明,税收制度不够健全和完善,政府间支出责任划分不公,收入划分失衡,财政转移支付不合理,等。这些问题严重影响着财税体制效能的发挥。

(一) 预算管理制度不规范、不透明

我国现行的预算管理制度,预算收支公开不统一、不规范,公开的程度和要求存在差异,难以满足社会监督的需要。预算编制和执行约束力不够,财政支出随意性较高、零星分散。年度预算的控制也不合理,预算执行缓慢,导致资金使用效益低。

(二) 税收制度不够健全和完善

在我国税制结构中,直接税和间接税比重失衡,间接税比重过高。征收营业税和增值税,存在重复征收的情况,影响产业结构的升级。增值税在中央和地方之间的分成,也导致了产能过剩和重复建设。完善的环境保护税尚未建立,资源税计征方式不尽合理,房产税制度不完善,税制调节收入分配的职能较弱。

(三)中央和地方政府间支出责任划分不公

实行分税制改革以来,中央和地方政府间的事权划分没有很大的调整。但是近年来,随着国家在民生支出、基本公共服务保障水平等方面的不断提高,增加了地方政府的财政支出。可是在当前财力分配不变的情况下,民生政策不断出台和刚性支出的加大,直接导致地方政府事权被扩充,财政收支矛盾突出。

(四)中央和地方政府间收入划分失衡

当前,中央集中的财政收入占比已经达到全国的一半左右,地方收入的占比却不断的降低,有些财源较为单一的地方政府为了增加财政收入,保障各项支出,只能依靠"土地财政",即售卖土地。严重影响了社会经济的稳定健康发展。而且,随着营业税改征增值税范围的逐步推进,营业税作为地方主体税种将逐步转为增值税,这将导致地方财政收支矛盾进一步加剧。

(五)转移支付不合理

分税制改革后,中央为弥补地方财力难以承担较重的支出责任等问题,引入了转移支付制度,主要包括一般性转移支付和专项转移支付。转移支付是实现事权与财力相匹配的重要手段,然而目前我国转移支付的方式与结构还不尽合理,能够发挥调节作用的、具有均等化功能的、能让地方政府自主分配的一般性转移支付规模偏小,自上而下安排的专项转移支付又多而杂,并且许多资金早都已确定具体用途和使用方向,地方政府又难以统筹安排使用,致使财政资金配置低效。

三、新时期财政体制改革的目标及路径选择

目前,我国已进入中国特色社会主义新时代,中国社会的主要矛盾已经转变为人民日益增长的美好生活需要和不平衡不充分的发展之间的矛盾,经济发展理念也将从速度向质量转变。主要矛盾的变化要求经济发展重心要随之改变,从过去的效率优先、兼顾公平转变为效率与公平兼顾,在发挥市场在资源配置中

的基础性作用同时,发挥政府的引导作用。

党的十八届三中全会通过的《中共中央关于全面深化改革若干重大问题的决定》明确提出"财政是国家治理的基础和重要支柱,科学的财税体制是优化资源配置、维护市场统一、促进社会公平、实现国家长治久安的制度保障。必须完善立法、明确事权、改革税制、稳定税负、透明预算、提高效率,建立现代财政制度,发挥中央和地方两个积极性"。将财税体制改革与国家治理紧密相连,将财税改革引导到更系统、更深刻、更持久的路径上。完善和发展中国特色社会主义制度,推进国家治理体系和治理能力现代化的战略高度,意味着建立与现代国家治理体系和治理能力相适应的现代财政制度已成为深化财税体制改革的主要着眼点。

党的十九大报告提出,"加快建立现代财政制度,建立权责清晰、财力协调、区域均衡的中央和地方财政关系。建立全面规范透明、标准科学、约束有力的预算制度,全面实施绩效管理。深化税收制度改革,健全地方税体系"。党的十九大报告进一步从全局和战略的高度,强调要加快建立现代财政制度,并明确了深化财税体制改革的目标要求和主要任务。

(一)新时期财税体制改革的目标是建立现代财政制度

建立现代财政制度就是要建立全面规范、公开透明的现代预算制度,建立健全有利于科学发展、社会公平、市场统一的税收制度,调整中央和地方政府间财政关系,建立事权和支出责任相适应的制度。

现代财政本质上是公共财政,其核心是公共性。它以解决公共问题、满足社会公共需要为职责范围。因此,在建立现代财政制度过程中,要处理好政府与市场的关系,坚持使市场在资源配置中起决定性作用和更好发挥政府作用,明晰政府和市场的边界,区分公共性的层次。

现代财政的整体功能是保证效率与公平的有效融合,形成制度安排。通过提供公共服务,化解经济社会发展中的各种风险,促使公共风险最小化,在提升经济社会发展效率的同时体现社会的公平。

(二)深化财税体制改革,建立现代财政制度的路径选择

建立现代财税体制,不仅是完善我国社会主义市场经济体制,加快转变政府职能的迫切需要,也是促进经济发展方式转变,推动经济社会可持续发展的必然要求,更是建立健全现代国家治理结构,实现国家长治久安的重要保障,对于完

善中国特色社会主义制度，实现国家治理现代化具有十分重要的现实意义和深远的历史意义。

因此，为了加快建立现代财政制度，新时期深化财税体制改革可从以下三大路径入手：建立公开透明的预算管理制度、完善税收制度、建立事权和支出责任相适应的制度。

1. 建立公开透明的预算管理制度

财政实质上体现了一种分配关系，财税体制则是落实这一分配关系的制度安排。预算作为政府的基本财政收支计划，既反映了政府与企业、个人以及政府体系内部之间的利益分配关系，又是政府施政的窗口。通过它，人们能知晓政府要做哪些事、做了哪些事以及效果如何。预算管理制度改革，关键是公开透明。内容完整、编制科学、执行规范、监督有力、讲求绩效和公开透明是现代预算制度的基本要素。因此，要立足于已确立的预算制度主体框架，进一步提升预算的全面性、规范性和透明度，推进预算科学精准编制，增强预算执行刚性约束，提升财政资源配置效率。预算改革的最终意义在于政府收支行为需得到社会各界的全面审视与监督，使财政成为阳光财政，确实做到"取之于民、用之于民"。因此，必须改进预算管理制度，强化预算约束、规范政府行为、实现有效监督，加快建立全面规范、公开透明的现代预算制度。

2. 完善税收制度

税收制度是国家按一定政策原则组成的税收体系及各项征收管理制度，是国家经济管理制度的重要组成部分，是随着经济运行状况和经济管理制度及管理方法的变化而变化的。对税收制度进行改革能通过科学合理地设计税收制度和优化税制结构，有效地引导生产要素流动，促进资源优化配置，推动经济结构调整。为了适应"十三五"期间我国经济结构战略性调整的需要，必须不断深化税收制度的改革，其主要内容：

(1) 深化增值税转型，全面完成营业税改增值税的改革目标。2009年1月1日我国全面实施增值税转型改革即由生产型增值税转为消费型增值税。目的是为了避免生产专业化过程的重复征税，降低企业的负担，鼓励投资和扩大内需。2012年1月1日国家于上海设置对交通运输业和部分现代服务业的营业税改征增值税试点。随着试点工作的逐步深入及营业税改增值税的目标需要，

2016年3月18日国务院决定,自2016年5月1日起,将营业税改征增值税试点范围扩大到建筑业、房地产业、金融业、生活服务业,并将所有企业新增不动产所含增值税纳入抵扣范围,确保所有行业税负只减不增。至此,营业税退出历史舞台,增值税制度更加规范。营业税改征增值税是推动经济结构调整、促进发展转型的一项重大改革。将增值税引入服务业,消除营业税重复征税的弊端,不仅是完善税收制度的必然选择,也是促进现代服务业发展、推动第二产业和第三产业融合、培育经济增长新动力的迫切需要。从增值税转型的过程来看,对增值税进行改革,有利消除了营业税重复征税的弊端,推动了经济结构的进一步调整,是完善税收制度的必然选择,也是促进现代化服务业发展、推动第二产业和第三产业融合、培育经济增长新动力的迫切需要。

(2) 完善消费税制度,增强调节消费功能。消费税是对特定货物与劳务征收的一种间接税,属于流转税的范畴。开征消费税的作用在于既可以增加财政收入,又可以体现国家的产业政策和消费政策,引导消费方向。消费税改革就是要通过适时调整消费税征税项目,并与消费水平和消费结构保持动态协调,以调节消费结构来引导产业结构。消费税改革的重点应该是突出环境保护和资源节约,突出合理引导消费并间接调节收入分配。对明显与国家产业政策相矛盾,又抑制消费和投资增长的税目应予废除,而对高污染、高能耗消费品、奢侈品、高档消费行为应纳入消费税征税范围,并适当提高税负水平。

(3) 改革个人所得税制度,增强调节居民收入功能。个人所得税是以个人取得的各种应税所得为征税对象而征收的一种税,是最能体现调节收入分配差距的税种。改革个人所得税就是要在降低低收入者税收负担的同时,最大限度地利用个人所得税对收入差距的调节作用,加大对高收入者的调节力度,并在征管方面研究新措施、引进新手段。今后个人所得税的改革的思路是:进一步实行综合与分类相结合的征管模式,从"个人收入"向综合性的所得征收,从个体向家庭转变,个税征收的对象将涵盖工资收入、财产性收入等。同时,还应适当提高费用扣除标准,调整税率级次级距,完善征管措施,加快建立全国统一的个人所得税信息管理系统,从而更加公平合理的调整收入分配。

(4) 推行"绿色税制",发展循环经济。"绿色税制"是指促进环境保护的税收制度。发展循环经济就是在经济发展中要尽可能减少单位产品的资源及能源消耗,减少污染物排放,减少废弃物产生,积极发展节能环保产业,增强经济可持续发展能力。从长远来看,必须处理好税收制度与可持续发展之间的关系。将绿色税制的理念融入税制改革的过程,基本设想:一是以开征环保税代替征收排污费,强化企业的环保行为,将现行的排污、水污染、大气污染、工业废物、城市生活废物、噪声等收费制度改为征收环境保护税,引导企业和个人节约能耗,减少或不从事破坏环境的生产和消费,促进资源循环利用。二是扩大资源税征收范围,将原油、天然气和煤炭资源税由从量征收改为从价征收,并适当提高税负水平,使资源税在保护自然资源和生态环境方面发挥更广泛的作用。

(5) 加快房地产税立法,促进房地产市场的健康发展。税收是房地产市场调控的重要工具,加快房地产税立法,有利于引导市场供求关系,抑制住房资源不合理占用,防止住房空置,促进房地产市场稳定健康发展。要坚持积极稳妥的方针,认真总结房产税改革试点经验,在充分论证的基础上清理、归并土地和房屋开发领域种类繁多的税费项目,适当减轻建设、交易环节的税费负担,提高保有环节的税收,完善房产交易税收制度,抑制房地产投机行为。

3. 建立事权和支出责任相适应的制度

中央和地方财政关系的构建,权责清晰是前提,财力协调是保障,区域均衡是方向。中央要科学界定各级财政事权和支出责任,形成中央与地方合理的财力格局。

(1) 适度加强中央事权。将国防、外交、国家安全等关系全国政令统一、维护统一市场、促进区域协调、确保国家各领域安全的重大事务集中到中央,减少委托事务,以加强国家的统一管理,提高全国的公共服务能力和水平。

(2) 明确中央与地方共同事权。将具有地域管理信息优势但对其他区域影响较大的公共产品和服务,如社会保障、跨区域重大项目建设维护等作为中央与地方共同事权,由中央和地方共同承担。

(3) 明确区域性公共服务为地方事权。将地域信息性强、外部性弱并主要与当地居民有关的事务放给地方,调动和发挥地方政府的积极性,更好地满足区域公共服务的需要。

(4) 调整中央和地方的支出责任。加强事权与支出责任划分的立法保障,匹配事权与支出责任,合理调整中央和地方财政收入划分。在明晰事权的基础上,进一步明确中央承担中央事权的支出责任,地方承担地方事权的支出责任,中央和地方按规定分担共同事权的支出责任。

总之,新时期财税体制改革就是要通过预算管理制度、税收制度及中央和地方财政关系的重新构建,建立统一完整、法治规范、公开透明、运行高效的现代财政制度,为经济、政治、文化、社会和生态文明五位一体统筹协调发展提供制度保障和战略支撑,进而实现国家治理现代化。

(上海大学 林敏华)

参考文献

[1] 高培勇.十九大报告中对财税改革部署出现三大变化[N].证券时报,2017-11-15(4010).

[2] 倪红日.经济新常态下调整和优化产业结构的财税政策[J].税务研究,2015(4).

[3] 付敏杰.新一轮财税体制改革的目标、背景、理念和方向[J].经济体制改革,2014(1).

[4] 张德勇.新时代全面推进新一轮财税体制改革[EB/OL].(2017-11-09)[2017-11-21].http://www.chinareform.org.cn/Economy/tax/Forward/201711/t20171109_271109.htm.

[5] 楼继伟.深化财税体制改革建立现代财政制度[J].求是,2014(20).

[6] 本书编写组.中共中央关于全面深化改革若干重大问题的决定(辅导读本)[M].北京:人民出版社,2013.

浅析社会主义核心价值观对大学生思想政治教育的引领

[摘　要]　社会主义核心价值观具有深刻的思想政治教育内涵,从思想政治教育角度解读社会主义核心价值观中国家、社会、个人三个不同层面的价值诉求,明确社会主义核心价值观在大学生思想政治教育及对大学生进行思政教育工作中的地位和作用,通过强化大学生思想政治教育的理论基石,来武装大学生思想政治教育的工作队伍,指导大学生思想政治教育的实践拓展,真正让社会主义核心价值观深入人心。

[关键词]　社会主义核心价值观;大学生;思想政治教育

价值观是人基于一定的感官对既定事物或事件的是非曲直所做出的判断或抉择,是世界观和人生观的基础。社会主义核心价值观作为社会主义核心价值体系的凝练,彰显了社会主义核心价值体系的丰富内涵和基本特征,集中反映了我国社会所追寻的和谐价值取向和文化追求。当今社会正处于转型的关键时期,价值多样、文化多元的现象不容忽视,青年大学生是时代的扬帆者,民族的擎旗手,背负着党和人民的重托,在这个群体中立场坚定地弘扬和捍卫社会主义核心价值观,有助于培养其积极健康的思维方式与行为方式,从而提升思想政治教育的实效性,助力社会主义现代化建设顺利进行。

一、从思想政治教育角度解读社会主义核心价值观

思想政治教育作为传播社会主导意识形态的有力途径,必然要承担起倡导

社会主义核心价值观的重大历史任务,这就需要我们对其概念内涵和理论意义有深刻而全面的理解和分析。社会主义核心价值观不仅包括了国家、社会、个人三个不同层面,同时内含了思想政治教育的三个层次,具有深切的思想意蕴与理论根源。

(一)国家层面的价值诉求解读

国家层面的价值诉求为社会主义核心价值观的第一层面。富强对应一个国家的经济基础,民主、文明、和谐则统属于上层建筑部分。马克思主义唯物史观认为物质生产方式是人类社会形成和发展的基础,经济基础作为国家运行的前提条件决定相应的上层建筑。"富强"是一个国家巍然屹立于国际社会的坚实后盾,也是其文明繁盛的基础,这已为近代中国的历史所证明。而经济基础同样需要相应的上层建筑提供保障。自改革开放以来,中国的物质财富不断增加,人民的生活条件极大改善,具备了建设成为文明和谐的新型现代化大国的基本前提条件。然而,经济财富的扩大并不必然导致民主、文明、和谐的同向提高,因为后三者的发展状况都需要人为的教育指导,需要通过思想政治教育不断引导社会文化,提升个人道德水平,完善社会民主,架构社会主义精神文明,创造一个和谐的文明社会。显然,对于新形势下的思想政治教育而言,责任的重要性以及任务的艰巨性不言而喻。因此,在物质财富相对丰富的情况下,国家更应该通过思想政治教育来提高群众的民主意识,促使其积极参与到社会管理中,切实履行作为国家和社会主人的历史责任,从而提升整个社会的文明程度。同时,也只有通过思想政治教育,才能不断提升民众的思想道德素质,从而在全社会形成文明氛围,达到国家与社会、人同自然的整体和谐。

(二)社会层面的价值诉求解读

社会层面的价值诉求为社会主义核心价值观的第二层面。作为"必然"的层次提升,"自由"是人的本质属性,是人的永恒价值追求。马克思主义所不懈追求的共产主义就以实现人的全面而自由的发展为前提,这种"自由"是全部人的全方面的自由,没有阶级、种族、性别差别,也不只限于某个方面。[1]受西方"自由文化"的影响,一些人肆意宣扬民主自由观,认为自由就是简单的人身、思想不受约束,完全偏离了马克思主义基于人性探讨的自由观思想,这就要求思想政治教育要从马克思主义的理论高度准确把握社会主义核心价值观中的"自由"价值,引导社会树立社会主义的自由价值观,真正实现人的自由属性。自由是平等的前提基础,平等则是自由的结果表现。社会主义核心价值观中的平等并不是说不同个体间要绝对等同,而是指全体社会成员要在保证个体自由的前提下实现自身的全面发展,因为社会个体具有独属自身的特质,因而必然会展现出不同的生命特性,而只有这样的发展才是真正的生命与社会的平等。

思想政治教育的民主原则历来强调思想政治教育主体与客体间的人格平等,社会主义核心价值观中的"平等"诉求正是思想政治教育的价值追求。要保证个体自由及其相互平等,就必须要保证社会整体的公正并从制度层面加以规定。平等和公正其实就是同一本质所表现出来的两种不同形式,平等是相对于社会单个成员而言,而公正则是相对于由单个成员所组成的社会整体而言。为了保证公民的自由、平等,实现社会的公正,就必须建立相应的制度体系作为支撑,因而法治就成了社会主义核心价值观中不可小觑的重要部分,并有机地构成思想政治教育内容的逻辑基础。自由、平等、公正、法治四方面相互渗透,彼此包含,共同构成了社会主义核心价值观中社会层面的价值诉求,并与国家层面的价值体系交汇贯通,融合为一体。

(三)个体层面的价值诉求解读

个体层面的价值诉求为社会主义核心价值观的第三层面。对祖国大好河山的热爱、对生活在同一片土地的人民的关怀、对自己所从事职业的默默奉献,等都可以称之为"爱国",这种情感认同过程即广义上的思想政治教育过程。作为统治阶级进行阶级统治的重要方式,思想政治教育需要持续有效地进行爱国主义思想的灌输。职业道德作为思想政治教育内容的重要因素,"敬业、诚信"是它的核心要义,只有我们切实将现实生命奉献于对国家和社会有益的事业之中,在自己的岗位上兢兢业业,才能彰显生命的现实存在价值。诚信是我们每个人都应具备的内在道德品质,是我们发扬爱国精神,成就自己事业的基础,它决定着个体生命的存在境界与生命品质。友善是我们日常为人处世的指导准则,体现了社会个体之间的关系诉求,一个人内在的诚信品质必然对外表现为对他人的友善。"与人为善"是五千年中华优秀文化传统的继承和弘扬,也是华夏儿女自我人格的完善和升华。爱国、敬业、诚信、友善相互包容,相互渗透,共同塑造出个体生命的完美品格,进而上升至社会、国家层面的价值诉求。

二、社会主义核心价值观在大学生思想政治教育中的地位与作用

（一）社会主义核心价值观是大学生健康成长的精神保障

思想政治教育是在马克思主义、毛泽东思想和中国特色社会主义理论体系的指导下塑造个体健康品格、培育合格社会成员的工作，造就一批文化知识功底扎实、思想道德素质高尚的社会主义"四有"青年是其工作的基本方向和根本任务，而要达到这一目标，社会主义核心价值观的引领作用至关重要，当代大学生只有时刻用社会主旋律武装自己，才能获得更为长远更有意义的发展。

1. 社会主义核心价值观明确大学生的历史使命

社会主义核心价值观所提出的国家层面的诉求是凝聚全体人民的巨大精神力量，也是全体人民需要为之不懈奋斗的伟大目标。五四运动的兴起、中国共产党的成立、新中国的诞生……在中华民族的历史上，大学生群体的光辉功绩不容抹去。而在改革开放的新时期，大学生作为建设中国特色社会主义事业的重要力量，又担负起实现中华民族伟大复兴的中国梦、建成社会主义现代化国家的历史重任，社会的未来和国家的前途很大程度上取决于大学生的道德素质和精神风貌。社会主义核心价值观在国家层面的规定明确了全体人民尤其是大学生在现代化国家建设过程中应当承担的历史责任。

2. 社会主义核心价值观引导大学生的价值取向

社会主义核心价值观所提出的社会层面的要求是全体人民应当遵守的共同价值准则，是中国共产党一贯追求的伟大目标。自由是人的本质属性，平等是真正的生命的同一层级，公正、法治不仅是华夏儿女几千年的精神夙愿，更是新中国政府行政的价值追求，社会主义核心价值观既是对全体国民思想方式、行为习惯的价值标榜，也是对大学生思想政治教育工作的目标规定。当下，中国正处于政治体制改革、经济结构调整、文化多元发展的关键时刻，不同的思想观念引发了人们新旧价值观点的矛盾对立。因此，高校思想政治教育应该积极引导大学生树立正确的价值观，投身社会实践，将自身的知识储备转化为社会发展的现实力量，积极践行社会主义核心价值观。

3. 社会主义核心价值观塑造大学生的道德风尚

社会主义核心价值观所提出的个体层面的要求,主要是指社会公民在完成党和国家所交托的重大历史使命过程中应当具备的基本道德素质,实则为社会主义核心价值观中国家和社会层面的价值追求在公民自身角度的表现,因此,这就需要社会个体积极践行核心价值观中的利益诉求,人尽其力,在全社会形成良好的道德风尚。当代大学生要自觉树立"热爱祖国""爱岗敬业""诚实守信""与人为善"的优秀道德品质,并将这一信念内化于心外化为行,在服务社会的实际行动中实现自己的人生价值,提升自我修养,完善自我人格,共同构建起一个尽善尽美的和谐社会。

(二) 社会主义核心价值观是思想政治教育的逻辑基础

社会主义核心价值观的提出既为思想政治教育营造了良好的外部环境,也为思想政治教育自身提供了极其重要的哲学价值基础以及方法论指导。社会主义核心价值观契合了新世纪、新环境下我国社会主义建设过程中所面临的精神层面的众多问题的现状,是由公正、和谐、民主、人本、文明五大主题架构而成的集合体,具有内在的深刻逻辑结构,同时,其也适用于思想政治教育的理论完善和具体活动实践。

第一,公正是由每个个体所组成的社会整体的价值追求,思想政治教育客体对所接受到的信息的认同程度常常受"公正"的影响。因为客体只有在公正的守护下,对自我及群体的认同感和尊严感才能得以强化。这样,思想政治教育就摆脱了它作为工具的属性,真正从它的本质意义出发来发挥它的功能,从而充分作用于教育客体,而非将客体视为"异己"的力量强制灌输。

第二,和谐是整个社会及其内含的每一部分不懈追求的价值目标,思想政治教育也不例外。作为一种旨在提升个人道德素质和认知水平的价值引导方式,思想政治教育尤其需要和谐的内部及外部环境,只有这样,受教育者才会在与群体中其他成员相处的过程中产生信任感、愉悦感,进而向教育者吐露心声表达意愿,并在与教育者互动的过程中深刻认识、充分坚定对社会主义核心价值观的信仰。

第三,民主是集合体中的每个个体行使权力的前提条件。思想政治教育必须遵循民主原则,因为在整个教育过程中既包括教育主体,也包括教育客体,前两者又通过各种教育介体相互联结,主体传达的教育信息必须在客体积极接受进而不断自我教育的基础上才能实现其价值,而这其中,平等民主的交流和沟通就显得极为重要,思想政治教育者必须摒弃"高高在上"的固有观念,俯下身来与受教育者协商对话,这样才能得到受教育者的认同,从而增强思想政治教育的实效性,达到思想政治教育的最终目标。

第四,以人为本是五千年中华文化的精髓,从"水能载舟亦能覆舟"到"人民是国家的主人",人的主体性被弘扬至今。思想政治教育学是探求人的思想心理形成发展及其活动过程的学科,教育活动旨在提升人的精神境界、完善人的道德品质,其中不可避免地会涉及到每个人的切身利益。人本理念要求教育者在具体的教育过程要充分考虑客体的具体特点,尊重客体人格,关注客体日常生活,保障客体正当权益,"通情达理"地来开展思想政治教育活动。

第五,文明包括物质文明、精神文明、政治文明与生态文明,而思想政治教育是弘扬社会主义精神文明,构建社会主义政治文明的重要载体。生产力决定生产关系,经济基础决定上层建筑,生态文明是物质文明的原始基础,只有物质文明不断发展,精神文明、政治文明的成长才具有现实基础,而在精神文明获得极大丰富之后又可通过影响人的思想和行为创造出更大的物质文明,在政治文明获得极大发展之后又为生态文明的完善提供切实保障。可以这样说,如果思想政治教育不能发挥应有作用,那么文明发展的脚步必然受到影响,有所迟滞。

以上五方面是社会主义核心价值观中相互渗透、互为基础的子系统,同样,也可以内在地、有机地结合成为思想政治教育价值系统。因此,社会主义核心价值观就自然地成为了思想政治教育的逻辑基础。在实际的教育活动中,既要注重它们各自的特殊作用,又要在相互交织的过程中挖掘它们的深层意义,发挥共同作用,推动思想政治教育不断提高自身的科学性、专业性。

(三)社会主义核心价值观是指导大学生思想政治教育的价值基础

社会主义核心价值体系是由马克思主义指导思想、中国特色社会主义共同理想、以爱国主义为核心的民族精神和以改革创新为核心的时代精神以及社会主义荣辱观四个方面有机联系而成的统一体,它所弘扬的社会主义、爱国主义以及集体主义的价值观作为我国社会意识形态的主旋律,彰显了历史发展的总趋势,暗含了中国人民的根本利益,只有它们才能被称为社会主义核心价值观。当前,在大学生群体中进行社会主义核心价值观教育的目标就是将大学生培育成为"信仰明确""理想坚定""爱国创新""道德高尚"的新时代"四有"青年以及社会主义建设事业的可靠继承人。

第一,"信仰明确"就是要坚持马克思主义理论的正确政治导向,帮助大学生明确社会主义建设事业的必要性和重要性,理解社会主义建设事业的整体和局部规划,引导大学生用马克思主义基本原理以及马克思主义中国化的最新理论成果武装自己,自觉树立马克思主义关于社会主义建设的可靠信仰。马克思主义是我们立党立国的根本指导思想,是保证我们改革事业大跨步向前迈进而不迷失方向的掌舵手,是社会主义核心价值体系的首要前提与核心基础。在中西文化冲突摩擦的时代背景下,如果不坚持马克思主义的基本立场、基本观点和基本方法,就很可能陷入腐朽错轨的思想泥潭,影响整个社会主义现代化建设,广大青年学生只有坚持学习马克思主义经典作家所提出的经过实践检验的与时俱进的理论知识,才能不断提升自己的文化水平,摆正自己的政治立场,在社会主义现代化建设事业中充分实现自己的人生价值。

第二,"理想坚定"就是要坚持中国特色社会主义共同理想,即在中国共产党领导下,走中国特色社会主义道路,逐步全面建成小康社会,最终实现中华民族的伟大复兴。中国特色社会主义共同理想,是社会主义核心价值体系的基本内容之一,树立中国特色社会主义共同理想,突出了社会主义核心价值体系的主题。大学生正处于人生的青年时期,生理与心理发展迅速、冲突激烈,抽象思维能力提高,情感活动动荡易变,在理想信念问题上比较迷惘,在市场经济的大环境下有较为明显的实用性和功利化倾向。因此,青年学生应自觉接受学习中国特色社会主义共同理想,夯实理论基础,将自己的个人理想与党在社会主义初级阶段的长远目标和阶段性目标有机结合,用实际行动献身于社会主义现代化建设进程。

第三,"爱国创新"就是要坚持以爱国主义为核心的时代精神和以改革创新为核心的时代精神,将中华民族优秀传统文化发扬光大并持续添加新的时代内涵。以爱国主义为核心的民族精神是支撑华夏民族世代不息、永续发展的强大动力,是维系我国各民族和谐共处、共同繁荣的坚实纽带。大学生应不断增强自身对中华民族历史文化的归属感,培养自身对祖国优秀传统的认同感,热爱我们伟大的祖国、勤劳的人民。以改革创新为核心的时代精神是督促我们迈向新天地,开辟新征程的不竭动力,更是伟大的民族精神与中国共产党优良传统在当代的弘扬,时刻体现着马克思主义与时俱进的理论品格。大学生正值青年,朝气蓬勃,富有创新精神,敢于尝试新鲜事物,所以,更应全面提高其自身各方面素质,丰富其知识储备,使其积极投入到"大众创业万众创新"的时代号角中去,为祖国的现代化建设事业添砖加瓦。

第四,"道德高尚"就是要坚持以"八荣八耻"为主要内容的社会主义荣辱观,领悟其价值内涵,践行其道德要求,在接受教育的过程中培养高尚的精神品质。社会主义荣辱观与社会主义市场经济相适应,与社会主义法律规范相协调,与中华民族传统美德相承接,是全体社会公民都应遵循的基本品德要求。当前,由于多元文化价值的干扰,一些大学生在思想上产生困惑,在行为上背离社会主流价值要求,政治信仰模糊、理想信念迷茫、诚信意识缺失、社会责任逃避等不良现象相继涌现,恶性影响极大。因此,高校思想政治教育应大力加强对大学生的社会主义荣辱观教育,深化对其理论内涵的阐释,运用多种方式开展教育活动,使大学生在活动中养成"知荣明耻、崇尚科学、勤于思考、乐于奉献"的优秀品质,真正发挥荣辱观的引领、示范和辐射作用。

三、用社会主义核心价值观引领大学生思想政治教育的方法

(一)社会主义核心价值观是强化大学生思想政治教育的理论基石

思想政治教育自产生之日起即为统治阶级服务,以传达社会主流价值观念及行为准则为使命,而社会主义核心价值观作为社会主义核心价值体系的凝练升华,是有效传播社会主义意识形态的武器。因此,要充分发挥社会主义核心价值观的引导作用,充实课堂教材,丰富教学形式,不断强化理论的科学性、实效性。

1. 充实大学生思想政治教育的理论内容

首先,高校课程教材要坚定不移地以马列主义,毛泽东思想以及中国特色社会主义理论体系贯穿始终,尤其注意融入马克思主义中国化的最新理论成果,即习近平新时代中国特色社会主义思想,引导学生树立坚定的理想信念,使其自觉

投身建设社会主义现代化国家的伟大征程中。其次,大学生的思政教育体系要结合民族特色,积极弘扬中华民族优秀传统文化,引导大学生树立正确的人生观和价值观,使其热爱我们伟大的祖国,热爱我们伟大的人民,提高道德修养,自强不息,百折不挠,共同构建温馨和谐的校园环境。最后,要与时俱进,着眼当下,结合国内外的时事深化大学生思想政治教育的理论内容。我国现阶段的主要社会矛盾虽已转变成为人民日益增长的美好生活需要和不平衡不充分的发展之间的矛盾,但我国仍处于社会主义初级阶段的基本国情并未变化,而且国际形势风云变幻,西方敌对势力的隐形遏制并未停止,全面建成小康社会,建设成为社会主义现代化国家的重担仍落在青年一代身上,所以,我们要引导大学生认清形势,脚踏实地,充实自己,在日后的工作中贡献自己的力量,助力中国梦早日实现。

2. 丰富大学生思想政治教育的教育形式

首先,"第一课堂"作为传播社会主义核心价值观的主要阵地,必须给予充分的重视。授课老师不仅要涉猎各学科、各领域知识,以全面的视角和充实的理论依据支撑、丰富社会主义核心价值观,更要注意观察教学内容中为学生所积极接受的细节与要点,并以此为切入点深入展开社会主义核心价值观教育的知识点。其次,高校老师要积极探索学生喜闻乐见的课堂教育形式,利用讨论式、奖励式等方法将学生纳入课堂互动中来,引导学生完成从受教到自我教育的转化,真正将社会主义核心价值观内化于心,外化于行。最后,在信息时代的大背景下,大学生已经成为使用互联网的主导力量,高校教师要积极利用互联网的软硬件优势,将其应用到日常的教学活动中。例如,一方面,在面对面的教学活动中,老师可以利用"慕课"让学生在课前提前观看已经录制好的讲课重点,从而节省大量课堂时间用以丰富课堂内容。[2] 另一方面,在师生不便直接见面交流时,可借助微信、QQ等进行即时在线的网上课程,课后还可以利用校园论坛、微博等方式进行留言交流。通过构建自媒体时代的课堂建设,老师可以及时将社会主流价值导向传递给学生并保证后续的畅通交流,减少网络中不良信息对大学生的思想冲击,从而助力社会主义核心价值观的深化落实。

(二)以社会主义核心价值观武装大学生思想政治教育的工作队伍

社会主义核心价值观的建设除了依靠自身理论的完整性、科学性,更要依靠致力于传递其价值意蕴的工作队伍,不管是处于教育一线的专职教师,还是处于社会其他工作岗位的承载部分教育工作的兼职思想政治教育工作者,都需要坚定的理想信仰并付以切身的实际行动,才能真正将社会主义核心价值观大众化。

1. 科学的理论武装,坚定的理想信仰

思想政治教育者作为传递社会主流价值观念、政治观点、道德规范的活载体,承担着培养合格"四有"公民的历史重任。要想让学生接受社会主义核心价值观,教师自身必须先接受,这种接受应该是在掌握了充实的理论知识的基础之上,应该是自觉自主的心理上的认可。一方面,教育者自身要加强学习社会主义核心价值观,紧密关注习近平总书记的系列重要讲话,深刻理解中国特色社会主义的最新理论成果,用以充实自身的理论基础,形成逻辑严密的理论框架。另一方面,教育者要坚定共产主义的远大理想以及中国特色社会主义的共同理想,坚持马克思主义指导思想,真正在心底树立起对社会主义核心价值观的认可,从而有效地将这种情感传递到学生中去。

2. 积极的示范引导,不懈的宣传表率

社会主义核心价值观的传播不仅需要思想政治教育工作者的言传,更需要他们在日常工作和生活中主动以社会主义核心价值观的行为准则要求自己,做出表率作用。"其身正,不令而行;其身不正,虽令不从。"教育者如果自身无法做到自己所传递的价值准则,那么受教育者自然更会无视教育者的观念传递。高校思想政治教育工作者不仅要在日常工作和生活中主动宣传社会主义核心价值观,不断提高自身知识水平及精神素质,以身作则,营造有利于大学生长远发展的健康环境,更要将自己宣传的社会主义核心价值观落到实处,落到细节之处,落到能影响学生、触动学生的日常情景中去,用实际行动深度诠释社会主义核心价值观。教育者是人类灵魂的工程师,不管在课堂上还是生活中,都要带头学习社会主义核心价值观,用自己的言行举止传递社会主义核心价值观,在举手投足间滋润学生心灵,用高尚的人格魅力打动学生,增强其对社会主义核心价值观的认同感,从而使其完成从思想到行为的深刻转变。

(三)以社会主义核心价值观指导大学生思想政治教育的实践拓展

社会主义核心价值观的建设不仅依靠教育工作者的理论宣传以及大学生的

心理接受,更离不开实实在在的实践活动,只有将社会主义核心价值观的价值内涵置于切身的实践活动中,才能真正让这一理念落地生根,茁壮成长。因此,高校要自觉构建利于学生深化吸收社会主义核心价值观的校园实践活动,鼓励并助力学生深入社会、感知社会,积极参加社会实践活动,在实际行动中诠释社会主义核心价值观。

1. 以社会主义核心价值观指导大学生思想政治教育的校园实践活动

学校自成立起就肩负着有目的、有计划、有组织培养合格社会成员的重大使命,是众多社会组织中的一种特殊的、正式的、规范性的社会组织,是国家弘扬和实践社会主义核心价值观的主渠道。首先,高校领导班子要深刻理解社会主义核心价值观的基本内涵与要求,并将其融入学校日常的规章制度中,引导校园文化,同时严格把控学校中有背社会主义核心价值观的负面思想、负面言行,及时纠正。[3]其次,学校应在社会主义核心价值观的指引下,积极开展丰富多样的校园文化活动,以学生喜闻乐见的方式引导其自觉投身于社会主义核心价值观的校园实践活动中去,促进师生互动,提升学生主动性。最后,校园工作要贴近学生切身利益,贴近学生实际生活,时刻彰显社会主义核心价值观的引领,在评优扶困等学校工作中让学生感受到社会主义核心价值观的物质力量,在模范人物宣讲等教育活动中让学生感受到社会主义核心价值观的精神力量。

2. 以社会主义核心价值观指导大学生思想政治教育的社会实践活动

个体思想的形成与发展离不开社会实践,而其思想的正确与否也依赖社会实践加以检验。社会实践是人们树立正确世界观、人生观、价值观的根本途径。首先,高校教师要教育学生走出校园走向社会,深入基层,深入西部,深入到祖国最需要的地方去,用自身的知识储备和满腔热忱积极投身到祖国的建设活动中,用实际行动践行社会主义核心价值观。其次,高校应积极组织大学生参加主题调研、暑期"三下乡"及社会志愿服务等社会实践活动,使大学生真正感知社会现象,分析社会现实,在与社会交流的过程中自觉成为社会主义核心价值观的宣讲者和践行者,在社会各阶层各区域搭建社会主义核心价值观的传播平台。[4]最后,高校要与社会有关单位合作建立稳定的社会实践活动基地,为不同批次的大学生提供稳定的实习岗位以坚定其理想信念,锻炼其自身素质,从而增强教育活动的系统性和制度性,避免形式主义,保证社会主义核心价值观教育的顺利进行。

(上海大学　刘翔宇)

参考文献

[1] 高地.中国共产党社会主义核心价值观理论的探索与发展[J].东北师大学报(哲学社会科学版),2013(6).

[2] 李梁."慕课"与思想政治理论课教学模式创新[J].思想理论教育,2014(1).

[3] 山述兰.以社会主义核心价值观引领高校校园文化建设的策略研究[J].思想理论教育,2015(1).

[4] 郭彦雯,李志鑫.大学生社会主义核心价值观培育和践行的实现路径探析——以大学生社会实践为例[J].新闻世界,2015(3).

共享发展：人的自由全面
发展的时代诠释

[摘　要]　共享发展理念是马克思主义中人的自由全面发展理论在当代中国的理论形态，是社会主义中国的必然理论选择。在全面深化改革的时代背景下，共享发展理念明确了人的自由全面发展的具体内涵，提出了人的自由全面发展的现实路径，彰显了人的自由全面发展的价值意蕴，是马克思主义中人的自由全面发展理论体系的时代表达，是马克思主义中国化和时代化的新成果。

[关键词]　共享发展；人的自由全面发展；自由人联合体

　　马克思主义既一脉相承又与时俱进，时代性内涵和一致性意蕴，构成其富有张力的理论特性，这是马克思主义始终保持巨大历史穿透力的关键所在。人的自由全面发展理论是马克思主义的理论内核和精神实质，是人类解放的最高境界与必然归宿，它确立了马克思主义的立场、方向和性质。人的自由全面发展是历史的概念，它需要我们结合人类社会特定发展阶段来具体定位，否则就会"使思想本身，不是失去了作为关乎人的根本生存意义和价值的理论学说所应具有的规范和导向作用，就是丧失了理论与现实应有的间距和张力而显得平淡乏味"[1]。党的十八届五中全会提出的共享发展理念是中国特色社会主义理论体系的最新成果，是"人的自由而全面发展"理论在当代中国的理论传承和阶段性体现。充分认识和理解"共享发展理念"及其与"人的自由全面发展"的理论关联，诠释人的自由全面发展在当代中国的时代内涵，是保持马克思主义理论内在张力、发挥马克思主义对当代中国理论滋养作用的重要前提。

一、共享发展明确了人的自由全面发展的时代内涵

基于对人类社会发展规律和人类历史发展进程的深刻把握,马克思设想了"自由人联合体"的理想境界,设想在社会的共同管理下调节人类和自然之间的物质交换,从而为人的自由全面发展奠定基础。事实上,作为对人类社会的一种终极关怀和价值追求,人的自由全面发展既是历史的又是具体的,如同共产主义发展一样,它既是一个人类不断追求、永无止境的历史过程,又是在每一历史条件下阶段性呈现的具体状态,并不像某些西方马克思主义研究者认为的那样只是一个"乌托邦式的臆想"。如果说"革命战争时期,人的自由全面发展需要重点解决的问题是使人摆脱各种内外奴役,让中国人站起来;改革开放时期,人的自由全面发展需要解决的中心问题是走出物质贫困的泥淖,让中国人富起来"[2],那么,在全面深化改革的历史新阶段,人的自由全面发展需要解决的中心问题是让中国人强起来。实现人的自由全面发展不仅是马克思主义的出发点和价值追求,也是中国特色社会主义的本质要求被自觉融入到社会主义的发展理念之中。党的十八届五中全会提出"五大发展理念",其中作为出发点和落脚点的共享发展理念,不但具有深切的问题意识和时代关怀,而且是马克思人的自由全面发展理论在当代中国的思想形态。这里我们从主体、内容和过程三重维度来透视人的自由全面发展和共享发展理念的深刻内涵及其理论联系。

(一)主体维度的审视:总体性与个体性的辩证统一

马克思指出:"人是特殊的个体,并且正是人的特殊性使人成为个体,成为现实的、单个的社会存在物,同样,人也是总体,是观念的总体,是被思考和被感知的社会的自为的主体存在,正如人在现实中既作为对社会存在的直观和现实享受而存在,又作为人的生命表现的总体而存在一样。"[3]88因此,无论是就共享发展而言,还是就人的自由全面发展而言,作为主体的"现实的个人"[3]519都应该被理解为总体性和个体性的统一。就共享发展而言,其主体的总体性体现为主体的全面性,其个体性体现为共享主体的重点性。所谓全面性,就是要让全体人民共享改革发展成果。全民共享不仅包括使中国各阶层、各民族、各地区的人民都能享受到改革发展的成果,还包括全球化背景下对中国社会主义社会"世界历史

性个人"的培育和发展。此外,作为历史性存在的人民"既包括代内绝大多数社会成员,也包括代际那些潜在的社会成员。"因此,共享发展绝不是没有未来的"一锤子买卖",而是要兼顾当下和未来的可持续发展。所谓重点性,就是共享发展要侧重于重点群体尤其是弱势群体的共享。普遍的公平正义是人的自由全面发展的底线。由于市场竞争中的马太效应,以及由于禀赋、健康、能力等客观原因造成的人与人之间的差异和限制,导致一部分人群总是处于一种不利的地位,成为社会生活中的弱势群体。在社会主义体系中,作为社会中的一员,弱势群体应同样享受社会总体发展带来的利益,因为"人民共享发展成果"命题中的"人民"是包括社会各阶层在内的全体人民,这是实现社会主义公正和共享的关键。当然,人的自由全面发展并非意味着个体之间没有任何差异,全民共享也绝不意味着全民平均。个体禀赋、喜好和生存环境的不同决定了人的存在的多样性和差异性,从而形成了人类社会历史发展目标不断实现过程中的丰富性。全民共享就是要在保障每个人各得其所的同时把贫富差距控制在合理区间,"坚守底线、突出重点、完善制度、引导预期,注重机会公平,保障基本民生,实现全体人民共同迈入全面小康社会"[4]。

(二)内容维度的审视:全面性与自由性的辩证统一

人的自由全面发展的"全面"和"自由"是同一问题的两个方面,二者互相依存,互为目的。这里的"全面",是相对于人的片面或畸形发展而言的。马克思主义意义上的"全面发展"不仅包括作为个人的能力、素质、需要和个性等方面的全面发展,而且包括作为"类存在"的人的类特性和社会关系的全面丰富,以及人的各项权利的充分实现和人的精神境界的极大提升。人的需求的全面性决定了人民共享必然是多领域的全面共享,"即共享发展就要共享国家经济、政治、文化、社会、生态文明各方面建设成果,全面保障人民在各方面的合法权益"[5]136。这符合人的自由全面发展所需要的全部属性,是对人的自由全面发展理论的当代继承和发展。在马克思看来,自由全面发展的个人是历史的产物,要使个人的自由全面发展成为可能,"能力的发展就要达到一定的程度和全面性"[6]56。这种全面性不是凭空造就,而是需要在共享中"产生出个人关系和个人能力的普遍性和全面性"[6]56。同样,人的"自由"是相对于"必然"的生存状态而言。在"必然"性起支配作用的生存状态下,个人或者受到自然环境因素的任意摆布和支配,或者依附于某种强制的社会关系之中,总之是不得不压抑自己的真实需要和个性,处于一种非自觉自愿和非自主的状态,难以充分发挥人的独立性和创造性。"自由"表征的是人全面占有并且可以自觉发挥自己本质的一种生存状态,是实现了的人与人、人与自然、人与社会的协调统一。而共享发展理念提出全面共享五大领域在一定程度上彰显出人的自由全面发展的层次性。

(1) 经济领域的共享是基础。经济领域共享是满足人的生存需要的最基本条件。如果说,"让一部分人和一部分地区先富起来"是为了摆脱极端贫困的状态,防止"在极端贫困的情况下,必须重新开始争取必需品的斗争,全部陈腐污浊的东西又要死灰复燃"[3]358的发生,那么,共享发展理念的提出就是为了在新的历史机遇期,通过实现共同富裕,为人民的个性能力发展提供必要的物质前提和发展基础。

(2) 政治领域和社会领域的共享是保障。政治和社会是人丰富社会关系、提升能力素质的重要领域。在政治领域做出有效的制度安排,构建民主公正的竞争机制和政治参与平台,有利于推进人民更广泛、更有效的实现当家作主;在社会领域大力完善全面立体的社会保障制度,使每个人拥有平等发展的空间和机会,有利于使全体人民在共享发展中有更多获得感,实现全体人民共同迈入全面小康社会的目标。

(3) 文化领域和生态领域的共享是提升。文化共享要求均衡教育资源,提升国民的整体素质和社会文明程度,保障人民的基本文化权益,丰富人民的精神文化生活;生态共享要求构建环境治理和保护机制,全面贯彻绿水青山就是金山银山的基本理念,以建设美丽中国为基本目标,以实现中华民族永续发展为根本旨归,最终营造一种全民共建,全民共赢的生态共享模式。

(三) 过程维度的审视:目的性与过程性的辩证统一

人的自由全面发展是一个历史过程。在马克思那里,"现实的个人","不是处在某种虚幻的离群索居和固定不变状态中的人,而是处在现实的、可以通过经验观察到的、在一定条件下进行的发展过程中的人"[3]525。所以,自由全面发展的人是推动历史进步的人,人的自由全面发展也是历史过程中的发展。共享发展作为社会主义初级阶段建设的价值追求和既定目标,必然是一个从低级到高级、从不均衡到均衡的历史过程。

第一，共享发展这一渐进的历史过程不是被动地消极共享，而是主动地共建共享。人民群众蕴藏着巨大的力量和无穷的智慧，共享发展首先需要尊重人民主体地位，充分发扬民主，发挥人民主人翁精神。汇聚民智，激发民力，才能有效克服各种困难和挑战，推动经济社会又好又快发展。其次，需要尊重人民首创精神，提升经济社会发展的原动力，其表现为充分尊重劳动、尊重知识、尊重人才、尊重创造，解放思想、鼓励创新，支持大众创业、万众创新，最大限度释放人民的创造潜能，让一切创造社会财富的源泉充分涌流。总之，人民共建和人民共享相辅相成、不可分割。人民共享内在的要求是人民共建，人民共建是人民共享的前提，没有人民共建，人民共享就会成为一句空话。事实上，人民共享和共建过程培育的正是人的"自由个性"的本质属性，人的一定的自由个性和发展能力是更好的实现共享发展的重要因素。

第二，共享发展不仅要求共享发展成果，而且要求共享发展过程。具体来说，共享发展表现在发展的起点、过程和结果之中，就是共享发展权利、发展机会和发展成果。发展权利共享是共享发展的逻辑起点和先决条件，发展机会共享是共享发展的主要内容和关键所在，发展成果共享是共享发展的重要体现和必然结果。党的十八届五中全会强调"人人参与、人人尽力、人人享有"，就是要促进人和人之间的相互协作实现共建共享。共享发展过程就是在社会发展过程中保证每个人都有公平且平等参与的机会，过程中有共享，成果分配才更趋公平。正如马克思所指出的："分配关系和分配方式只是表现为生产要素的背面……分配的结构完全决定于生产的结构……就形式说，参与生产的一定方式决定分配的特殊形式，决定参与分配的形式。"[7]19共享发展绝不仅仅是发展成果的分配那么简单，而是存在于整个社会生产方式、生产力和生产关系的动态发展之中。因此，社会主义市场经济中的共享发展，是社会主义公有制为主体的前提下保证人民共享公平发展的机会，为未来人的自由全面发展创造条件。

二、共享发展提出了人的自由全面发展的现实路径

作为马克思主义的最高命题，人的自由全面发展的实现有其特定的历史阶段，因为"人类始终只提出自己能够解决的任务"[7]592。作为社会主义初级阶段

的中国,"人的自由而全面发展"是一种社会理想和价值追求。作为"人的自由而全面发展"进程中的一个阶段、一个过渡,中国特色社会主义为实现"人的自由而全面发展"创造条件,共享发展理念是这一发展进程中的理论创新。因为,共享发展体现社会主义本质、为实现社会主义充分发展奠定基础,是结合国情在人的自由全面发展进程中的具体路径与现实选择。当前,推进落实共享发展需要以社会生产力的发展(发达的生产力)为基础,以社会主义制度体系(先进的生产关系)为保障,以分配正义(合理的价值尺度)为关键。

(一)生产力发展是基础

马克思认为:"个人的全面性不是想象的或设想的全面性,而是他的现实关系和观念关系的全面性。"[8]36 要实现这一点"首先要使生产力的充分发展成为生产条件,使一定的生产条件不表现为生产力发展的界限"[8]36。也就是说,生产力的发展是实现人的自由全面发展的前提和基础。新常态下,我国经济增速放缓,结构调整快速推进,"共享共建"成为新一轮经济增长、生产力提升的重要方式。共享发展通过提高劳动者对物质产品和生产要素的占有比例,来重构生产要素,打破了束缚生产力发展的生产条件桎梏,必然进一步增强社会成员共同参与社会再生产的积极性和凝聚力。换言之,共享发展中分配形式的调整将会有效发挥生产关系对生产力的反作用,促进生产力和生产关系的协调发展。否则,一旦缺失了高度发达的生产力,劳动者共享劳动成果就会沦为无源之水和无本之木。正是在这个意义上,马克思说"发展不仅是在旧的基础上发生的,而且就是这个基础本身的发展。这个基础本身的最高发展……是达到这样一点,这时基础所达到的形式使其能和生产力的最高发展,因而也和个人(在这一基础的条件下)的最丰富的发展相一致"[8]35。

生产力是人类改造自然和征服自然的一种力量,作为生产力的构成要素,劳动者是最具能动性和创造性的要素,劳动者的"活"劳动是价值的唯一源泉,是物化劳动生成的前提,在生产力发展中处于核心地位。现实中不存在脱离人的活动的社会生产力,人的发展本身就是生产力的发展。具体到共享发展与人的关系而言:第一,共享发展的主体是人。人的素质、能力、精神面貌是社会生产力发展的内在要素,人的发展程度与社会生产力发展程度成正比。因此,在"大众创业、万众创新"中让一切劳动、知识、技术、管理和资本的活力竞相迸发,让一切创造社会财富的源泉充分涌流,共享发展所要求的"各尽所能""共建共享"恰恰是实现社会发展与生产力发展和个人发展一致性的现实选择。第二,共享发展的目的也是人。以生产力发展为手段的人的发展是推动社会社会文明进步的真正目的,同时,以人的发展为价值尺度的生产力发展是实现这一目的的真正动力。共享发展说到底是人的发展。而共享发展新理念之"新"就体现为它旨在将生产力的发展与人的发展有机结合起来,并使二者实现良性循环:在生产力的发展过程中人的本质力量不断创造和升华,人不断找到自己的生命价值,确立自己的人生意义,丰富人的内在本质;同时,闲暇时间、能力、素质的提升必然会促进社会科技水平、生产效率的提高,使人的本质力量的发展转化为促进生产力的进一步发展的主体力量。

(二) 社会主义制度体系是保障

生产力的充分发展是保证共享发展的物质基础,除此以外,实现共享发展还取决于与生产力密切相关的社会生产关系的性质。习近平总书记指出:"治理国家,制度是起根本性、全局性、长远性作用的。"[9]落实共享发展,归根到底要依靠更有效的制度安排提供保障力和驱动力。在我国具体表现为:

首先,必须坚持以公有制为主体的基本经济制度。"公有制主体地位不能动摇,国有经济主导作用不能动摇,这是保证我国各族人民共享发展成果的制度性保证。"[10]社会主义的本质要求公有制的主体地位,这是全体人民共同占有生产资料,从根本上消除了人对人的剥削关系,实现共同富裕的基本经济制度保证。同时,社会主义初级阶段的基本国情决定我们也要坚持多种所有制共同发展,毫不动摇地鼓励、支持、引导非公有制经济发展,保证各种所有制经济依法平等使用生产要素、公平参与市场竞争、同等受到法律保护,这是迅速提高我国生产力发展水平的现实手段。

其次,是必须坚持以按劳分配为主体的基本分配制度。在以公有制为主体、多种所有制经济共同发展的社会主义初级阶段,以按劳分配为主、多种分配方式共存,是我国现阶段的基本分配制度。这种分配制度是和以公有制为主体的基本经济制度相互配套、相互关联的,二者不可分割、缺一不可。缺失基本分配制度,基本经济制度难以彰显社会主义的基本属性;缺失基本经济制度,单纯在分配问题上做文章,则是马克思《哥达纲领批判》中曾严厉反对的庸俗社会主义的做法。

最后,是必须坚持建立健全中国特色社会保障制度。"现代社会保障制度的核心价值理念是公平、正义、共享。"[11]因此,实现共享发展需要在社会主义基本经济制度和基本分配制度的基础上,充分调动社会力量,创新社会治理模式,提升社会治理水平,完善社会治理机制。具体就是坚持普遍统一、互助共济和可持续发展的基本原则,尽快建立健全以社会救助、社会保险和社会福利为主体的社会保障体系,同时在社会信用、社会保险、社会慈善、社会安全等领域完善社会治理格局,从而循序渐进地满足国民的经济保障、服务保障和精神保障需求,实现保障制度的多层次、高水平、全覆盖,实现人人公平地享有全面、有效的社会保障及相关服务。

(三)分配公正是关键

马克思说:"问题就是时代的口号,是它表现自己精神状态的最实际的呼声。"[12]在当代中国现代化进程中,出现了众多常态或非常态问题。其中核心问题之一就是"我国经济发展的'蛋糕'不断做大,但分配不公问题比较突出,收入差距、城乡区域公共服务水平差距较大。在共享改革发展成果上,无论是实际情况还是制度设计,都还有不完善的地方"[13]。因此,如何在共享发展中实现分配公正成为摆在我们面前的重大问题。如何理解这里的分配公正呢?第一,这里的分配公正并非是狭义的经济层面的分配,而是涉及收入、权利、机会、规则等多个维度的广义的分配,这一点正好契合了共享发展的全面性。第二,这里的分配公正并非是追求绝对的公平,而是力求在充分发挥按劳分配的历史作用的同时,使每个人得其应得。第三,这里的分配公正并非仅仅是一种理念,它还是一种基于生产实践的制度设计。基于这样的认识,作为当代发展理念的新成果,共享发展为社会分配提供了基本的价值尺度,同时,公正的社会分配为共享发展培育了良好的现实土壤。

通过一系列的理念设计和制度安排,破除阻碍生产发展、损害群众利益和阻碍共享发展的因素,充分调动劳动、知识、技术、管理、资本要素,挖掘一切能创造社会财富的源泉,让发展成果更多、更公平地惠及全体人民,成为在共享发展中实现分配公正的历史途径。然而要实现这一点就需要我们做到以下几点:

第一,构建科学合理的收入分配调节机制。经济发展新常态背景下,突出消费对于经济增长的引擎功能,需要以"提低、扩中、调高"为导向制定分配政策,切实提高居民收入,为共享发展成果提供最直接的保障。

第二,全面完善社会保障机制。如果说收入分配体系是让老百姓有钱花,那么社会保障机制就是让老百姓敢花钱。社会保障在今天已经成为现代社会中的内在要求和必要机制,是调节社会分配,维持社会稳定,彰显社会公平正义、实现共享发展应有的基本价值追求。

第三,建立以全方位、多元化为主体的公共政策调节系统。通过教育均等、医疗公正、就业公平等更加具有广泛性和包容性的"社会分配"来实现"发展成果的人人共享",而不是仅限于"经济分配"领域,这就需要以公共政策为媒介对社会资源和社会利益进行权威性分配。公正的分配可以让人们在尽可能公平地享有社会发展成果中接受教育、参与劳动并张扬自己的个性,在坚定自我发展动力的同时增强自身存在感进而促进人的自由而全面发展。

三、共享发展彰显了人的自由全面发展的价值意蕴

马克思认为,人类社会发展的最高价值追求是实现"自由人的联合体",实现"自由人的联合体"就要以实现人的自由而全面发展为前提。"一种发展理念反映着一种时代精神、实践理性和价值取向,它引导着一个国家、民族的发展潮流,对社会发展产生重大而深远的影响。"[14]尽管共享发展具有鲜明的时代特色,是社会主义初级阶段的发展理念,但同样体现出追求人的自由全面发展的价值向度。就价值基点来看,共享发展彰显了以人民为中心的发展理念;就价值内核来看,共享发展体现了人的现实本质与理想本质的辩证统一;就价值指向来看,共享发展契合了"自由人联合体"的价值理想。

(一)价值基点:彰显了以人民为中心的发展理念

共享发展理念坚持以人民群众为中心,这是共享发展理念的价值基点,其价值目标的最终指向始终是人的自由全面发展。习近平总书记指出:"人民是创造历史的动力,我们共产党人任何时候都不要忘记这个历史唯物主义最基本的道理。"[5]128共享发展作为社会主义的本质要求,在发展主体、发展目标、发展动力、发展布局、发展旨向等各方面始终贯穿着以人民为中心的红线,真正回答了"为

谁发展,由谁享有"这个最具根本意义的问题,体现了马克思主义社会发展理论的核心要旨。在资本主义社会,发展主体与发展成果享有者之间的不完全统一引发了作为手段的人和作为目的的人的错位与偏差。在马克思看来,人既是手段,更是目的;人既是社会发展的逻辑起点,又是社会发展的逻辑终点。马克思提出:"代替那存在着阶级和阶级对立的资产阶级旧社会的,将是这样一个联合体,在那里,每个人的自由发展是一切人的自由发展的条件。"[7]53中国特色社会主义道路是基于对资本主义社会的现实批判,是向未来理想社会迈进的历史中介。虽然,"发展是人类社会的永恒主题,但是发展本身不是也不能成为目的,发展必有其价值指向。价值指向不同,发展结果迥异"[15]。所以,共享发展如何彰显其以人民为中心的价值主体性,不仅关系到中国特色社会主义事业的成败而且关系到马克思主义价值理想的实现。

以人民为中心的发展思想在基本立场上坚持发展为了人民,在方法论上坚持发展依靠人民,在价值观上坚持发展成果由人民共享。我们要在发展的同时坚守发展的根本价值追求,把发展的价值性和科学性统一起来。一方面,缺失科学性根基的发展必然是不可持续的;另一方面,失去了价值关照的发展也必将失去意义。共享发展理念既蕴含着丰富的人学意蕴,体现了以人民为中心的价值基点,通过丰富的实践内涵和具体的落实机制又充分体现其科学性。唯有如此,才能真正代表人民的现实利益和根本利益的统一,实现全体人民朝着共同富裕的美好生活稳步前进。

(二)价值内核:体现了人的现实本质与理想本质的辩证统一

"基于实践观点的现实性与超越性的辩证统一"是马克思哲学最核心的理论品质之一。一方面,马克思称之为"自由王国"的人的理想生存状态,是人之为人的"应然"状态的充分体现,是超越于现实生活的人的自由个性的全面展开。另一方面,马克思强调必须从人的生活实践出发去探求"必然王国"中人的"实然"状态,因为脱离了社会实践,对人的本质的把握就会沦为空中楼阁。马克思认为,人的本质的实现大体分为三个阶段:第一阶段是在"狭小的范围内和孤立的地点上"发展着的"人的依赖关系";第二阶段是"以物的依赖性为基础的人的独立性";第三阶段是"建立在个人全面发展和他们共同的社会生产能力成为他们的社会财富这一基础上的自由个性"。马克思认为只有在第二阶段"才形成普遍的社会物质变换、全面的关系、多方面的需要以及全面的能力的体系",并且"第二个阶段为第三个阶段创造条件"[6]52。马克思曾说:"理论在一个国家实现的程度,总是决定于理论满足于这个国家的需要的程度。"[3]459基于当代中国处于"第二阶段"的基本国情,共享发展理念因循马克思主义的价值指向,是体现人的现实本质与理想本质辩证统一"使人成为人"的过程。按照马克思的观点,人的本质至少需要从三个向度去理解:劳动、社会关系的总和以及人的需要。[16]

首先,人的本质是自由自觉的活动即劳动。在马克思看来,劳动不仅是人之为人的根本要素,而且还是人获得发展的根本途径。共享发展不仅讲求"全民共享""全面共享"而且力求"共建共享",即"人人参与""人人尽力",从而最大可能地给每个人以平等的参与劳动、平等获取劳动成果的机会,实际上就是使人不断提升人的劳动的自由性和自觉性。

其次,"在其现实性上,人的本质是一切社会关系的总和"。在社会主义初级阶段,共享发展倡导社会成员不仅共享发展成果,而且共享发展过程;不仅在共享发展成果中增强获得感,而且在共享发展过程中丰富自己的社会关系,使"人以一种全面的方式,也就是说,作为一个完整的人,占有自己的全面的本质"[17]123。最后,人的本质即人的需要。在马克思那里,人的需要不仅是人的一种"天然必然性"[3]439,而且是人的一种"内在的必然性"[17]129。所谓天然必然性,是指人的生命活动从需要开始,人的需要依赖于人生存于其中的对象世界。所谓内在的必然性,是指人的本质的实现要通过人的需要的实现表征。共享发展不仅促使个人生产活动为全社会共同使用和占有,而且使得全社会的整体发展为个人的个性发展服务,最终逐步削弱乃至超越人对人以及人对"物"的依赖状态。

(三)价值指向:契合了"自由人联合体"的价值理想

马克思指出:"只有在共同体中,个人才能获得全面发展其才能的手段,也就是说,只有在共同体中才可能有个人自由。"[3]571而这一共同体不是人的抽象的聚集形式,"在那里,每个人的自由发展是一切人的自由发展的条件"[7]53。一方面,"自由人联合体"是基于社会成员的独立自主结合而成;另一方面,人与人之间不是处于分离、对立状态,而是彼此共存、互相依赖和共同发展的关系。"各个人在自己的联合中并通过这种联合获得自己的自由"[3]571,即在"自由人联合体"

中，人们将重新支配生产和交换等各类社会关系，各种异己的关系伴随着私有制的解体而被消亡。同时，每个社会成员共同拥有生产资料，社会有计划地组织生产活动，"每一个成员不仅有可能参加社会财富的生产，而且有可能参加社会财富的分配与管理，并通过有计划地组织全部生产，使社会生产力及其成果不断增长，足以保证每个人的一切合理的需要在越来越大的程度上得到满足"[18]。共享发展既是当代中国的政策指向，又蕴含着人类未来发展理念，与马克思所设想的"自由人联合体"具有价值理想的一致性。财富的共享是消除社会分层化、实现自由人联合的物质基础。而共享发展意味着以人道主义原则，公正合理地分配社会资源和发展机会，打破少数群体对资源与财富的垄断，使人摆脱对他人或者他物的依赖，在发展的效率与公平之间保持合理张力，为培育真正的共同体奠定经济基础。此外，价值观和信仰的共享是推进"自由人联合体"形成的精神力量。相对于物质财富，知识、信仰、传统、习俗对人与人之间个体界限的意义可能更为深远。因此，在交往中增加了解，在互动中互通有无，在共享中相互借鉴，逐步形成共同的文化认同和社会认同，对于彼此积极融入共同体具有不可替代的文化意义。

虽然马克思没有对"自由人联合体"的具体内容和形式进行详细阐释，但是遵循马克思主义的基本精神，我们会发现"共享既是传统共同体存在的基本特征和规则，也是构建新共同体的合理途径"[19]。共享发展，是个人自由发展与社会整体发展的相互促进、相互融通的关系模式，是促进"一个更高级的、以每一个个人的全面而自由的发展为基本原则的社会形式"[20]。在这个意义上，共享发展理念是向人的自由全面发展迈进的当代选择，它不仅彰显了中国共产党（"自由人联合体"）以共产主义为最高理想的价值追求，而且体现出以习近平总书记为核心的党中央的历史担当。

（兰州大学　李新潮）

参考文献

[1] 韩庆祥,亢安毅.马克思开辟的道路——人的全面发展研究[M].北京：人民出版社，2005：105.

[2] 喻中.人的自由而全面发展过程的基本特点[J].探索,2002(5).

[3] 马克思,恩格斯.马克思恩格斯文集:第1卷[M].北京:人民出版社,2009.

[4] 中国共产党第十八届中央委员会第五次全体会议文件汇编[G].北京:人民出版社,2015:19.

[5] 中共中央宣传部.习近平总书记系列重要讲话读本(2016年版)[M].北京:学习出版社,人民出版社,2016.

[6] 马克思,恩格斯.马克思恩格斯文集:第8卷[M].北京:人民出版社,2009.

[7] 马克思,恩格斯.马克思恩格斯文集:第2卷[M].北京:人民出版社,2009.

[8] 马克思,恩格斯.马克思恩格斯全集:第46卷[M].北京:人民出版社,1980.

[9] 张雅勤.实现共享发展的有效制度安排[N].光明日报,2016-4-13(13).

[10] 习近平.习近平:立足我国国情和我国发展实践发展当代中国马克思主义政治经济学[EB/OL].(2015-11-24)[2015-11-25].http://www.xinhuanet.com/politics/2015-11/24/c_1117247999.htm.

[11] 郑功成.中国社会保障改革与未来发展[J].中国人民大学学报,2010(5).

[12] 马克思,恩格斯.马克思恩格斯全集:第40卷[M].北京:人民出版社,1982:289.

[13] 习近平.在党的十八届五中全会第二次全体会议上的讲话(节选)[J].求是,2016(1).

[14] 丰子义.发展的呼唤与回应:哲学视野中的社会发展[M].北京:北京师范大学出版社,2009:3.

[15] 辛鸣.论当代中国发展战略的构建[J].中国特色社会主义研究,2016(1).

[16] 赵家祥.马克思关于人的本质的三个界定[J].思想理论教育导刊,2005(7).

[17] 马克思,恩格斯.马克思恩格斯全集:第42卷[M].北京:人民出版社,1979.

[18] 马克思,恩格斯.马克思恩格斯文集:第3卷[M].北京:人民出版社,2009:460.

[19] 魏波.以共享构筑新中华共同体的认同基础[J].科学社会主义,2015(4).

[20] 马克思,恩格斯.马克思恩格斯全集:第44卷[M].北京:人民出版社,2001:683.

中国道路与全球治理

从中国对"逆全球化"问题的科学解释论中国道路对全球治理的新贡献

[摘 要] 自2008年金融危机爆发以来,全球经济发展出现失速和失衡,特别是从英国脱欧计划和特朗普当选美国总统以后,经济全球化遇到了一系列新问题和新挑战,西方发达国家出现了明显的"逆全球化"倾向。作为经济全球化的坚定支持者和重要参与者,针对西方国家的反全球化思潮,中国旗帜鲜明地提出了要坚决反对贸易保护主义,要正确理性看待全球化,要倡导合作共赢的全球治理理念,打造以共商、共建、共享为导向的全球治理机制,创新以"一带一路"为抓手的全球治理模式,这对"逆全球化"问题作出了科学解答,为推动全球治理模式变革和构建新的全球治理机制作出了新贡献。

[关键词] 中国道路;全球治理;逆全球化

自2008年世界金融危机爆发以来,全球经济经过了近九年的恢复调整,不但没有迎来理想的复苏和增长,反而陷入了持续的结构性低迷,并逐渐显现出"逆全球化"的趋势,主要表现为投资贸易保护主义不断升级、全球多边治理机制不振、各类区域性的贸易投资协定碎片化,以及欧美的移民政策、投资政策、监管政策等朝着"逆全球化""反全球化"和"去全球化"的方向发展。[1]当前"逆全球化"思潮的不断蔓延,是以美国为首的西方资本主义国家对其推动的全球化战略的主动收缩,是基于全球化进程中利益分配不满的反映,也是美国主导全球治理能力和治理意愿趋于下降的表现。全球化和全球治理的发展进程表明,全球治理适应全球化发展,是全球化顺利推进的关键,国际社会需要一个利益结构合理的全球化和权力结构协调的全球治理。当代全球化进程将逐渐由新兴市场国家和发展中国家提供主要动力,中国作为全球第二大经济体和最大的发展中国家,有能力、有必要对"逆全球化"问题进行科学解答,努力推动新型的全球化和全球治理的形成。

一、"逆全球化"及其产生

所谓"逆全球化",是指由于世界经济复苏乏力,在全球贸易持续低迷的情况下,一些西方发达国家出现的以政治保守主义、经济保护主义、外交孤立主义和社会民粹主义为代表的与全球化历史发展潮流反向而行的一种思潮和行动。[2] 先前学术界称之为"反全球化"现象,后来逐渐被社会公众称为"逆全球化",本文视二者意义等同。从目前情况来看,这种思潮和行动严重阻碍了产品与要素在国际间的自由流动,损害了以中国为代表的新兴经济体和广大发展中国家的贸易利益,"逆全球化"问题已经成为世界经济动荡和不确定性因素的主要来源。[3]

二战结束以后,通过 1944 年《布雷顿森林协定》的签订,美国构建起了一个以美元为中心的全球货币体系,再加上后来相继成立的国际货币基金组织、世界银行和关贸总协定(即 WTO 的前身)三大国际机构,美国迅速建立起了一个处于自己完全主导下的全球治理体系,即布雷顿森林体系。这个体系在一定时间内、一定程度上为各国提供了开放合作的环境,促进了国际分工水平提高,推动了国际贸易和各国生产力的迅速发展。20 世纪 70 年代后,随着布雷顿森林体系的瓦解,新一轮科技革命和产业革命迅猛发展,大量资本的跨境流动、众多国际组织的相继建立、跨国公司的大规模发展以及国际合作的深入开展使经济全球化得到了更加深入地推进。

至 20 世纪 90 年代,随着全球化的不断深入,发展中国家的生产力水平得到极大提升,一些跨国公司为了获取高额利润,规避劳动成本(包括工资、税收、福利、环境保护等支出),不断将劳动密集型产业转移到发展中国家,由此推动了发达资本主义国家的产业升级,出现了知识经济、信息经济的新浪潮。随后,跨国公司又进一步将部分研发、管理、营销部门转移到发展中国家,从而加剧了发达国家的实体经济流失,表现出了严重的产业空心化,特别是美国越来越依赖用表面看似繁荣的虚拟经济来维持经济增长。同时,实体经济的缺失还引发了发达国家失业率急剧增高,这一时期西方主要资本主义国家的失业率都维持在10%左右,虽然在经济高速增长时期社会福利起到较好保障作用,并未使社会因失业率的急剧增高而引发剧烈的动荡,但日益扩大的贫富差距却为后面的危机爆发埋下了一颗定时炸弹。随着2008年金融危机爆发,全球经济萎缩,通过高税收、高福利来缓和社会矛盾的福利政策逐渐失效,政府只能依靠借债维持,最终导致欧洲债务危机的全面爆发,这标志着西方资本主义国家发展的黄金时代正式结束。

在这些背景下,表现为民粹主义、保护主义、孤立主义的"逆全球化"思潮和行动在西方国家呼声四起。在过去的几年间,西方国家的全球公共政策正在从强调释放市场力量的新自由主义向主张社会保护的封闭主义转变;从长期以来对战后由美国主导的威尔逊自由主义国际秩序的支持,向日益增长的孤立主义转变。显然,西方资本主义世界已经处于全球化进程中的一个历史转折点。

二、"逆全球化"问题的成因

"逆全球化"风潮与全球贸易保护主义迭起并不是历史偶然现象,而是有着深刻的时代背景,与全球化带来的一些问题密切相关,即世界贸易的扩散加剧了不同国家和地区之间及其内部之间的不平等状况,其中最突出的表现就是社会分配不公与国家间发展不平衡。[4]

(一)"逆全球化"的政治原因是社会分配不公

从全球化发展进程来看,"逆全球化"的政治原因源于全球化过程中不同利益群体之间所产生的冲突,具体表现为受益群体和受损群体之间的冲突。在全球化过程中,市场力量被不断释放,经济资源在全球范围内的重新配置,使得国内不同社会群体所受的影响不同。表现为一部分人能从全球化中受益,如资本家、高级技工和职业白领等,因为他们直接或间接的参与着跨境经济活动,能够使自有资源跨境配置的利用效率达最高之处,而另一部分人则在全球化进程中整体受损,如低级技工和企业中下层管理人员,他们很难参与到跨境经济活动中来,因此很容易被其他跨境供给的工人所替代,他们在全球化过程中处于弱势,所以对大多数工人来说,全球化意味着工资收入、生活状况和社会地位将变得更不稳定,社会内部因此形成紧张的政治矛盾。[5]这也是各国的工人和中下层阶级成为反全球化主体的重要原因。

(二)"逆全球化"的直接原因是金融危机爆发

"逆全球化"现象产生的直接原因是金融危机的爆发。在经济繁荣、高速发展的时期,全球化过程中的受益群体和受害群体之间不平等程度相对较轻,贸易、就业、移民并不会成为一个严重的问题,更不会引发两种群体之间的剧烈对抗。但是在经济衰退的时期,全球化过程中的受益群体和受害群体之间不平等程度则会加深,并达到不可调节的程度,社会收入差距拉大等不平等现象的大量出现上升带来了激烈的反全球化、反移民运动的爆发。全球化中的利益受损者尽管在经济上处于弱势地位,但他们在政治上构成了选民中的大多数,当这个群体解决了"选择性激励"问题,那么他们就有可能不再沉默,会参与到政治活动中,因此在实行选举制的国家中,他们反全球化的要求不但能够获得广泛的同情,而且也能得到政府的支持,从而扭转日益扩大的不平等状况。

(三)"逆全球化"的根本原因是国家间发展不平衡

"逆全球化"产生的根本原因是国家间发展的不平衡,即各个国家在全球化过程中获益不平衡,以美国为首的西方国家反全球化是基于全球化进程中利益分配不满的反映。在全球化过程中,具有比较优势和竞争优势的国家,可以在全球化过程中扩大市场、增加商品出口,提高在全球的影响力,比如中国就在全球化的过程中大大提高了自身发展水平。但还有一些国家在全球化过程中竞争力明显不足,比如很多欧洲发达国家由于国内福利水平太高,所以制造业的竞争力就减弱,在全球化过程中出现产业外迁、产业空心化等问题,从而减弱了本国的经济实力。同时,在全球化的过程中外来移民会对本国的就业产生挤占效应。美国之所以反对全球化,就是因为美国政府觉得外来人口挤占了美国人的就业岗位,使得美国面临较高的失业率。因此,这些西方发达国家反全球化的根本原因就在于对全球化过程中获益不均衡的强烈不满。

三、中国对"逆全球化"问题的科学解答

面对全球化深入发展的趋势,中国始终高度关注并积极回应这一时代潮流,提出了许多重要论断。比如"经济全球化趋势是当今世界经济与科技发展的产物""我们需要的是世界各国平等、互惠、共赢、共存的经济全球化""必须把坚持独立自主同参与经济全球化结合起来",等等。不难看出,我们一贯认为经济全球化是一把"双刃剑",一方面,我们承认在科技进步引领下社会生产力加速发展,正在加深人类社会发展的联系和互动,经济全球化趋势不可逆转。另一方面,我们也看到了经济全球化既是一个主权国家对外开放的过程,也是一个少数发达国家同广大发展中国家在旧的国际规则下不平等竞争的过程。

对于近几年出现的"逆全球化"问题,中国积极的应对挑战,科学的予以解答,为全球治理模式变革注入新动力。在世界经济论坛2017年年会开幕式上,习主席发表了题为《共担时代责任 共促全球发展》的主旨演讲,旗帜鲜明地指出:"世界经济的大海,你要还是不要,都在那儿,是回避不了的。想人为切断各国经济的资金流、技术流、产品流、产业流、人员流,让世界经济的大海退回到一个一个孤立的小湖泊、小河流,是不可能的,也是不符合历史潮流的。"[6]与此同时,他还指出反全球化的呼声,反映了经济全球化进程的不足,值得我们重视和深思,"当世界经济处于下行期的时候,全球经济'蛋糕'不容易做大,甚至变小了,增长和分配、资本和劳动、效率和公平的矛盾就会更加突出,发达国家和发展中国家都会感受到压力和冲击"。应对"逆全球化"问题,推动世界经济开放发展和强劲复苏,不仅是中国自身发展的需要,也是国际社会特别是发展中国家对中国的期待,是大国的责任担当。

(一)推进以合作共赢为基础的全球治理理念

"弱肉强食、丛林法则不是人类共存之道。穷兵黩武、强权霸权不是人类和平之策。赢者通吃、零和博弈不是人类发展之路。和平不是战争,合作而非对抗,共赢而不是零和,才是人类社会和平、进步、发展的永恒主题。"习主席在《俄罗斯报》发表的题为《铭记历史,开创未来》的文章,向我们揭示了国际社会矛盾重重,不仅源于西方制度困境,更加来自价值理念层面的冲突。全球治理需要新

的理念引领,在国际社会宣扬中国的新理念,不仅是抵制"逆全球化"思潮的有力举措,更是为应对全球化困境提供新的思路和启示。

所谓合作,是化解矛盾和冲突、推动全球化进程的重要途径。随着全球化的发展,世界各国日益形成一个相互依赖的利益共同体,一国内部问题与国际问题相互影响和制约,两者之间的界限也日益模糊。在全球深度融合发展的今天,想凭借"逆全球化"的行动,解决世界性的经济问题、社会发展问题,是不可能的。保护主义、孤立主义只会激化矛盾,让世界经济持续低迷。一国自身的问题也往往需要依托外部力量的支持和配合才能得到有效解决。一国的增长和发展离不开外部经济的良好运行,在危机四伏、复苏乏力的世界中任何国家和地区都不可能独善其身。

所谓共赢,是指兼顾各方利益和关切,寻求利益契合点和合作最大公约数,让所有参与方都能够分享到付出努力带来的收益。互利共赢是中国政府坚持走和平发展道路的理性选择,是中国在新世纪抓住机遇应对挑战的智慧之路。持续发酵的区域冲突、难民问题,让人民愈发清醒地认识到,增长和繁荣不能只属于少数国家,追求世界经济的均衡增长,使各个国家和地区的经济一起驶入互利、双赢和共同繁荣的轨道才是明智之举。作为中国参与全球治理的核心价值之一,共赢不仅符合时代的要求,也反映了世界各国的现实需求。尽管各国参与全球治理的目标不尽相同,但这些目标之间具有不可分割的内在联系,这种内在联系的最终归宿是统一于世界各国的共同繁荣,让所有相关国家和人民平等分享全球化的成果。

(二)打造共商共建共享为导向的全球治理机制

习主席在世界经济论坛强调,要适应和引导好经济全球化,消解经济全球化的负面影响。这就表明,我们需要以审慎的眼光看待当前的全球化,改进全球化原有的形态,打造新型全球化。在中共中央政治局第二十七次集体学习中,中国首次提出"共商共建共享",这一设想是对全球治理成功经验和失败教训的扬弃,是非西方语境下的治理机制创新。

共商,即各国共同商议解决全球事务。在全球化深度融合的今天,人类已经成为你中有我、我中有你的命运共同体,利益高度融合,彼此相互依存。即便当前反全球化呼声四起,建立国际机制、遵守国际规则、追求国际正义仍然是多数国家的共识。中国一贯主张发展中国家和发达国家平起平坐，在制定治理规则上享有平等话语权。近年来，随着国际经济格局的变化，发展中国家在全球经济占比逐年攀升，这一主张更是得到广泛认同。2016年9月，20国领导人杭州峰会公报充分反映了发达国家与发展中国家的呼声和利益。

共建，即打造合作平台，共同应对全球性挑战。当今世界"逆全球化"问题已经成为全球性挑战，无论是发达国家、新兴经济体、还是其他发展中国家，在贸易保护主义卷土重来的形势下，损失惨重、无一幸免。"各人自扫门前雪"模式下的"逆全球化"是无法扭转经济持续低迷和各国经济体的复苏乏力。中国秉持"共商共建共享"理念提出的"一带一路"倡议试图打破困局。推进"一带一路"就是要寻找更多利益交汇点，把我国发展同沿线国家发展结合起来，把中国梦同沿线各国人民的梦想结合起来。

共享，即各国公平分享全球治理的成果和收益。对于传统国际经济组织存在的问题，习主席明确提出，要推动变革全球治理体制中不公正不合理的安排，推动国际货币基金组织、世界银行等国际经济金融组织切实反映国际格局的变化，特别是要增加新兴市场国家和发展中国家的代表性和发言权，推动各国在国际经济合作中的权利平等、机会平等、规则平等。[7] 一些发展中国家在世界银行和国际货币基金组织中股权和投票权的扩大，就是"共享"的重要一步。

（三）创新以"一带一路"为抓手的全球治理模式

作为"一带一路"建设的倡议国，中国有能力和意愿在基础设施建设、投资贸易便利化和金融合作等方面加强同沿线国家保持密切经济联系。"一带一路"沿线汇集60多个国家，以"五通"建设为主要内容，调动国际国内两种资源，统筹海陆两种文明，倡导共享、普惠、均衡发展思路，为沿线各国人民相互创造价值提供便利和条件，为推动全球化转型发展注入重要新动力。

"一带一路"所体现的正是在全球化浪潮中形成的三个重要因素，这些因素在一定程度上能够规避发达资本主义对全球经济的控制。第一，以信息技术为代表的生产力因素，能够有效突破各种保护主义的人为藩篱；第二，以跨国公司为代表的组织因素，作为全球化的最大受益者，跨国公司将是"逆全球化"最有力的反对者；第三，不属于发达资本主义阵营的国家，特别是在全球化浪潮中高速发展的金砖国家。充分利用这些积极因素，可以有效缓解"逆全球化"造成的不良影响。

　　四年来,"一带一路"建设成果丰硕。在政策层面上,"一带一路"建设旨在实现战略对接、优势互补。我们同有关国家协调政策,对接规划,同 40 多个国家和国际组织签署了合作协议,同 30 多个国家开展机制化产能合作。在设施联通方面,以中巴、中蒙俄、新亚欧大陆桥等经济走廊为引领,以陆海空通道和信息高速路为骨架,以铁路、港口、管网等重大工程为依托,一个复合型的基础设施网络正在形成。在贸易往来方面,2014 年至 2016 年,中国同"一带一路"沿线国家贸易总额超过 3 万亿美元,中国对"一带一路"沿线国家投资累计超过 500 亿美元,中国企业已经在 20 多个国家建设 56 个经贸合作区,为相关国家创造了近 11 亿美元的税收和 18 万个就业岗位。在资金融通方面,中国同参与国和组织开展了多种形式的金融合作,这些新型金融机制同世界银行等传统多边金融机构各有侧重、互为补充,形成层次清晰、初具规模的"一带一路"金融合作网络。与此同时,科学、教育、文化、卫生、民间交往等领域也开展了广泛合作。

　　总的来看,作为经济全球化的坚定支持者和重要参与者,针对西方国家的反全球化思潮,中国旗帜鲜明的提出要坚决反对贸易保护主义,正确理性看待全球化,倡导合作共赢的全球治理理念,打造共商共建共享为导向的全球治理机制,创新以"一带一路"为抓手的全球治理模式,对"逆全球化"问题作出了科学解答,为推动全球治理模式变革和构建新的全球治理机制作出了新贡献。

(国防大学　刘　威)

参考文献

[1] 陈伟光.逆全球化暗流与中国应对[N].中国社会科学报,2016-12-23.

[2] 陈伟光,蔡伟宏.逆全球化现象的政治经济学分析——基于"双向运动"理论的视角[J].国际观察,2017(3).

[3] 潘超伟.逆全球化现象的致因与中国对策研究[J].中学政治教学参考,2017(6).

[4] 徐坚.逆全球化风潮与全球化的转型发展[J].国际问题研究,2017(3).

[5] 郑春荣.欧盟逆全球化思潮涌动的原因与表现[J].国际展望,2017(1).

[6] 习近平.共担时代责任 共促全球发展——在世界经济论坛2017年年会开幕式上的主旨演讲[N].人民日报,2017-01-18(03).
[7] 习近平.推动全球治理体制更加公正更加合理 为我国发展和世界和平创造有利条件[N].人民日报,2015-10-14(01).

全球公域治理的现实困境与中国的战略选择

[摘　要] 全球公域是指不为任一国际行为体所拥有或控制而为全人类所共有、共享、共治的公共区域。冷战结束后,全球公域展现出从团体治理向全体治理转变,从区域治理向全球治理发展,从权力治理向制度治理过度等发展态势。近年来,全球公域治理尽管取得了明显成效,但是治理结构、治理制度、治理伦理等方面显露出的现实困境,妨碍了治理能力的提升和公域秩序的塑造。作为新兴大国,中国应该积极推动全球公域治理,在人力、资金和技术等物质的供应方面,在组织、机制和规则等制度的建设方面,在价值、伦理和观念等理念的革新方面提供全球公共物品,以助力全球公域治理成效的提升和全球公域秩序的塑造。

[关键词] 全球公域治理;现实困境;中国;战略选择

作为人类活动的"战略边疆""终极前沿",全球公域对世界各国的安全与发展极具战略价值。《中华人民共和国国家安全法》(2015年7月)明确提出,要"维护我国在外层空间、国际海底区域和极地活动、资产和其他利益的安全"。21世纪以来,部分大国在全球公域通过资源开采、科学探索、商业开发、军事活动乃至领土划界等方式,不断提高权力博弈与利益争夺的力度和频度,导致资源匮乏、环境污染、生态失衡、安全赤字、秩序混乱等公域问题不断涌现。在此形势下,如何实现全球公域的有效治理成为国际社会亟待应对的重要议题。鉴于此,我们需要回答的问题是:全球公域治理呈现何种态势?全球公域治理面临哪些困境?中国应该做出何种战略选择?本文拟就该些问题试做探析。

一、全球公域及其治理发展态势

（一）全球公域治理概念论析

作为物理空间，全球公域早已为人类所探索、开发、利用。作为学术概念，全球公域一词的出现则是晚近时期的事情。1968年，英国经济学家加勒特·哈丁发表了《公地悲剧》一文，较早地论及全球公域问题。他直言："全球海洋依旧因公地哲理的残存而受害"[1]。美国学者亚伯拉罕·丹马克认为"全球公域"概念最早由"海权论之父"阿尔弗雷德·马汉提出。[2] 冷战结束后，法学、公共政策、国际政治等领域的学者，从制度设计、决策机制、安全防务等维度推进了全球公域问题研究。随着认知能力的提升和科学技术的发展，国际社会在全球公域所开展的各种实践活动均不断进步，但就全球公域概念的界定尚未达成共识。在政治视角下，全球公域是指在国家管辖范围以外的区域和自然资产。[3] 在法律视角下，全球公域是指"所有国家均可以合法进入的资源领域"。[4] 在军事视角下，全球公域是指不为任一国家所控制，同时又为全部国家的安全和繁荣所依赖的领域或区域。[5]

综上可见，关于全球公域概念的界定几乎全部以主权为标准，失却了全球公域本该具有的公共性、公益性、公正性。我们认为，全球公域是指不为任一国际行为体所拥有或控制而为全人类所共有、共享、共治的公共区域，包括国际海底区域、公海、极地、国际空域、外层空间。[6] 应当指出，全球公域具有非主权性、非私有性、非排他性，但是人类对全球公域的探索、开发、利用使其展现由"公有物"向"无主物"转变的趋势。比如，深海、极地、太空等公域具有较高的参与门槛，部分大国因人力、科技、资金等方面的优势而能够在资源开采、科学探索乃至主权争夺方面争得"先入为主，先占先得"之私利。

作为客观的物理存在，全球公域有其客观性、恒定性、有限性，但是国际社会所产生的主观认知存有差异性、变动性、争议性。基于客观实力和主观意图的不同，各国际行为体对全球公域的性质、区域、功能等问题会产生多样、变化乃至迥异的认识。冷战结束后，美国基于护持霸权的战略需要，不仅力推"网络自由"而将其作为巩固全球霸权的抓手，还以"航行自由"为借口将南海视为"全球公域"。[7] 随着知识、科技、信息的发展以及实践能力的提升，国际社会对全球公域的认知与界定将更加全面、深刻。

（二）全球公域治理发展态势

第一，全球公域治理展现出从团体治理向全体治理转变的态势。联合国全球治理委员会将全球治理界定为"各种各样的个人、团体——公共的或个人的——处理其共同事务的总和"[8]。与此同理，全球公域治理亦应由各类属的个人、法人、国家来共同参与。二战结束后，部分国家凭借技术、资金、制度等方面的优势，不仅主导了太空安全、气候变化、大气污染的治理，还形成了环北极国家、航天大国集团、南极条约协商国等国际"俱乐部"。比如，在气候变化治理领域存在"基础四国""小岛屿国家联盟""77国集团和中国"等国际利益团体。反差明显的是，某些国际行为体因面临知识局限、技术不成熟、公域边界未定等问题，缺乏参与公域治理的意愿和能力。历史与现实表明，全球公域治理部分治理者的集体利益与全人类的整体利益相去甚远甚至相互对立。冷战结束后，国际权力的转移与流散加快了全球公域治理从个体行为向集体行为再向全体行为的转变，为实现公域问题的全球治理、全体治理提供了可能。全球公域治理呼唤全人类的共同参与和协力推进，治理者的全球化、全体化乃治理发展的必然趋势、应然图景而不可逆转。随着全球化的日益深化和全球公域问题的不断凸显，各类属的公域治理者将"自主组织"起来[9]，逐渐增强治理的自主性、自觉性、合作性。

第二，全球公域治理展现出从区域治理向全域治理发展的态势。在时序上，全球公域治理总体呈现出日益拓展、不断深化的发展态势，这既有赖于人类认识与科技的发展，又深受治理者利益偏好与行为选择的影响。二战结束后，全球公域治理的议题选择通常为大国所主导，阻碍了公域治理的进展。毋庸置疑，任何国际行为体参与公域治理皆以获取、增进自身利益为根本遵循。该时期，霸权主导下的全球公域治理以资源问题、安全问题为核心。比如，美国和苏联基于争夺霸权和军备竞赛的战略需要，将国际空域视为自由活动的"专属区"。对比明显的是，其他国家因缺乏人力、资金、科技等方面的能力，几乎无法进入，更遑论治理国际空域了。冷战结束后，全球经济发展与科技进步降低了人类进入全球公域的门槛和参与公域治理的成本。该时期，全球公域治理的焦点展现出由资源环境问题向资源问题、环境问题、生态问题、安全问题、主权问题转变的明显趋势。2013年5月10日，美国颁布的《北极地区国家战略》报告指出，安全维护、资源和商业的流通、环境保护、保障原住民需求、加强科研是美国在北极地区的核心利益所在。[10]应当指出,美国参与公域治理有着明显的选择性、目的性,通常借助制度构建、议题设置等手段,将自身的利益诉求与行为偏好嵌入治理议程。比如,美国在公海治理中主要关注资源开采、军事安全、航行自由等问题,淡化乃至无视环境污染持续、生物多样性降低等问题。

第三,全球公域治理展现出从权力治理向制度治理过度的态势。目前看来,权力治理和制度治理是推动全球公域治理进展的两大主导逻辑。现实表明,全球公域治理制度的创建与改革通常滞后于治理权力的分配与变动,不能适时、完整地反映变化了的国际权力格局。二战结束后,全球公域逐渐转变为少数大国进行权力博弈和利益纷争的战略平台,全球公域治理亦几乎为权力政治所绑架。该时期,全球公域治理尽管是借助于各类型的治理制度,但其实质上充斥着权力政治、大国治理的鲜明特征。换言之,全球公域治理制度已沦为世界大国进行权力斗争的工具,表征着鲜明的权力政治思维和霸权行为逻辑。冷战结束后,国际制度迎来了快速发展的时代良机,为全球公域治理由权力主导向制度主导的转变提供了机遇与可能。在全球公域治理领域,公域治理制度能够积聚参与者的诉求与偏好,汇聚成员的合力与意志,降低个体治理者在人才、资金、科技等方面难以承担的成本与难以跨越的门槛,进而推动公域治理更具合法性、专业性、规范性。作为国际公共物品,全球公域治理制度既是汇聚国际合力的有效平台,又是推进公域治理的合法基础。应当指出,尽管现行全球公域治理机制尚未完全脱离权力政治色彩,但是制度驱动而非权力驱动、制度本位而非权力本位终将演变为公域治理的主导逻辑。

二、当前全球公域治理的现实困境

(一)全球公域治理的结构困境

全球化时代,各参与者共同、公正、合理地分享治理权力、设定治理议题,这是实现全球公域有效治理的重要保障。遗憾的是,全球公域治理结构存有权力非均衡化问题,呈现为明显的"中心—外围"模式。

第一,大国与小国之间存在公域治理权力失衡问题,形成大国中心治理模式。二战结束以来,国家行为体内部的全球公域治理权力分配始终处于失衡状态。比如,深海、极地、太空等领域的治理实践催生了"大国俱乐部",大量中小国家非但难以成为治理主体,反而易于沦为治理客体而被排斥在治理实践之外。进而言之,某些全球公域已然异化为大国争权夺利的战略平台。在全球公域治理格局中,大国通常占据核心地位而中小国家则处于边缘地带,致使公域治理失却了本该具有的公正性、代表性、合法性。其中,部分大国通常以能否获取、增进自身利益为原则来选择参与全球公域治理的力度和程度。比如,美国不但拒绝承担应对气候变化问题的相应责任,反而先后退出《京都议定书》和《巴黎协定》两大具有法律约束力的气候协议。

第二,守成大国与新兴大国之间存在公域治理权力失衡问题,形成霸权中心治理模式。冷战结束后,各大国内部的全球公域治理权力分配处于失衡状态。在太空安全治理领域,美国早已展现出明显的单边主义倾向和霸权主义行径,导致各大国争夺治理主导权的博弈与竞争不断加剧。21世纪以来,尤其是自2008年国际金融危机爆发以来,国际权力结构产生了明显的质性变化。应当指出,新兴大国迅速提升的综合实力并未转化为相应的国际权力和国际影响力。在全球公域治理领域,新兴大国总体上较少享有相应的公域治理话语权、主导权,实质上仍处于"受制于人"的状态。比如,现行太空治理①机制主要是冷战时期美国和苏联两大霸权国构建的,打上了深深的霸权主义和强权政治烙印。

第三,国家行为体与非国家行为体之间存在公域治理权力失衡问题,形成国家中心治理模式。二战结束后,国际组织的迅速发展为非国家行为体参与公域治理搭建了良好平台,但是公域治理权几乎仍为国家所掌控。冷战结束后,国际权力加快了从国家向非国家行为体的流散和转移,但是并未有效提升非国家行为体在全球公域治理中的主体性和代表性,反而加剧了治理的合法性危机。[11]换言之,现行全球公域治理机制实质上仍是民族国家体系的外在体现、外化形态。比如,《南极条约》因仅对国家开放而使得国际组织、跨国企业、公民个人无

---

① 关于太空治理的五大条约均成立于冷战期间。五大太空条约是指《关于各国探索和利用包括月球和其他天体的外层空间活动所应遵守原则的条约》(1967年)、《营救宇航员、送回宇航员和归还射入外层空间的物体的协定》(1968年)、《空间物体所造成损害的国际责任公约》(1972年)、《关于登记射入外层空间物体的公约》(1975年)和《指导各国在月球和其他天体活动的规定》(1979年)。

法参与治理活动。现实表明,全球公域治理权的失衡不仅限制了非国家行为体参与公域治理的自主性、主体性、代表性,还致使公域治理失却了本该具有的全球性、整体性、公正性。

(二)全球公域治理的制度困境

后冷战时代,全球公域治理制度的创建与改革明显滞后于国际权力的转移与流散,以致不仅不能与公域治理权力相匹配,还难以克服供应不足、执行不力、效力不高等痼疾。

第一,全球公域治理制度存在供应不足的问题。二战结束后,国际社会尽管就生物保护、气候变化、太空活动等问题制定了相关治理制度,但是仍无法遏制公域问题涌现的势头。冷战结束后,全球公域治理尽管获得了更多的制度支撑,但是仍未彻底消除"制度赤字"问题。一方面,传统大国供应治理制度的能力和意愿下降,导致某些区域或领域处于无法可依、无章可循的境况。另一方面,大国争夺制度主导权的斗争导致制度建设困难重重。自21世纪以来,大国在全球公域治理领域的权力博弈和利益争夺并未消失,反因制度安排而催生出形态各异的"变种"。近年来,美国将自身主导的网络空间治理制度视为护持网络霸权、增进既得权益的工具,遏制新兴国家改革相关治理制度。[12]

第二,全球公域治理制度存在执行不力的问题。冷战结束后,全球公域治理制度日益展现出碎片化、脆弱化的发展态势,严重影响了相关治理制度的实施,进而导致北极地区、外层空间、网络空间等公域深处失序乃至无序的境地。一方面,现行治理制度存有"合法性危机",直接妨碍了治理制度的遵守程度。其中,传统大国将权力制度化,并以"非中性"制度设置治理议程,以是否有利于自身利益而有选择地执行治理制度。比如,美国为追求自身绝对安全而不肯签署太空非军事化条约,致使太空军控没有实质进展。另一方面,部分公域治理制度发展滞后,未关涉公域新问题而影响了履约状况。比如,《联合国海洋法公约》因没有关涉海洋生物勘探问题,而未及时提出治理新规则。

第三,全球公域治理制度存在效力不高的问题。冷战结束后,全球公域治理制度频频出现低效、失效乃至失灵的问题。近年来,"蓝色圈地运动"方兴未艾、太空军备竞赛愈演愈烈、网络空间安全少有保障等问题更是层出不穷。应当指出,全球公域问题的涌现表征着治理制度缺乏充分的有效性。一方面,公域治理制度的"非中性"必然带来非均衡、非公正的治理成效。明显的是,现行公域治理制度无法反映国际体系的变化和国际权力的转移,影响了治理制度的实施效果。另一方面,公域治理制度本身不仅存有职能交叉、领域嵌套、监督缺位等问题,不同制度之间还缺乏充分的协调与配合。比如,全球气候治理领域有200余个国际环境协议正面临着"无政府主义的低效率"问题。[13]

(三)全球公域治理的伦理困境

全球公域治理通常依托于一定的制度,而制度的创建与改革均难以割舍"应该怎么做"的价值选择问题。二战结束后,全球公域治理始终面临着自由与正义之间的"二元悖论"问题。

第一,全球公域治理之竞争性与公正性分异。在自由主义视域下,开放、竞争是公域行为的天然状态、应然趋向,这为西方治理、大国治理、霸权治理提供了理念基础。比如,"自由进入并主导全球公域"已成为美国护持霸权的重要基础。[14]历史与现实表明,竞争逻辑、生存法则实乃西方大国参与全球公域治理的根本遵循。无可回避的是,"自由主义立法者在设计新的权利或权利种类时,……没有提到当个人权利先验地超过重要的社群利益时导致的不公正"[15]。在日渐制度化、民主化的国际社会,发展中国家主张公域治理应最大程度地体现公正性、共同性。2015年9月22日,习近平在接受《华尔街日报》采访时指出,"全球治理体系是由全球共建共享的,不可能由哪一个国家独自掌握。……全球治理结构如何完善,应该由各国共同来决定"[16]。

第二,全球公域治理之等级性与平等性分异。二战结束后,全球公域治理领域的权力分布逐渐形成了层级分明的"三维棋盘"结构。[17]该时期,美国和苏联基于人才、资金、技术等方面的实力优势占据了公域治理格局的顶端,其他国家则处于公域治理格局的底层。比如,美苏两国基于"允许间谍卫星越顶飞行"的默契,打着"开放太空"旗号进行了使自身利益最大化的太空治理,导致太空治理失却了平等性、代表性。[18]冷战结束后,全球公域治理权总体上向着有利于发展中国家的方向转移,但是等级性十足而平等性不足仍是公域治理的真实写照。比如,美国、欧盟、日本等守成大国认为在公域治理领域具有"天然"的主导性、优先性、先进性。反差明显的是,中国、俄罗斯等新兴大国主张公域治理的平等性、公正性、共同性。2010年1月28日,李克强在世界经济论坛年会上指出,"全球治理结构的改善,应当体现平等参与、合作包容的原则"[19]。

第三,全球公域治理之共同性与区别性分异。全球化时代,全球公域治理需要全人类的共同参与,但不同参与者所负有的治理责任不可均等,应与各自所享有的治理权力和治理权利相对等。1992年,联合国环境与发展大会将"共同而有区别的责任"原则确立为应对气候变化的法律框架。与此违背的是,自由主义治理观主张各国不分国情国力、发展阶段、治理能力的差异,都应平均、同等地承担治理责任。比如,发达国家通常"先入为主,先占先得"的在全球公域资源开采、科学探索、军事活动等方面占得先机,但在应对公域问题上则要求发展中国家责任均沾。《2007/2008年人类发展报告》显示,中国人均温室气体排放量占美国的18%,占德国和英国的39.3%。遗憾的是,欧美大国不仅无视自身温室气体"历史排放多、人均排放高"的现实,还要求发展中国家按"总量目标"而非"人均目标"的标准来均等、同步地减排。

三、中国推进全球公域治理的战略选择

(一)夯实综合国力以提升治理能力

在无政府的国际社会,任一国家的全球公域治理能力均以其综合国力为基础。其中经济、科技、人才等方面的硬实力对参与公域活动显得尤为重要。习近平在中央政治局集体学习时强调:"要加强能力建设和战略投入,加强对全球治理的理论研究,高度重视全球治理方面的人才培养。"[20]

一方面,中国应大力提升综合国力以夯实公域治理能力之基。2015年5月26日,国务院新闻办公室发布的《中国的军事战略》白皮书提出:"构建全局统筹、分区负责、相互策应、互为一体的战略部署和军事布势;应对太空、网络空间等新型安全领域威胁。"[21] 21世纪以来,尤其是从2008年国际金融危机爆发以来,国际权力格局的转型与重塑日益加快,传统大国的综合国力及国际影响力展现出相对衰落之势。面对难得的历史良机,中国应该继续加强经济发展、政治建设、科技研发、人才培养、军事改革等方面的力度,不断提升综合国力以夯实全球公域治理能力之基。近年来,中国"蛟龙"号载人深潜器的成功研制和不断改进,不仅为中国从事深海资源开采、科学考察、探询打捞等活动奠定了坚实的技术基

础,还为中国参与、推动乃至引领深海治理提供了充分的实力保障。

另一方面,中国应积极借助国际合力来争取应有的公域治理权。随着国际权力格局步入深度调整期,守成大国更注重对全球公域治理话语权、主导权的护持与争夺。近年来,中国的综合国力和相对实力均有了快速提升,但是并未转化为相应的国际影响力和公域治理权。现实表明,中国所享有的全球公域治理权力与其综合国力、国际地位、大国角色明显不符。在此形势下,中国应继续从双边、多边、小多边等层面借国际合作之力,在公域议程设置、规则制定、秩序维护等方面更加"有所为"。比如,中国与俄罗斯于2008年、2014年共同向日内瓦裁军谈判会议提交《防止在外空放置武器、对外空物体使用或威胁使用武力条约》草案,不仅有利于防止外空武器化和军备竞赛,打消个别大国通过控制太空巩固战略优势的企图,还有助于提升中国在太空安全治理中的话语权和影响力。惟其如此,中国方能更好地提升公域治理能力,进而提升全球公域治理的进度和效度。

(二) 完善治理制度以拓展治理路径

随着国际社会制度化、规范化程度的日益提升,全球公域治理的主导逻辑将逐渐实现由"权力治理"向"制度治理"的转变。毋庸赘言,全球公域治理制度的改革与创新是实现该转变的基本条件和机制保障。作为主要新兴大国,中国应该争做改革、创建公域治理制度的倡导者、先行者。换言之,中国"不能当旁观者、跟随者,而是要做参与者、引领者,……在国际规则制定中发出更多中国声音、注入更多中国元素"[22]。

一方面,中国应该积极推进改革现行公域治理制度。后冷战时代,全球公域治理更加呼唤兼具合法性、公正性、有效性的治理制度。遗憾的是,现行公域治理制度存有明显的合法性与有效性"双赤字"问题。习近平曾指出:"要推动变革全球治理体制中不公正、不合理的安排,……特别是要增加新兴市场国家和发展中国家的代表性和发言权。"为此,中国应该秉持"渐进推进、增量改进、平稳进行"原则[23],借助国际合力来修正和完善全球公域治理制度的不公正、不合理之处。为增强联合国在网络治理领域的合法性与有效性,在中国和俄罗斯等新兴国家的努力下,联合国信息安全政府专家组已认可"《联合国宪章》在网络空间的适用性",联合国成员亦认同"网络主权"原则,[24]这有助于抵制西方大国所主张的"互联网自由化"原则及其"网络帝国主义"行径。

另一方面,中国应该适时参与创建新型公域治理制度。冷战结束以来,全球公域问题更具多样性、复杂性和不可预测性。应当指出,现行全球公域治理制度的"数量"和"质量"均难以应对不断涌现的公域问题。比如,《联合国气候变化框架公约》《京都议定书》《巴黎协定》等制度之间存有规则冲突、目标重叠等问题而缺乏充分的衔接与协调,导致全球气候治理成效不足。在此形势下,提升公域治理制度的密度、效度及彼此之间的契合度无疑乃国际社会亟待应对的又一"全球问题"。为此,中国应基于"量力而行"原则,以国际合作方式创建符合国际社会发展需要的公域治理制度,以缩小公域治理制度的"灰色区域"和"空白地带"。2017年5月23日,中国主办了第40届南极条约协商会议,就南极开发与治理问题提出的五点倡议,丰富了南极治理制度的密度。

(三)构建价值认同以革新治理理念

全球公域治理关涉人类的共同利益和共同命运,其基本前提在于构建共同的伦理基础和理念认同。诚如有论者所言:"以什么伦理为基础才能维持具体国家的利益和全球公共利益之间的平衡,这是新疆域未来治理需解决的一大问题。"[25]

一方面,中国应该提供全球公域治理的新理念、新思想。在康德看来,"真正的政治不先向道德宣誓效忠,就会寸步难行"[26]。与此同理,任一国际行为体在全球公域所开展的资源开发、科学研究、军事活动等行为,如果不以符合、维护全人类共同利益为价值取向,就会难有所获。作为文明古国,中国应站在人类进步与时代发展的战略高度,就应对全球公域问题提供中国方案,贡献中国智慧。比如,中国可适时地提出全球公域发展观、安全观、合作观、治理观、秩序观等理念。2015年10月12日,习近平在中央政治局集体学习时强调:"要推动全球治理理念创新发展,……弘扬共商共建共享的全球治理理念。"2017年1月18日,习近平在联合国日内瓦总部的演讲中进一步指出:"要秉持和平、主权、普惠、共治原则,把深海、极地、外空、互联网等领域打造成各方合作的新疆域。"[27]毋庸赘言,习近平总书记所提出的全球治理观既顺应了当今国际社会的发展大势,又契合了全球公域治理的现实需求。

另一方面,中国应与其他国家构建全球公域治理的价值认同。一定意义上,全球公域治理不同参与者在治理理念上的分歧与冲突是导致治理结构困境和制度困境的根源。在世界多极化与文化多元化并行不悖的时代背景下,全球公域治理的有效推进更需要构建顺应世界发展大势、适应公域治理需求的价值共识和理念认同。作为重要参与者,中国应将自身所提出的全球公域观在双边、多边、全球等外交层面付诸实践、加强宣传,进而在治理实践中构建、增进、维系与他者的伦理认同、价值认同、观念认同。2011年《中国和平发展》白皮书提出:"要以命运共同体的新视角,以同舟共济、合作共赢的新理念,寻求多元文明交流互鉴的新局面,寻求人类共同利益和共同价值的新内涵。"[28]作为一种超越种族、文化、国家与意识形态界限的世界观,"人类命运共同体"理念的提出得到了世界各国的广泛认同,既有利于预防国际社会在公域治理"向何处去"问题上出现价值迷失,又有助于消弭不同参与者在公域治理"应该怎么做"问题上的理念冲突。

四、结语

全球公域治理是一个漫长而艰难的历史进程,消减公域日益凸显的敏感性与脆弱性以避免"公地悲剧"的发生,进而修复公域已然脆弱的资源供应力、环境承载力、生态修复力、安全保障力无疑乃全人类的共同使命。目前,全球公域治理尚缺乏明显的整体性、全球性、合法性,本质上仍是团体治理、区域治理、权力治理。随着全球公域问题的日益涌现,打破公域治理的结构困境、制度困境、伦理困境已成国际社会的现实之需、应然之举。在此形势下,中国参与全球公域治理是全球化时代的要求和国际社会的期待。作为全球公域治理的后来者、生力军,中国既需在经济、科技、人力、军事、知识等方面提升综合国力,又要加快综合国力向国际影响力和公域治理能力的转化;既需深度参与、积极改革现行治理制度,又要适时创建治理新机制、新规则;既需积极提供中国方案、中国智慧,又要与其他国家建构伦理、价值、观念等理念层面的国际认同。

(临沂大学 王发龙)

参考文献

[1] Garret Hardin. The Tragedy of the Commons[J]. Science, 1968, 162(3859):

1243 - 1258.

[2] Abraham M. Denmark. Managing the Global Commons[J]. The Washington Quarterly, 2010, 33(3): 165 - 182.

[3] United Nations Statistics Division, Global Commons Definition [EB/OL]. http://unstats.un.org/unsd/environmentgl/gesfo-rm.asp?getitem = 573; UNEP, Division of Environmental Law and Conventions, IEG of the Global Commons[EB/OL]. http://www.unep.org/delc/GlobalCommons/tabid/54404/Default.aspx.

[4] 张茗.全球公域：从"部分"治理到"全球"治理[J].世界经济与政治,2013(11).

[5] U.S. Department of Defense. Quadrennial Defense Review Report[R]. Washington, D.C., 2010.

[6] 杨剑.美国"网络空间全球公域说"的语境矛盾及其本质[J].国际观察,2013(1).

[7] See Barry R Posen. Command of the Commons: The Military Foundation of U.S. Hegemony[J]. International Security, 2003, 28(1): 5 - 46.

[8] 英瓦尔·卡尔松,等.天涯成比邻——全球治理委员会的报告[M].赵仲强,李正凌,译.北京：中国对外翻译出版公司,1995：2.

[9] Elinor Ostrometal. Revisiting the Commons: Local Lessons, Global Challenges[J]. Science, 1999, 284(5412): 278 - 282.

[10] The White House. National Strategy for the Arctic Region[R/OL]. (2013 - 05 - 10) [2013 - 05 - 10]. https://obamawhitehouse.archives.gov/blog/2016/03/09/advancing-implementation-national-strategy-arctic-region.

[11] 苏珊·斯特兰奇.权力流散：世界经济中的国家与非国家权威[M].肖宏宇,耿协峰,译.北京：北京大学出版社,2005：6.

[12] Richard Weitz. China, Russia, and the challenge to the Global Commons[J]. Pacific Focus, 2009, 24(3): 271 - 297.

[13] 戴维·赫尔德,凯文·扬.有效全球治理的原则[J].南开学报(哲学社会科学版),2012(5).

[14] Barry R. Posen. Command of the Commons: The Military Foundation of U.S. Hegemony[J]. International Security, 2003, 28(1): 5 - 46.

[15] 韩雪晴.自由、正义与秩序——全球公域治理的伦理之思[J].世界经济与政治,2017(1).

[16] 白羽.习近平接受《华尔街日报》采访[N/OL].(2015 - 09 - 22)[2015 - 09 - 23]. http://news.xinhuanet.com/world/2015 - 09/22/c_1116642032.htm.

[17] Joseph Nye. Global Power Shifts in the 21st Century[N/OL].(2010－08－01)[2010－08－03]. http：//www.Sweetspeeches.com/s/699-joseph-nye-global-power-shifts#ixzz24v3IVoph.

[18] 韩雪晴.自由、正义与秩序——全球公域治理的伦理之思[J].世界经济与政治,2017(1).

[19] 李克强.合作包容 共创未来 促进世界经济健康复苏和持续发展——在2010年世界经济论坛年会上的特别致辞[N].人民日报,2010－02－01.

[20] 习近平.推动全球治理体制更加公正更加合理 为我国和世界和平创造有利条件[N].人民日报,2015－10－14.

[21] 中华人民共和国国务院新闻办公室.中国的军事战略[N/OL].(2015－05－26)[2017－09－11]. http：//news.xinhuanet.com/politics/2015－05/26/c_1115408217.htm.

[22] 王吉全.习近平在中共中央政治局第十九次集体学习时强调 加快实施自由贸易区战略 加快构建开放型经济新体制[N].人民日报,2014－12－07.

[23] 王发龙.国际制度视角下的中国海外利益维护路径研究[D].济南：山东大学,2016：201.

[24] 王明国.网络空间治理的制度困境与新兴国家的突破路径[J].国际展望,2015(6).

[25] 杨剑.深海、极地、网络、外空：新疆域的治理关乎人类共同未来[J].世界知识,2017(10).

[26] 伊曼努尔·康德.永久和平论[M].何兆武,译,上海：上海人民出版社,2005：56.

[27] 习近平.共同构建人类命运共同体——在联合国日内瓦总部的演讲[N].人民日报,2007－01－20.

[28] 中国国务院新闻办公室.中国的和平发展白皮书(全文)[EB/OL].(2011－09－06)[2017－09－15]. http：//politics.people.com.cn/GB/1026/15598619.html.

"一带一路"倡议重构全球治理格局

[摘　要]　随着民粹主义在欧美国家的兴起,关于全球治理进程是否会出现逆转的议题越来越引起人们的关注。同时,宗教极端主义、恐怖主义以及难民危机等问题丝毫没有缓解的迹象,这种态势给全球治理带来了前所未有的挑战。它一方面导致原本在全球治理中发挥"领头羊"作用的欧美国家的政策发生重大转向,使全球治理可能面临无人推动的窘境;另一方面又显示出全球治理机制在应对各种全球性挑战的力不从心。相比之下,中国已经成为当今世界上最为积极的全球治理倡导者,并通过不断提升的经济实力和国际影响力来推动全球治理。中国所倡导的"一带一路"倡议为当前处于困境中的全球治理注入了新的动力。伴随着"一带一路"倡议的实施,中国所倡导的命运共同体理念也会进一步深入人心,从而必然推动全球治理在理念和制度层面上的持续创新。"一带一路"是全球治理"中国智慧"的集中体现,也将成为中国推动和引领全球治理发展的基石。

[关键词]　中国道路;一带一路;全球治理;新时代

参与全球治理是中国推进国家治理体系和治理能力现代化的题中之义。党的十八大以来,习近平总书记在国内外多个重大场合发表了对全球治理问题的看法,形成了全面、系统的全球治理观。尤其是习近平总书记在中国共产党第十九次全国代表大会报告中提出,"中国秉持共商共建共享的全球治理观,倡导国际关系民主化,坚持国家不分大小、强弱、贫富一律平等,支持联合国发挥积极作用,支持扩大发展中国家在国际事务中的代表性和发言权。中国将继续发挥负责任大国的作用,积极参与全球治理体系改革和建设,不断贡献中国智慧和力量。"[1]党的十九大,习近平总书记根据当前阶段的主要矛盾和全球治理所面临的新挑战,提出中国特色社会主义已经进入新时代重大论断。十九大报告中关于"一带一路"倡议定位是:"中国坚持对外开放的基本国策,坚持打开国门搞建设,积极促进'一带一路'国际合作,努力实现政策沟通、设施联通、贸易畅通、资金融通、民心相通,打造国际合作新平台,增添共同发展新动力。"[1]60因此新时代的全球治理观,更是对全球治理做了最新的阐释和解读。"一带一路"倡议所主张的合作理念和其给全球经济发展带来的影响及其所承载的中国责任已经获得了国际社会的高度认可和一致赞同。这是"一带一路"国际合作高峰论坛成为新的多边合作平台而被普遍接受的现实基础。作为以中国为首发起的多边合作平台,"一带一路"国际合作高峰论坛将会更加关注发展中国家的发展,有助于提高发展中国家在国际秩序中的地位和国际话语权,从而推动国际治理体系和规则的变革。

一、"一带一路"倡议是中国道路的丰富和发展

(一)"一带一路"倡议提出的背景

2013年9月至10月,习近平总书记在访问哈萨克斯坦和印度尼西亚时,先后提出共建"丝绸之路经济带"和21世纪"海上丝绸之路"的倡议构想。此后中国政府将"一带一路"正式纳入国家发展议程中,并有条不紊地施以顶层设计。同年中共十八届三中全会通过的《中共中央关于全面深化改革若干重大问题的决定》明确指出,"建立开发性金融机构,加快同周边国家和区域基础设施互联互通建设,推进丝绸之路经济带、海上丝绸之路建设,形成全方位开放新格局"[2]。

(二)"一带一路"倡议与中国道路的辩证关系

第一,以习近平总书记为核心的党中央提出"一带一路"倡议,是对中国特色社会主义道路的新发展,是党从历史维度、现实维度、未来维度向世界各国展现了新时期中国发展的新思路,是对中国特色社会主义道路的丰富和完善。

第二,"一带一路"倡议体现了中国经济发展道路的自信,是顺应国内经济发展新常态和全球化大局势探索出的一条新的经济发展道路。在过去世界经济发

展的进程中,以美国为主导的西方发达国家是国际经济秩序的构建者和主导者,而自2011年起,中国已跃身为全球第二大经济体,2015年中国GDP总量已接近世界GDP总量的20%,中国已经开始主导全球的经济发展并成为拉动全球经济增长不可估量的引擎。中国之所以能够取得今天的经济发展成果正是中国经济发展道路的成功实践,而中国经济发展的成功反过来给中国发展道路带来了自信。"一带一路"倡议是中国道路在全球范围内的最新实践,是建立在平等互惠的基础上,与世界各国一道分享中国经济发展成果。"一带一路"与中国道路是部分与整体,外延与内涵的关系。

二、全球治理的实践困境

全球治理理论是来源于全球治理的实践,反映了当今国际体系发展的基本态势和特点。随着全球化的发展,当代国际体系发生了显著的变化。国际体系虽然仍缺乏核心公共权威,处于无序状态,但随着国际非政府组织、跨国公司、社会公民运动等新兴力量在应对全球化的挑战上所起作用的凸显,全球治理正在使其从无序变得有序。但在全球治理试图实现世界由无序向有序转变的过程中,全球治理的道路上却充满荆棘,困境重重。

(一)价值困境

虽然有学者主张"全球治理的实践更为注重的是通过制度而不是价值来实现全球治理的理念"[3]258,但全球治理首先是建立在为多元社会行为体所普遍认同的价值体系基础之上的。而不能否认的是,全球治理从其产生就打上了西方价值标准的烙印。在全球治理发展的过程中,西式的人权、自由与民主被赋予了普世的价值与意义,成为某些霸权国家用以衡量其他国家的标准与要求,甚至要求其他国家为"全球的利益和人类的福祉"让渡国家主权、牺牲本国利益。加之不同国家对全球治理的价值理念理解不同,所以,到目前为止也尚未形成大家所普遍接受的共同价值体。

(二)主体困境

全球治理是多元行为体的治理。全球治理的主体不仅是主权国家、政府间组织,而且还包含了非政府组织、公民社会、跨国公司等一系列非政府的因素。

这种主体格局呈现出严重的不对称性,一方面国际非政府力量虽积极致力于新国际秩序的构建,却因传统权力的局限,缺乏决策和执行能力;另一方面,传统的主权国家仍然是当今国际体系的核心,他们在具体的全球性问题尤其是涉及民族国家利益时很难达成一致,而使全球治理难以获得实质性的进展。同时全球治理主体的多元化,更使行为主体的利益趋于分散化,利益越是分散,集体越是难以形成合力,越难以共同行动。因此,全球治理多元主体陷入的权力困境严重阻碍了全球治理的良性发展。

(三)客体困境

全球治理的对象是国际社会在全球化的进程中所出现的环境、资源、人权、经济发展、国际矛盾与冲突等跨国跨界的全球性问题。现在国际社会虽有全球治理的趋向,但以主权国家为核心的体系格局仍未改变。而由于不同国家所处的发展阶段不同,其国家利益底线与需要程度不同,故参与国际协商与对话的国家都会优先考虑自身的利益进行讨价还价,而使具体的全球性问题停滞不前,难以得到实质性地解决。

(四)规制困境

全球治理在实践中是通过国际制度来实现的,没有国际制度全球治理是难以运作的。而当今国际体系中的国际制度是在资本主义体系基础之上建立起来的,故"其合法性特征基本为法理性而不是传统或魅力性的","这就意味着现实的国际制度的合法性基础也在于向国际社会(或国际体系)提供公共物品的能力以及国际社会(或国际体系)中对之的赞同或同意"[3]35。然而在现实中,在许多具体的全球问题上,国际制度能为国际社会成员提供的公共物品比较有限,直接导致各行为主体对其同意程度大幅下降,而这又必然导致国际制度向国际社会提供公共物品的难度进一步加大,故使国际制度的合法性大大削弱。而这必然为多元行为体在全球公共问题的平等对话与协商合作的实现增加了难度,使国际制度对各国际社会行为体的普遍制约和调节大打折扣,使全球治理在某种程度上沦为一种空谈。

三、"一带一路"倡议重构全球治理格局

一位西方学者在《非西方世界的崛起》中指出,当前的转折是过去 500 年来

人类历史上第三次重要的结构性转移。第一次是欧洲世界的崛起,第二次是美国的崛起,第三次是非西方世界的崛起。而非西方世界的全面崛起是以中国为首,并由中国所带动的。它使过去"南北经济不对等交换关系"出现根本性的变化,也带给发展中国家前所未有的发展机遇,加速了生产活动重心向非西方世界转移,加速了全球财富与权力的重新分配。由此全面提升了非西方世界国家尤其是中国在全球协调与治理体制内的发言权,西方国家独占人类历史舞台的时代即将结束。近年来中国的复兴与大国崛起,对于世界而言是一场石破天惊的历史巨变。在过去 300 年的人类历史中,只有四个重要的历史事件可以与中国的崛起相比拟:一是 18 世纪的英国工业革命;二是 1789 年的法国大革命;三是 1917 年俄国十月革命;四是 19 世纪末 20 世纪初美国崛起。这四个事件塑造了 19 世纪与 20 世纪的世界格局,而中国的兴起必将带动 21 世纪全球范围内的秩序重组。改革开放以来中国发展的突出表现,震惊了西方主流经济学,也撼动了国际传统机构在经济发展与治理领域的话语权。中国发展模式让许多发展中国家思考,如何在社会公正、可持续性发展以及自由市场竞争效率之间取得平衡。中国特色社会主义市场经济的成功实践,是独立于美国式资本主义与西欧式民主社会主义体制之外,开创的第三条道路。那么在当代中国,主要是通过"一带一路"倡议重构着全球治理格局,引领全球走出治理理论和制度困境。在国际治理的中,体现着大国担当,贡献着中国智慧。

(一)"一带一路"倡议助力重构全球经济治理格局

构建人类命运共同体的治理理念,构建人类命运共同体,实现共赢、共享是推动全人类和平与发展的中国方案。"一带一路"建设通过"五通"深化沿线各国合作,把中国与沿线国家经济发展紧密结合起来,促进经济深度融合,并最终形成利益共同体,为人类命运共同体的构建打下扎实基础。以历史的眼光看,与欧洲国家通过战争开辟同其他国家文化、商业交流渠道不同,古丝绸之路秉持了和平合作、开放、包容、互学互鉴、互利共赢的精神,沿途国家之间以和平的方式开展贸易往来,展现了中国与沿途国家的相处之道。当今的"一带一路"建设将推动全球经济治理体系变革建设,发扬光大古丝绸之路精神,以"共商、共建、共享"为原则,来促进沿线国家的共同繁荣、发展和进步。它既是构建人类命运共同体的伟大探索和实践,也是走向人类命运共同体的重要路径。"一带一路"建设有助于推动形成沿线和周边地区的区域经济治理格局。

1. 区域合作机制

在我国周边以及非周边且对我国利益有重大关切的地区,形成区域合作机制,将有利于我国应对周边环境和重要地区出现的新情况、新机遇和新挑战,从而有助于塑造有利的周边及重要地区战略大环境。"一带一路"建设中的中巴经济走廊建设、中蒙俄经济走廊建设以及近两年快速推进的澜湄合作机制就是构建区域合作机制的积极实践。

2. 强化上海合作组织经济功能

上海合作组织是沿线地区重要的区域合作机制,自成立以来其经济功能相对较弱。"一带一路"建设为充分利用上海合作组织已有的金融、投资、贸易、能源等合作机制,创新合作方式,为提高中亚国家与我国经济合作的积极性和主动性提供了有利条件。中长期来看,各国积极推进自由贸易制度,保障资本自由流动,建立共同金融市场,制订统一商品、服务规则和市场准入规则,形成共同运输服务市场和统一运输体系,建立共同能源市场,构建地区金融稳定机制等,可推动这一地区在经济大陆伙伴关系的基础上形成自由贸易区。为多边南南合作注入新的时代内涵。作为最大的发展中国家,我国一直是南南合作的积极倡导者和重要参与者。多年来,通过发展经验分享、专业技术知识传授、最不发达国家的债务减免等方式,我国已向 120 多个发展中国家提供援助。此外,我国与非洲、拉美及加勒比、阿拉伯世界、亚太地区以及巴西等多边和双边命运共同体的建设,为加强南南合作、消除极度贫困、促进共同繁荣注入了新的生命力。

3. 提供国际区域公共产品

"一带一路"建设本身就是在向国际社会提供公共产品,比如,区域治理、区域合作新模式构建、交通和信息基础设施建设与互联互通、区域生态环境保护、区域文化交流深化以及新型国际金融组织建设等。此外,我国政府还通过提供援助资金等方式促进全球和区域经济均衡、人民币国际货币地位发展。例如,我国设立了"南南合作援助基金",首期提供 20 亿美元,支持发展中国家落实 2015 年后发展议程。这些国际区域公共产品的提供,将为相关国家的长期稳定增长创造条件,为构建和谐区域发展环境奠定基础。

4. 以开发性金融为突破口完善全球金融治理格局

据分析,到 2030 年,全球基础设施资金缺口将高达 20 万亿美元,这一问题在发展中国家尤为严重。我国倡议设立的多边金融机构——亚洲基础设施投资银行通过动员更多资金,支持域内基础设施建设和互联互通,将为亚洲经济增长注入长久动力。此外,2014 年 11 月我国出资 400 亿美元成立的"丝路基金",为促进亚洲基础设施建设提供了另一资金来源。以贸易投资协定为抓手,来提升贸易投资规则制定话语权。目前,"一带一路"沿线贸易和投资合作的形式多样,既有自由贸易区,也有双边自由贸易协定等,"一带一路"将推动沿线国家和地区以建立统一高标准的自由贸易区网络为目标,加快实现区域贸易便利化,并为完善全球贸易和投资规则提供经验。亚洲参与成员最多的区域贸易安排"区域全面经济伙伴关系(RCEP)"涉及贸易、投资等多方面内容,一旦达成将明显增加区域贸易便利化程度,推动跨境产业链的建成,并为跨境投资的准入、运营和退出提供更为完善的保障。RCEP 如果达成,将在亚洲形成经济增长新动能,不仅支撑亚洲经济进一步增长,也将对世界贸易繁荣以及全球经济复苏发挥积极作用,进一步推动和改变全球投资规则价值导向。

5. 通过人民币区域化提高人民币国际货币地位

"一带一路"的深入开展,推动了我国对外经济和金融合作的不断深化,扩大了国际市场对人民币跨境使用的需求,为拓展人民币职能搭建了良好平台,是人民币国际化进程的重要动力,拓展了人民币的使用地域。"一带一路"有助于人民币被更多的经济体认可和接受,为扩大人民币跨境需求提供更多的实体经济支撑。"一带一路"沿线有望形成人民币货币区,成为人民币国际化最重要的地区,从而加快人民币周边化、区域化、国际化进程。

(1) 强化人民币在沿线地区的结算职能。

"一带一路"建设中,支持经常项目下的跨境人民币结算,鼓励在境外投资、工程承包、设备出口及境外经贸合作区建设中使用人民币计价结算,将扩大亚欧国家特别是广大新兴经济体使用人民币进行贸易结算。此外,在与沿线国家的能源贸易和能源管线建设项目中积极使用人民币计价结算,并考虑分阶段逐步建立人民币计价的石油期货市场和交易所,因地制宜设置商品期货交割仓库,尝试人民币能源期权交易,将逐步实现矿产、能源等大宗商品贸易的人民币计价结算,进一步推动人民币贸易结算份额的提高。

(2) 扩大人民币在沿线地区投资和储蓄职能。

"一带一路"有助于扩大人民币直接投资和对外信贷需求,并发展更多对外金融服务,如签署货币互换协议、建立人民币清算系统等。另一方面,推动境内银行为沿线国家和地区提供人民币贷款业务,鼓励合格的境内机构投资者(QDII)投资沿线国家,拓宽人民币跨境投资渠道,会提升人民币在境外的投资职能。目前,马来西亚、韩国、柬埔寨、菲律宾、尼日利亚等国已将人民币作为外汇储备的一部分,还有更多国家的央行表示愿意持有人民币,人民币在境外的储备功能正在借助"一带一路"得到提升。此外,霍尔果斯人民币离岸市场建设等,也为更好地发挥人民币的计价、流通、储备功能提供了良好条件。

(二)"一带一路"倡议助力重构全球贸易治理格局

随着"一带一路"倡议的推进,促进了各国的共同发展,建立共赢的国际贸易新秩序,为全球贸易发展注入新动力。

1. 加强经贸合作,夯实全球贸易治理的合作基础

在充分利用现有合作机制平台的基础上,积极推进新型经贸合作机制,从更宽领域、更高层次加强同沿线国家和地区开展的经贸合作。将自身发展战略和沿线国家发展战略有效对接,增大彼此战略契合点及利益汇合点。将本国资本、技术和优势产能输出并和沿线国家经济发展的现实需要进行衔接,使中国的优势产能不断地服务于沿线国家或地区,带动当地的就业、税收和经济增长,使本土普通民众切实享受到生产生活条件的大幅改善,这有利于夯实全球贸易治理的合作基础。在这一前提下,找到符合各方利益、各方认可的全球贸易治理方案,将有助于减少全球贸易治理变革的难度,从而推动全球贸易治理体系和机制的完善。

2. 坚持"共商、共建、共享"的原则,推动全球贸易治理的合理变革

在"一带一路"倡议下,中国要与世界各国加强合作,在充分考虑各国国情和基本发展权利的前提下,改变全球贸易治理中的不公正、不合理因素,坚持"共商、共建、共享"的原则,推进全球贸易治理机制向更加公平、合理的方向转型,保护世界各国尤其是广大发展中国家的利益,为全球贸易的稳定和持续发展提供制度保障。共商,意即全球贸易治理的基本原则、重点领域、规则机制、发展规划

等都由所有参与方共同商议并达成共识;共建,意即发挥各方优势和潜能共同推进全球贸易治理体系的改革与创新;共享,意即各参与方公平分享全球贸易治理的成果和收益。"共商、共建、共享"理念倡导集思广益、各施所长、各尽所能、成果共享,充分体现了中国参与全球贸易治理的开放性和包容性,顺应了新型经济全球化的发展趋势。要践行这一原则,就必须充分调动所有国家特别是新兴经济体和发展中国家的积极性,充分反映各国的重要关切和利益诉求,更好地保护各方正当利益,让全球贸易治理的所有参与者得到更多收获感。

3. 坚持权利和义务的平衡,承担全球贸易治理的恰当角色

在推进"一带一路"建设进程中,中国在维护各方共同发展的同时也要量力而行,绝不能承担超越自身经济发展水平的国际责任。中国应该在能力范围内履行一定的国际责任和义务,为推动世界经济复苏和完善全球贸易治理机制做出应有的贡献。在履行国际责任和义务的同时,中国也应获得与之相匹配的权益。在现行的全球贸易治理体系中,欧美等发达国家始终主导着全球经贸规则的制定,这些国家是现行全球贸易治理体系下最大的获益者,而广大的新兴经济体和发展中国家却无法获得公正的待遇,也无从发挥与其经济实力相对应的影响力。因此,坚持正确义利观,逐步提高中国在全球贸易治理中的制度性话语权,不仅越来越必要,而且越来越有利于改善国际贸易秩序,有利于推动全球贸易治理向着更为公正合理方向发展。

4. 依托"一带一路"建设,加强国际经贸规则的制定

"一带一路"倡议,以推动生产要素的有序自由流动、资源优化配置及市场高度融合为目标,致力于促进沿线国家的经济政策协调与合作。目前,该倡议已覆盖东南亚和大洋洲地区,今后依据史实和中国的战略考虑,可逐步拓展到东亚和拉丁美洲的多个沿海国家。因此,中国应以"一带一路"倡议为指导,将中国所倡导的团结互信、守望相助、开放包容、融合发展等要素融入新型伙伴关系的构建,加强同沿线国家的经贸合作。同时,"一带一路"框架下的合作应以基础设施建设为先导,并加快向贸易自由化和便利化领域扩展。

(三)"一带一路"倡议推动中国在全球金融治理中的角色转变

1. 从被动追随者到主动参与者

20世纪70年代末我国的改革开放,一方面使深陷困境的国家找到了复兴之

路,另一方面,外部世界(主要是欧美日)以全球治理的名义介入了中国的改革开放过程。鉴于当时有限的国力,中国在全球治理问题上,只能说是"初学者",在融入全球化的过程中,不得不接受西方主导的国际秩序,在国际舞台上扮演着追随者的角色。2008年金融危机爆发后,以欧美为代表的传统发达经济体深受打击,实力骤降。与此相反,尽管以中国为代表的广大新兴经济体也不同程度地受到金融危机的冲击,但由于其整体力量已今非昔比,在世界经济格局中的地位和国际影响力的显著增强,使新兴经济体国家开始主动参与到全球治理中来。尤其是近年来,中国通过推动"一带一路"倡议成立亚投行等一系列措施积极实践"共商、共建、共享"的全球治理理念,为全球金融治理改革提供了新思路、新动力。

2. 坚持发展中大国身份参与全球金融治理

我国在主动参与全球治理的过程中,主动承担更多国际义务和提供更多国际公共产品的行为一方面使其在全球治理中的公信力和话语权不断增强;另一方面也使部分西方国家通过散播诸如"中国长期通过'搭便车'单向获取全球化红利"的言论,误导他国认为他们现在理所应当开始"分红"。此外,广大发展中国家在面对实力与日俱增和经济体量庞大的中国时,对其未来在全球治理改革中的具体方向和所持立场等问题变得愈发敏感和焦虑。对此,我们要清楚认识到全球治理需要的支撑力量与全球治理能力严重不足的核心矛盾,是由发展中国家在全球治理体系中的代表权不足和话语权缺失而导致。若要解决这个问题,从根本上取决于中国真正以发展中国家的身份,代表发展中国家的利益立言行事,这是中国参与全球治理进程的根本立足点,也是最终决定中国角色作用大小的关键所在。

(四)"一带一路"倡议推动全球治理机制变革

治理机制是治理主体按照一定程序和原则设置议题达成共识或决策的互动关系,反映了治理主体间的权力配置、责任划分和利益协调。当前,"一带一路"尚未形成专门的区域治理平台,而是采取灵活的方式,以双边的高层会晤、主场外交、多边机制嵌入相关议题等形式,谋取沿线国家合作治理的共识。未来,"一带一路"在建设过程中亦可能逐步形成以"一带一路"峰会为主要专业平台,双边、区域多层次经贸治理机制辅助推动的复合型治理机制,甚至可能就"一带一路"建设形成专门的次区域或区域合作组织。

（五）"一带一路"倡议推动全球治理结构变革

由于"一带一路"沿线国家众多，难以寻求一个机制化的统一的多边治理，在目前的条件下，这种治理结构主要表现为以中国为网络中心的多重双边关系结构。如何凝聚沿线国分化的利益，将中国与沿线国的双边关系演进为稳定的区域关系，可能是未来"一带一路"治理结构的发展方向。此外，中国是"一带一路"的倡议者，尽管不谋求"一带一路"的主导权，但在与相关国家建立利益共同体和责任共同体的同时，承担较大的协调治理成本，也应获得与之相应的治理权。

四、总结

"一带一路"倡议的提出，对改善全球治理体系和国际秩序合理化有着不可替代的作用。

（一）推进国际秩序更加开放有效

在历史上，人类社会曾经历过三种不同性质的全球化。一是推动基于自然的全球化。如地理大发现、古代丝绸之路等标志性跨境交往活动，推动人类社会跨境活动的普遍开展。二是基于规则的全球化。即西方主导的全球经济贸易规则体系有序推进跨境活动的蓬勃发展。如1870—1913年，创立了国际金本位制度和自由贸易制度；1950—1973年，建立布雷顿森林体系和贸易自由化便利化体系，关税及贸易总协定（GATT）/WTO；1990年以来，建立了全球综合物流革命和供应链管理体系。三是基于开放包容的全球化。即现代新型全球化正在逐步替代传统标准意义上的全球化，建立基于规则多极、开放包容、创新驱动、绿色低碳的全球治理新体系。

（二）推进基于规则的国际秩序转型发展

二次大战后，国际社会基于对《凡尔赛和约》的反思，建立了联合国、国际货币基金组织、世界银行、关贸总协定、世界贸易组织等一系列国际治理组织，制定了能够确保经营好世界和平、合作和发展的国际秩序和开放型经济规则体系，形成了世界历史上少见的高水平开放期。由于二战后上述规则和组织推动了人类社会最重要的开放期，也创造了世界经济增长最重要的兴盛期。谁把握住全球开放期与兴盛期重合的重要战略机遇期，谁就能够取得经济快速崛起的增长实绩。基于开放的东亚模式与基于赶超的拉美模式取得不同的增长业绩,证明了开放的意义和作用。

(三)推进基于和平发展规则的国际秩序创新发展

2008年爆发的国际金融危机严重冲击了基于市场机制、法治体制、西方规则下的国际秩序体系,充分暴露了传统国际经济秩序的内在制度缺陷。以G20为平台的全球治理新机制开始重塑全球化,即引入"和而不同"包容的中国智慧,引入共商、共建、共享的中国方案,引入平等、开放、合作、共享的中国治理观,进一步补充和完善现有的基于西方规则的国际秩序和规则体系,其既反映发达国家的利益诉求,也平衡公正合理地反映新兴市场和发展中国家的利益诉求,真正构建了基于和平、合作和发展规则的,尊重不同社会和政治制度、不同宗教和文化、不同发展阶段和具体国情的,不对抗不冲突、相互尊重、互利共赢的全球新型合作伙伴关系,较好解决全球化中收入分配差距扩大,一部分人受益,一部分人受损的不平衡发展问题。

(上海大学 张华秀)

参考文献

[1] 习近平.决胜全面建成小康社会夺取新时代中国特色社会主义伟大胜利——在中国共产党第十九次全国代表大会上的报告[M].北京:人民出版社,2017.

[2] 党的十八届三中全会《决定》学习辅导百问[M].北京:党建读物出版社、学习出版社,2013:150.

[3] 叶江.全球治理与中国的大国战略转型[M].北京:时事出版社,2010.

[4] 国家发展改革委、外交部、商务部.推动共建丝绸之路经济带和21世纪海上丝绸之路的愿景与行动[N].人民日报,2015-03-29(04).

[5] 申兵,卢伟,孙伟,等."一带一路"建设将推动全球经济治理体系变革[J].紫光阁,2017(4).

[6] 熊爱宗,张斌.中国参与全球金融治理策略[J].开放导报,2016(5).

[7] 庞中英.全球治理的"新型"最为重要——新的全球治理如何可能[J].国际安全研究,2013(1).

[8] 胡键."一带一路"倡议构想及其实践研究[M].北京:时事出版社,2016.

[9] 王传剑.全球治理新观察与中国角色再思考[J].当代世界,2010(11).

中国道路与全球治理

——基于国际组织的视角

[摘 要] 国际组织是国家间相互合作、加强联系的国际性机构。对国际组织参与度、认同度和贡献度的高低往往是判断一个国家融入现有国际体系程度、参与全球治理程度的一个重要指标。冷战结束以来,国家软实力在国际竞争中的重要性日益凸显。对于和平崛起进程中的中国而言,利用国际组织平台积极参与全球治理已不仅成为维护、拓展我国现实国家利益的重要举措,同时也成为当代中国提升软实力、塑造负责任大国形象、增强国际话语权不可或缺的重要途径。

[关键词] 国际组织;公共外交;软实力

实现中国梦,实现中华民族的伟大复兴,开创中国道路,不仅需要强大的硬实力支撑,更需要润物细无声的软实力的积淀。积极参与全球治理、加强国家软实力能力建设,不仅有利于增强中国道路的吸引力、凝聚力和感召力,而且有利于中国在全球治理实践中展示和树立良好的国家形象。

党的十八大报告首次明确提出中国要积极参加"全球治理"。党的十九大报告进一步指出:中国将继续秉持共商、共建、共享的全球治理观,倡导国际关系民主化,坚持国家不分大小、强弱、贫富,一律平等,支持联合国发挥积极作用,支持扩大发展中国家在国际事务中的代表性和发言权。同时中国将继续发挥负责任大国作用,积极参与全球治理体系改革和建设,不断贡献中国智慧和力量。本文认为,积极参与国际组织的改革和建设是中国积极参与全球治理、构建负责任大国的重要实践,同时也是展现中国软实力、构建国际话语权、实现中国梦国际传播的重要途径。

一、国际组织与软实力的国际传播

作为国家综合国力的重要组成部分,"软实力"特指一个国家依靠政治制度的吸引力、文化价值的感召力和国民形象的亲和力等释放出来的无形影响力。其中,除了文化感染力,意识形态和政治价值观方面的吸引力之外,"软实力"的特定内涵还包括国家对国际规范、国际标准和国际机制的导向、制定和控制能力,以及国际舆论对一国国际形象的赞赏和认可程度,等等。从提升国家软实力和塑造、建构国家形象的诸多渠道来看,"软实力"既可以是国家之间的文化交流、大众媒介的塑造,也可以是政府国际公关,即一个国家的政府系统运用各种手段协调其与特定的国际公众关系的活动。作为一个重要的非国家行为主体,国际组织是特定国家与国际公众沟通联系、影响国际舆论的重要桥梁,是国家对外传播自身软实力、塑造国际形象的重要平台和途径,其必定成为国家国际公关的重要对象。

国际组织具有的重要公共外交功能与其柔性中立的特定属性密切相关。目前,世界上绝大多数国际组织,特别是非政府国际组织均未拥有强力机构和强制手段,但是其活动宗旨、活动形式所体现的"柔性"特征却使国际组织在国际上拥有广泛号召力和巨大影响力。首先,从其活动宗旨来看,无论是政府间国际组织还是非政府间国际组织,它们多以强调国际合作增进世界稳定、促进人权发展和环境保护等为活动宗旨,强调国际社会的共同利益与相互协调,在国际社会中具有显著的道德优先性。从实践层面来看,包括联合国在内的国际组织大都比较注重塑造自身的中立形象,往往将关注焦点放在政治性并不那么突出的领域,从而不易引起合作者反感。其次,从其组织形态看,国际组织特别重视外在规范和合法程序操作。大多数国际组织是由各国政府经过谈判协商或民众自发组织起来的,其活动所需经费也是来自成员国或组织成员的自愿捐献。最后,从其活动形式来看,国际组织或通过国际会议制定国际公约与宣言倡导推广先进理念,或进行广泛的对外文化传播与交流,或实施国际维和、大规模的对外援助计划等,从而对各国政府和公众施加潜移默化的影响,以此达到改善自身国际形象,增强自身软实力的战略目的。

国际组织所发挥的公共外交功效使各国民众对国际组织的认同程度越来越高。已有的资料显示,欧美国家的民众对以非政府组织为代表的国际组织的信任度远超对本国政府的信任。[1]联合国、WTO、IMF等政府间的国际组织已成为促进国际和平稳定与经济发展繁荣的象征,而非政府组织在很大程度上已成为那些弱势国家和弱势群体利益的代言人,因而受到世界公众的热情拥戴和广泛支持。

在后冷战时代,软实力竞争是国家综合国力竞争的重要表征。基于国际组织在全球治理中的重要作用及在国家形象方面的重要传播和形塑功能,许多国家均高度重视与国际组织的对话与合作,并以国际组织为平台开展广泛的公共外交,以此积极参与全球治理实践。国际组织一直是美国赢得国际制度性权利的重要推手和平台,也是美国对外推行公共外交、塑造自身形象的重要工具。"9·11事件"发生后,一度被冷落的公共外交被美国视为赢得全球反恐战争胜利的重要权力要素之一。因此,为了更好地促进公共外交,除了美国政府大力增加对联合国、北约、IMF等国际组织的资金投入之外,就连国内包括兰德公司、卡内基国际和平基金会、传统基金会等在内的各种非政府组织也纷纷奔赴重塑美国形象的公共外交战场。2010年,俄罗斯政府专门成立了公共外交援助基金会,负责向非政府组织拨款,以此来促进其更积极地参与国际合作,加强与欧美在民主理念和制度体系上的对接与沟通,回应西方压力和展现俄"民主形象"。此外,俄罗斯还效仿西方智库在世界各地布局的战略,在巴黎和纽约成立了"民主与合作研究所",向西方广泛宣传俄国政治、民主、人权的发展成果,并与西方专家、学者及政界人士就民主等问题进行广泛交流与对话,积极树立俄罗斯开放、民主、进步的国家形象,从而间接对国际舆论施加影响。[2]法国、英国、德国、日本、加拿大等国除大力加强政府间国际组织外交之外,其国内数量繁多的非政府组织也是这些国家政府和国民发挥其公共外交作用的重要平台。

二、中国、国际组织与全球治理

国际组织是国家间相互合作、加强联系的重要国际性机构。一个国家对国际组织参与度、认同度和贡献度的高低往往是判断其融入现有国际体系程度的一个重要指标。

新中国成立后,中国对国际组织的态度先后经历了从拒绝到承认、从注重实际利益到努力寻求双赢的过程,外交实践也相应地经历了从政府外交发展到以政府外交为主、公共外交为辅的转换。这一系列演变从一个侧面真实地反映了中国国际地位与对外战略理念的变化,同时也深刻反映了中国对国际组织及其全球治理功能有了全新的认知。

改革开放后,中国逐步确立起以经济建设为中心的总体战略,这一时期,中国对国际组织完成了由批评者到参与者的角色转换,并由单纯注重政治性国际组织逐步转向经济类国际组织,对东亚合作和机制化建设也由消极向主动积极的方向转换。国际货币基金组织、世界银行、国际农业开发银行、亚洲开发银行等国际组织开始被视为一个有利于中国现代化进程、构建中国国际形象的积极因素,积极参与国际组织活动被列为新时期外交政策的重要内容。但由于缺乏在国际组织内开展多边外交的经验以及旧思维的惯性作用,中国在国际事务中总体上采取了"韬光养晦"的低姿态,对国际经济组织的热衷、对政治安全组织的有限参与及整体上缺乏议程创设意识、乐意扮演国际事务的倾听者是此一时期中国通过国际组织参与全球治理进程的最典型特征。

冷战结束后,随着经济全球化的迅猛发展,国际政治生态的多元化,多边外交日趋活跃成为国际政治中的一个重要现象。在全球化深入发展时代,国际组织成为解决全球性问题的必要途径,国际组织所具有的合法性、权威性则成为一个有志于施展国际抱负的民族主权国家必须善加利用的战略资源。这一时期,随着中国经济崛起和政治影响力的扩大,中国在国际上的大国追求逐步显现出来,参与全球治理的责任意识日益增强,特别是 2003 年中国逐步确立"和平崛起"战略之后,中国将塑造"负责任的大国"形象确立为国际组织外交实践的行为准则。中国借助国际组织平台参与全球治理,积极承担国际责任、传播国际理念、塑造国际形象、拓展国际影响力并推动国际组织变革成为新时期中国多边主义外交的主旋律。这突出体现在以下几个方面:

第一,在借由国际组织参与全球治理的外交实践中,中国逐步改变了过去坚守的绝对主权观念,共享型、问题解决导向型的主权观逐步成为新时期中国国际组织公共外交的指导原则,从而为深入参与国际组织的全球治理活动开辟了更为广阔的空间。在此原则指导下,中国开始自觉接受为促进国际安全、和平和繁荣的目标而集体达成的国际组织规则和共同安排。无论是对《联合国气候变化框架公约》《京都议定书》《巴黎气候协定》等国际环境机制的参与,及对《不扩散核武器条约》《全面禁止核试验条约》等由国际原子能机构和禁止化学武器组织实施的具有高度主权干涉内涵的程序的合作性容忍,还是对人权实施国际保护的《经济、社会和文化权利国际公约》和《公民权利和政治权利国际公约》;无论是对促进国际能源安全、打击国际恐怖主义、参与国际维和,还是对捍卫全球金融体系的稳定等,中国都承担了超越传统主权范畴的具有强制性的法律义务,并在国内机构设置、法律实施等各个方面做出了积极的努力。通过积极参与国际组织和对国际秩序规则的良好遵守记录,中国在全球治理中建立起良好的声誉。

第二,在国际组织外交中的大国责任意识日益增强。这主要表现在随着经济实力的强劲增强,中国越来越重视承担国际义务与责任,对国际组织的支持力度日益增大。这不仅体现在中国与联合国计划开发署的合作关系由"进多出少"转向"进出均衡",也体现在中国国际组织会费的飞速增长方面。在1997年东南亚经济危机和2008年国际金融危机爆发期间,中国政府宣布人民币不贬值,并通过国际货币基金组织、世界银行、亚洲开发银行等国际和地区组织提供经济援助,作为全球经济发动机的中国,稳定拉动全球经济的卓越表现赢得国际社会的广泛赞扬和期许。在维持国际和平与安全方面,中国不仅是联合国维和经费的主要提供国之一,也是迄今为止联合国安理会常任理事国中派遣联合国维和人员最多的国家。自1989年中国首次参与联合国维和行动到2017年底,中国已累计派出20 000多人次的维和官兵参与联合国的维和行动,成为目前联合国维和行动中的一支重要力量。在与发展中国家关系上,从"和平共处五项原则"到"三个世界"理论,从求同存异理念到和谐世界主张,中国始终站在广大发展中国家立场"立言""发声"。中国不仅积极减免发展中国家的债务,同时积极发展对外经济与技术援助,带动发展中国家共同发展,其立场和主张在联合国和其他国际组织中得到广泛认同。

第三,在全球治理理念上,中国借助联合国等国际组织和多边会议平台先后提出了"和平共处五项原则""新安全观""睦邻、安邻、富邻""和平崛起""和谐世界""亲诚惠容"等体现国际社会发展趋势的先进观念,体现出中国负责任姿态和维护国际秩序的良好意愿,向国际组织贡献出一系列具有中国特色的、多元化的组织文化、理念和价值观。例如,在联合国安理会改革问题上,中国提出应坚持地域平衡的原则,特别要优先增加发展中国家的代表权;在国际环境谈判中,中国积极倡导发达国家与发展中国家之间"共同但有区别的责任";在 G20 峰会有关改善国际货币体系议题上,中国呼吁稳步推进国际货币体系多元化,主张全面性、均衡性、渐进性、实效性的原则,积极推动国际金融秩序不断朝着公平、公正、包容、有序的方向发展。

党的十八大以来,中国提出践行正确义利观,推动构建以合作共赢为核心的新型国际关系,打造人类命运共同体,打造遍布全球的伙伴关系网络,倡导共同、综合、合作、可持续的安全观,坚持要合作不要对抗,要双赢、多赢、共赢不要单赢,不断寻求最大公约数、扩大合作面,引导各方形成共识,加强协调合作,共同推动全球治理体系变革,等等。中国积极倡导的这些全球治理原则,反映了中国和国际组织发展的现实,顺应了全球化时代对国际治理机制变革的合理诉求,为中国获得了良好的国际声誉。

第四,在对地区合作和机制化建设方面,中国由消极向积极主动方向转换。长期以来,东亚区域性合作落后于世界其他地区,基于历史和现实原因,中国对参与区域合作一度也持消极态度。自从 20 世纪 90 年代对外开放力度不断加强,中国在处理东亚地区一体化和经济合作方面,也由强调双边合作向多边参与的政策转换。与全球范围内的多边贸易谈判进程受挫相反,在中国推动下,东亚地区的多边区域经济合作机制有了新的发展,特别是以中国和东盟签订"10+1"自由贸易协定(FTA)为标志,东亚地区的市场一体化迈出了决定性的步伐。而抗击非典(SARS)袭击,则从非传统安全和社会发展领域促进了中国与周边国家的合作机制。2003 年中国和东盟成员领导人共同签署了《中国—东盟战略伙伴关系联合宣言》,双方宣布建立面向和平与繁荣的战略伙伴关系。这是中国对外关系史上第一次同一个地区组织结成战略伙伴关系的法律文件,展示了中国作为一个负责任大国和平崛起的新形象。2001 年上海合作组织的成立对中国国际组织外交而言更是具有里程碑意义。在中国的倡导和主导下,上合组织开发银行、金砖国家开发银行、亚投行等相继诞生,这些全球治理多边机构,将为新兴国家的发展提供基础设施建设资金的重任。

综上所述,中国与国际组织关系的演变是一个曲折发展的过程,在"国际性""社会性"的学习过程中,中国的国家利益诉求和国际行为方式决定了中国在国际组织中的战略认知和立场表现,这种变化实质上也映衬着我国外交政策的历史性变迁。我国学者王逸舟将此变迁准确地表述为"从拒绝到承认、从扮演一般性角色到争取重要位置、从比较注重国内需求到更加兼顾国际形象"的曲折过程。[3]冷战结束以来,中国正是通过在国际组织公共外交上的积极作为,获得了一条加速融入国际体系,积极传播软实力,建构自己新型国家形象的新途径。

三、中国道路与全球治理

经过中国共产党人近百年的探索与努力,中国发展再一次站在了历史的新方位,中国已稳居世界第二大经济体并一直保持快速发展,世界经济增长三成以上由中国贡献。近代以来,久经磨难的中华民族迎来了从站起来、富起来到强起来的伟大飞跃,迎来了实现中华民族伟大复兴的光明前景。中国特色社会主义进入新时代,意味着中国特色社会主义道路、理论、制度、文化不断发展,拓展了发展中国家走向现代化的途径,给世界上那些既希望加快发展又希望保持自身独立性的国家和民族提供了全新选择。日益走近世界舞台中央的中国,愿意以自身发展道路向世界提供中国机遇、中国智慧、中国方案、中国经验和中国借鉴,带给国际社会更加强大的正能量。

从世界历史来看,全球治理格局取决于国际力量对比,全球治理体系变革源于国际力量对比的深刻变化。从参与国际组织的历程来看,中国从排斥、熟悉、参与到主动承担甚至主导国际制度和国际规则,很好地观照了中国从站起来、富起来到强起来的阶段性路径,它体现了中国接受、改造国际组织,完善国际环境的阶梯式递进,是新时期中国全球治理战略的成效体现,也是中国软实力借助国际组织外交逐步在国际社会得以展现和拓展的历史过程。

党的十八大以来,中国开辟了一条走向现代化国家的独特道路,使得发展中国家走向现代化有了新的学习样板,为解决人类发展问题提供了中国方案,贡献了中国智慧。中国首倡共建人类命运共同体,这一理念得到了世界上众多国家的认同。2015年12月12日,习近平总书记在主持中共中央政治局第二十七次集体学习时指出,随着全球性挑战增多,加强全球治理、推进全球治理体制变革已是大势所趋。我们要推动全球治理理念创新发展,积极发掘中华文化中积极的处世之道和治理理念同当今时代的共鸣点,继续丰富打造人类命运共同体等主张,弘扬"共商、共建、共享"的全球治理理念。

"共商、共建、共享"构成了加强全球治理、推进全球治理体系与治理能力现代化的系统链条,缺一不可。共商,就是集思广益,由全球所有参与治理方共同商议;共建,就是各施所长、各尽所能,发挥各自优势和潜能并持续加以推进建设;共享,就是让全球治理体制和格局的成果更多更公平地惠及全球各个参与方。2016年9月中旬,第71届联合国大会通过决议,将"共商、共建、共享"原则首次纳入全球经济治理理念。这是中国贡献的全球治理观,同时也表明国际社会越来越认同中国倡导的构建以合作共赢为核心的新型国际关系、打造人类命运共同体等全球治理理念。此前,联合国已一致通过第2344号决议,呼吁各国推进"一带一路"建设,并首次载入"构建人类命运共同体"理念。这都显示出中国智慧、中国方案正变成全球治理新理念。随着中国经济实力的快速提升,借助"一带一路"倡议等平台,中国将在引领推动构建人类命运共同体方面做出创造性的巨大贡献。

笔者认为,从积极参与全球治理、提升国家软实力和构建负责任大国形象角度看,未来中国在国际组织外交实践方面尚需在以下几个方面大力挖掘潜力:

首先,基于西方国家民众普遍对政府信任度不足的现实,中国在国际组织外交实践中,应努力消除政府这只"看得见的手"的影响,积极培育和壮大国内各种非政府组织,让更多的中国非政府组织、民间团体、社会组织、精英人士和广大民众走上国际交往的大舞台"向世界说明和展示中国",在这方面,中国政府应体现出世界大国应有的自信与风度。

其次,要积极创造条件,让更多的中国人进入到国际组织中担任要职,展现中国风貌,传播中国理念,熟悉和把握国际组织游戏规则,从而增进中国在国际组织中的话语权与影响力。

再次,应充分利用现有的国际组织平台,主动制定议程,并积极"发声",在变动的国际组织中加强规则塑造权和制订权,推进国际组织机构向公平、公正方向改造,如此不仅可以为中国融入国际社会创造更好的外部环境,而且有助于促进国际关系的民主化,树立起负责任的和平发展大国形象。

最后,要积极倡导和参与国际组织与合作机制的创建,同时也要为国际组织及其机构落户中国积极创造条件。由于历史和现实原因,目前由我国倡导(或主导)建立或以我国城市命名并落户中国的国际组织还非常有限,这与我国的大国地位和身份并不相符,也与积极参与全球治理的理念相悖。从公共外交角度而言,吸引国际组织落户中国不仅有利于提升我国和相关城市的知名度、美誉度和国际化程度,塑造良好的国际形象,而且有利于我国软实力和国际影响力的提升。

(上海大学 李 华)

参考文献

[1] 樊勇明.全球化与国际关系行为主体多元化——兼论国际关系中的非政府组织[J].世界经济研究,2003(9).
[2] 许华.俄罗斯:应对国家形象困境[J].对外传播,2011(3).
[3] 王逸舟.中国与国际组织关系研究的若干问题[J].社会科学论坛,2002(8).

零和模式的没落与共赢模式的崛起

——"一带一路"倡议对世界体系变革的意义

[摘　要]　金融资本跨国流动和与之俱来的财富转移究其本质而言是一种霸权体系支配下的零和模式。"一带一路"倡议将终结金融霸权体系下的资金循环,通过"融通"盘活各个陷入困境的经济体,在重新布局国际分工的基础上促进世界体系的变革,推动世界体系进入共赢模式。共赢是大势所趋,但不可能一蹴而就,共赢将在相互性语境中逐渐战胜零和。

[关键词]　零和模式；共赢模式；崛起

一、金融资本主义全球化背景下的零和模式

（一）金融资本全球流动与金融霸权

国际金融资本的全球扩张使得世界各国都面临着防范金融风险和贸易风险的严峻挑战,为了能更好地应对这些风险和挑战,许多国家都加入了国际货币基金组织(IMF)、巴塞尔银行业监督委员会等国际金融组织,以便能够同其他各国协调金融政策,防范金融风险并在一旦遇到金融风险或贸易失衡之际能够获得外部援助。然而这也同时意味着,各国将部分金融主权拱手让给了 IMF 等组织[1]：IMF 有指定并监督各成员国间的汇率政策、经常项目的支付、货币兑换性方面的规则和权力。各国独立制定并执行金融政策的能力受到了相当程度的制约。而在 IMF 等国际金融组织中,国际金融规则大多按照以美国为首的发达国家的

意愿制定,美国、欧洲的发达国家在这些组织中占据了绝对的主导地位。因此可以说,在金融资本主义全球化的背景下,世界上的国家可以大致被分为两类:一类是自身金融系统发达,金融执行能力强,且能按照自己的意愿制定国际金融规则的国家;另一类是自身金融系统不够发达,金融执行能力较弱,且不能按照自己的意愿制定国际金融规则的国家。前者对于金融资本全球流动中产生的金融霸权具有一定的掌控能力,是金融霸权的掌控方,后者只能被动地接受金融霸权,是金融霸权的接受方。

(二)金融资本全球流动使得金融霸权的接受方财富受到损失

国际金融资本在全球的肆意流动曾导致一些金融开放程度高的国家出现了资产价格的大起大落,其背后的实质正是财富随着金融资本的流入与流出发生了跨国转移。即使是金融没有完全开放的国家,其实也因国际金融资本的流动而导致了巨大的成本损失。以中国为例,尽管中国政府一直坚持固定汇率和有管理的浮动汇率、资本项目管制等各种被"新自由主义"视为较为保守的金融政策,但自中国加入世界贸易组织(WTO)后,国际金融资本便以大量"游资"的形式蜂拥进入中国,为了保证人民币汇率的浮动不超出可控范围之内,中国人民银行付出了巨大的对冲成本:自2003年至2010年,这项成本高达1.08万亿元人民币。[2]此外,游资的涌入导致中国外汇占款货币供应量大增,从而导致中国货币超发,流动性泛滥,并转化为一度居高不下的通货膨胀率和日益攀升至今的资产价格泡沫。[3]这实际上也是一种隐秘的财富转移。

(三)金融霸权的掌控方可以通过金融资本的全球流动而获益

资本均以逐利为目标,国际金融资本游走于各国之间的目的是为了把各国创造的财富中的一部分甚或大部分转化为自己的利润。这一事实近年来已广为各国所知晓,因而近年来曾被国际金融资本狙击过的各国均对国际金融资本的流动持一种审慎、警惕甚至抵制的态度,尤其是那些曾经被国际金融资本狙击的国家,甚至对其有一种谈虎色变的倾向。而与这些国家不同,面对国际金融资本,美国却显得从容、自信。这其中的原因或许在于:和其他国家无力左右国际金融资本的走向、只能任凭国际金融资本肆意摆布不同,美国有足够的能力引导或操控国际金融资本的流向,使得国际金融资本因在各国的流动而获取的收益用来形成推动美国经济发展的助力。

有研究者指出，在 2002 年之前的 25 年时间里，有约 80—100 个国家出现过金融危机，其中许多外围经济体的危机，如墨西哥金融危机、亚洲金融危机等都与美国的美元宏观政策调控有关[4]，美国可以凭借美元在世界货币体系中的垄断性优势，通过美元的贬值和升值引导金融资本的走向，从而掠夺其他国家的财富。有研究者指出，由于发达的中心国有能力支配国际金融体系，从而能够把资本配置到其他国家，并获取利润，因而国际金融资本的流向遵循这样的规律：资本从发达的中心国家向其他国家流入，而相应的利润则由其他国家流入中心国。[5]这个观点是可以为事实所印证的。从历史经验来看，每当美国国内经济萧条之时，美元就会贬值，金融资本便大量流出美国，涌入其他国家，从而造成资本流入国的流动性泛滥，形成输入型通货膨胀和资产价格泡沫。这其实是美国向其他国家转嫁经济危机，正如有研究者指出的那样，这其实是美国通过美元贬值攫取国际通货膨胀税。[6]而当美国经济出现转机，需要注入大量资金助其发展时，美元便会升值，当初流入其他国家的金融资本便会携其在他国赚取的巨额利润回流美国。在美国利用获得的流动性金融资本带动经济快速发展的同时，金融资本流出的国家却出现资产泡沫破灭的巨大动荡。在这个过程中，跨国流动的金融资本实质上是财富的载体，其跨国流动的同时便完成了财富在不同国家之间的转移。

（四）"霸权—零和"模式

这种资本流动和与之俱来的财富转移究其本质而言是一种霸权体系支配下的零和模式。霸权的掌控方通过金融霸权向霸权的接受方掠夺财富，掌控方财富的增加、经济的增长是与接受方财富的损失、经济的萧条相伴相生的，而这就导致霸权掌控方实力更加强大，而霸权接受方实力更加被削弱，从而使得霸权掌控方对霸权的掌控力更强，霸权接受方更加无力反抗，只能更加被动接受霸权，于是就形成了一个"霸权—零和"互动的循环。

二、"一带一路"倡议开启共赢模式

（一）"一带一路"倡议将终结金融霸权体系下的资金循环

金融霸权和零和模式一直稳固的重要原因之一是中心国一直垄断着资金及

控制资金的流向。本来亚洲地区近年来依靠劳动力、资源等优势积累了大量的资金和财富，原本是有打破中心国资金垄断的可能，可是在现行的金融霸权体系之下，这些财富和资金却没有能为亚洲的进一步发展形成资本积累，成为亚洲进一步发展的启动资金，而是通过购买美国等发达国家国债的形式再度流向美国等发达国家，从而成为国际金融资本的一部分，再度到亚洲地区的外围国掠夺财富。在这个资金循环中，利润一直流向中心国，亚洲的外围国则一方面因缺乏资金而无法引进技术，从而一直从事低层次、低利润的加工生产；另一方面则成为金融资本攫取利润的对象，一直难以摆脱被金融资本掠夺的命运。于是"中心／外围"的特征更加强化，既定结构更加牢固。

作为"一带一路"倡议中重要组成部分的亚洲基础设施投资银行（以下简称"亚投行"）的诞生有利于从根本上终结这种资金循环。亚投行的目的是服务亚洲地区的基础设施建设，这就同时能够使得亚洲地区的过剩资金被投放到亚洲地区，而不是进入到霸权体系主导的那个循环当中去。在亚洲就有急需资金的地方：亚洲地区的基础设施落后的贫困国家。这些国家形成了一个恶性循环：由于公路、铁路、港口、机场等基础设施落后，所以无法发展物流，振兴产业，从而脱贫致富；由于贫穷又无法拿出较多的资金去修建基础设施。从理论上讲，只要能获得外部力量投资修建基础设施，此问题即可迎刃而解，而亚洲地区的出口贸易国、西亚地区的产油国手中均握有大量的外汇储备，许多国家都有非常高的储蓄率。这些资金原本大都被国际金融资本所吸纳，成为中心国掠夺外围国财富的工具。如果将这些资金引入亚洲贫穷地区的基础设施建设，则不仅有助于这些国家的经济发展，同时也可以引导亚洲资金摆脱金融霸权体系的吸纳。除了支援亚洲落后国家的基础设施建设之外，亚投行最为重要的意义在于为实现亚洲资金的自我循环提供了可能。亚洲地区的资金将有可能不再进入金融霸权所主导的模式之中，而是直接服务于亚洲地位落后国家的发展。这样一来，资金从外围国被吸纳至中心国，然后再到外围国攫取利润，返回至中心国，即"外围国—中心国—外围国"的资金循环链条将被斩断，这将从根本上破除既有的霸权体系和零和模式。

（二）"一带一路"倡议可通过"融通"盘活各个陷入困境的经济体

当今世界上许多国家经济发展都陷入了不同的困境，正如有研究者指出的那样:"有的国家资金过剩,有的国家资源过剩,有的国家劳动力过剩,有的国家有技术无需求,有的国家有资源无市场。从单个国家来看,这些都是问题,难以解决。但从系统角度看,这些国家具有很大的经济互补性,可以借助'一带一路'这个平台,通过相互合作,变发展劣势为发展优势。"[7]实际上,几乎每个国家所面临的经济困境,都可以在世界各国构成的体系中找到解决方案。因为一个国家过剩的,可能正是其他国家所稀缺的,一个国家所缺少的,也可能正是其他国家过剩的。只要能将这些具有互补性的国家联通起来构成一个系统,单一国家的问题就迎刃而解,原本的劣势还能在系统中成为优势。"通"是"一带一路"所着重强调的,即"一带一路"沿线国家政策沟通、设施联通、贸易畅通、资金融通、民心相通;"通"也正是解决各个国家问题的最佳方案,只要真正融通了,就能够对接过剩与稀缺,"损有余而补不足"。

资金融通是亚投行之所以能够成为一个共赢平台的重要原因。而亚投行吸引了世界上众多国家参与的重要原因正在于其有效地利用了不同国家之间的互补性:有些国家资金过剩找不到好的出路,而另一些国家却因缺乏资金无法发展,将这两者对接便立刻双方都被盘活。这正是"一带一路"倡议所强调的"资金融通",融通即可互补,把过剩和稀缺对接,从而双赢。据亚开行测算,从2010年至2020年的10年间,亚洲的基础设施建设至少需要8万亿—10万亿美元,即平均每年需投资8 000亿美元。其中维修、翻新现有基础设施大约需要2.5万亿美元,新建基础设施约需要6.5万亿美元。而现有的多边融资机构无力提供如此巨额的资金,亚洲开发银行的总资金约为1 600亿美元,世界银行总资金约为2 230亿美元,这两家银行每年也只能为亚洲提供约200亿美元的资金。而亚洲地区又存在着资金过剩的情况,这些资金大都缺乏好的投资渠道,投资于发达国家的债券市场往往是最主要的投资手段。然而这种投资方式除了前文论述过的进入了霸权体系的循环之外还有两大弊端:一是其收益受到发达国家的货币政策、汇率政策的影响,充满了不确定性的风险。二是对方并不感激其资金的支持。比如美国前财政部长保尔森、前美联储主席伯南克都曾发表言论称亚洲国家的高储蓄率及高外汇储备是导致美国次贷危机的元凶(其大意是亚洲国家购买美国国债导致美元流动性过于充足,从而压低了美国利率的水平,为"次贷"提供了产生的空间)。而亚投行的产生,为同时解决贫困国家资金短缺与亚洲贸易国、产油国资金过剩提供了一个平台,对于双方均是有利的。

在经济领域中能够互相融通的不仅是资金,资源、技术、劳动力等生产要素和产品都可以互相融通,从而"损有余而补不足",达到最佳的平衡状态。有研究者指出,中国创造了许多"交换"模式:中国援建安哥拉的"能源换基础设施"模式、中国与非洲之间的投资换资源模式等[7],还有广为人知但因故暂未能实现的中泰"大米换高铁"模式,中国在这些交换的过程中输出的大多是公路、铁路、港口、机场等基础设施,这一方面是"过剩"与"稀缺"的交换,同时更为进一步的融通奠定了基础。中国向外输出的基础设施就是"一带一路"的硬件基础,可以使得世界体系的连接更为便捷。而一旦实现便捷的互联互通之后,系统内各个经济体之间的互补性就可以得到充分的体现,从而全面变劣势为优势,从根本上盘活系统内的各个经济体。

(三)"一带一路"倡议将在重新布局国际分工的基础上促进世界体系的变革

马克思的国际价值理论启示我们,在经济关系平等的基础上,各个国家开展分工和贸易,可以实现互利共赢。[8]然而现代世界体系是在不平等的国际分工基础上发展起来的。世界体系形成之初,部分西方国家利用工业革命的机会,依靠技术上的领先优势,形成了完整的工业体系,成了产品生产地,而技术落后的国家则因技术落后只能沦为原料供应地和产品销售地。前者成为中心国,后者则为外围国,两者之间是剥削与被剥削的不平等关系。进入到金融资本主义阶段之后,中心国与外围国这一基本的世界体系格局及在其基础之上的不平等关系基本没有改变。由于金融资本并不参与创造价值,而只是重新分配价值,因而金融资本的全球流动就确定了中心国与外围国之间的零和模式。"一带一路"倡议力图打破既有的国际分工格局,使得世界体系中的各个经济体能够在平等、互利的基础上合作,从而达到共赢。这种努力主要体现在以下三个层面:

第一,中国以身作则推行平等互利的合作共赢模式。中国在推进"一带一路"倡议中的资本输出与资本主义国家资本输出的疯狂掠夺不同,是和相关国家平等交换。比如近年来中国在加大对非洲投资的时候,正是西方国家因国际金融危机纷纷从非洲撤资的时候,中国对非洲的投资,有效地避免了非洲因西方国家撤资而导致的大量失业和经济萧条。而且,中国并没有因此要挟非洲,并廉价地从非洲攫取资源,而是严格遵循市场原则,或通过国际专业机构购买。[7]

第二,中国推行的共赢模式可以迫使中心国改变剥削思维和做法。经过多年的改革开放和经济发展,中国已经握有大量的资金、技术、市场等关键性的生产要素,这就使得中心国已经无法通过完全垄断关键性生产要素从而压迫和剥削外围国。就以资金这一生产要素为例,以前中心国通过世界银行、亚洲开发银行(以下简称亚开行)等组织或机构向外围国提供贷款时常常附加非常苛刻的政治条件,而亚投行问世之后,世界银行、亚开行就再也没有了漫天要价的底气。美国、日本这些国家虽然坚持不加入亚投行,但其传统的霸权思维已经遭受挫败,亚开行必须和亚投行争夺亚洲市场,这就使得亚开行必须放弃以往面对亚洲国家时的霸权心态,而采取和亚投行一样甚至更为优惠的措施。正当亚投行筹建工作如火如荼地展开、甚至连不少欧洲国家都加入亚投行之际,日本也随即宣布了对亚洲基础设施投资贷款的宏伟计划。[9]从表面上看起来,日本的这一行为似乎对亚投行构成了竞争,但从深层来看,这正符合亚投行及"一带一路"倡议的初衷,亚投行成立的目的就是要把资金引入亚洲,尤其是为亚洲落后地区的基础设施建设服务。如果日本要想和亚投行争夺亚洲基础设施建设投资市场,那么则必须改变以往的剥削模式,采取互利共赢模式,否则不可能竞争过亚投行。

第三,中国着力提升外围国参与国际分工的竞争力。和实力强的中心国剥削掠夺实力弱的外围国的零和模式不同,中国设计和倡导的共赢模式是不论实力强弱,各个经济体相互之间互为经济发展的基础。共赢模式不是一个国家强大了,其他国家就衰弱了,而是一个国家强大了,其他国家也会因此而受益。因此,中国才致力于帮助外围国家参与国际分工的竞争力。

三、共赢与零和:谁主未来世界沉浮

(一)共赢是大势所趋

共赢与零和两种模式最为根本的区别在于,前者各方都能获取利益,都不会有利益损失,因而是一种易为各方所接受的稳定模式。而后者则不然,零和模式将参与各方分成了得益方和受损方。前者固然能接受这种模式并愿意继续维持此模式,而后者则因利益的受损必定不满该模式,寻求改变是其必然想法,因而

双方在维持还是改变既定模式这一问题上必定有分歧、冲突和博弈。因而零和模式必然是一种不稳定的模式。

零和模式能否维持既定的格局取决于得益方与受损方的力量对比,如前者大于后者,则既定格局难以改变;如后者大于前者,则会导致变化:既有可能是零和模式内部得益方与受损方的结构性变化,也有可能是对零和模式的颠覆性变化。然而,一般情况下,得益方的力量会因得益而越来越强大,受损方的力量会因受损而越来越弱小,所以后者超过前者从而反转逆袭的难度较大,这也是二战后半个多世纪来,虽几经沧桑变化但零和模式内部的结构和模式本身一直未能得以改变的原因所在。

在很长一段时间内,二战后形成的世界范围内的零和模式的受益方除了美国之外,还包括欧洲等发达国家,而受损方则主要是广大发展中国家。前者主要是靠现行的国际规则引导国际金融资本的跨国流动来获益的。然而诡异的是,2008—2010年间,国际金融资本竟然把攻击的矛头指向了美国、欧洲,先后引发了美国的次贷危机和欧洲的主权债务危机。在这场席卷全球的金融海啸当中,美国政府力挽狂澜,转危为安,成功地通过量化宽松、美元贬值、对他国调低信用评级等各种手段向其他国家转嫁危机。而欧洲各国则不同,历经多年仍未能走出经济萧条之困境,这就意味着欧洲各国也从原来的受益方转而成了受损方,受损方的数量大增,而得益方几乎只剩下美国一家。对既有模式不满的力量(至少是数量)大大增加,一旦这些力量被唤起,既有的模式就将受到挑战。

(二)"共赢"不可能一蹴而就

虽然"零和"模式正在受到冲击,"共赢"模式正在迅速构建,越来越多的国家抛弃前者,融入后者,但这并不意味着构建"共赢"的道路会一帆风顺,作为颠覆传统秩序的"共赢"之路无可避免地会遭遇各种阻碍和挑战。

1. 美国不甘心霸权地位的丧失

作为原有模式的主导者和受益者,美国在原有的"零和模式"中早已得心应手,游刃有余,且零和模式能削弱对手,增强自己,有助于巩固美国的霸权地位,一旦零和模式瓦解,则其霸权地位的根基也将动摇。在2014年北京APEC峰会上,美国公然反对亚投行的创建,并极力劝阻其盟友澳大利亚、韩国等不要表态支持亚投行。虽然美国解释,其反对是出于对亚投行的治理水平能否达到国际标准,然而其真实想法或许正如个别评论员指出的,美国害怕中国凭借亚投行,以金融力量影响亚洲乃至世界经济的发展。虽然 2015 年 3 月份以后,世界各国纷纷以势不可挡之势加入亚投行,使得美国未能成功扼杀亚投行于摇篮之中,但美国依然有强大的金融掌控能力。

2. 各国大多仍以自身利益最大化而非各国共赢为目标

虽然中国倡议的搭建共赢平台的亚投行吸引了众多国家踊跃加入,但这并不意味着这些加入亚投行的国家从内心都已经接受了"共赢"的理念,各国加入亚投行首先考虑的是自己能否在这个平台中获取利益,而非保证其他国家也一起获益。尽管从宏观层面而言,"亚投行"是一个能够保障各方均获益的共赢平台,然而在具体的微观层面,各参与国之间的"零和"思维仍然存在,在亚投行总部所在地、行长和副行长人选的确定、各国份额的分配方案、具体规则的设置等方面的磋商当中,各国仍然更多地是从自身利益出发,更多显示出仍未脱离"零和"思维的桎梏。而且亚投行成员国既有欧洲的发达国家,又有亚洲地区的发展中国家、贫困国家,两者在综合国力、金融经验和对金融的操控能力等方面均存在着不小的差异。且前者曾经有过在零和模式中得益的经验,会不会把原来的经验转移到亚投行中来? 若如此,则亚投行势必会重新成为一个新的零和平台,共赢的愿景将被新的掠夺彻底粉碎。作为亚投行的倡议者和主导方、最大的份额国,中国面临的最为紧迫的任务是如何通过规则的制定约束、引导各国抛弃零和思维,共同构建共赢模式。

3. 共赢模式从长远看可以共同收益,但短期可能面临困难

和国际金融资本在各国流动赚快钱不同,亚投行引导资金投入的是亚洲地区的基础设施建设,而基础设施建设存在着周期长、回报率不确定的特点。这就使得在一开始的时候,有可能亚投行及"一带一路"倡议的参与者非但获得不到可观的利益,甚至还有可能遭受亏损,尽管这种亏损可能只是暂时的,但极有可能导致共赢模式参与者改变其决定,导致共赢共同体的解体。

(三) 共赢将在相互性语境中逐渐战胜零和

相互性是当今世界体系的基本客观存在。国家与国家之间处于相互性的联系之中,共赢与零和都是这种相互性联系的两种模式。零和模式是不可能长久持续下去的不稳定模式,必定会迎来变革。这是因为该模式一方受益,另一方受

损,且受益方的受益是建立在受损方损失的基础之上的。如果受益方越来越强大,受损方越来越弱小,那么当受损方弱小到一定程度时,无力再为受益方提供受益的来源时,这种模式就面临穷途末路。其实还有另一种可能,那就是受损方的力量越来越强大,而受益方的力量却越来越小,这种情况并非绝对不可能,事实上这种情况近40年来正在世界体系中悄悄地发生着。早在金融资本初见端倪的20世纪初,霍布森就曾指出,西方国家因金融垄断和资本输出会导致其主要的工业部门消失,"而大批的食品和半成品会像贡品那样由亚非两洲源源而来。到那时,西方国家的上层阶级从亚非两洲获得巨额的贡款,并且利用这种贡款来豢养大批被驯服的职员和仆役,这些职员和仆役不再从事大宗农产品和工业品的生产,而是替个人服务,或者在新的金融贵族监督下从事次要的工业劳动"。有研究者指出:"霍布森的预言现在全应验了。进入金融资本主义时代以来,持续不断的产业转移产生了特殊的效果。西方国家玩弄虚拟经济越来越玄妙,而不屑于真正创造社会财富的实体经济。新兴国家则乘机接受了产业的转移,辛辛苦苦地创造社会财富,逐步地使自己的经济肌体壮健起来,从而推动世界经济格局的大变化。"[10] 2008年开始的美国及欧洲金融危机,使西方经济衰退,中国等新兴经济体经济崛起,其实质正是金融资本主义国家和被其剥削、压迫的国家的实力消长变化。西方国家已经充分注意到了这一点,曾经的金融帝国已经开始了再工业化的进程,企图扭转这种变化趋势,从而继续维持原来的"零和"相互性。然而亚投行及"一带一路"倡议在世界范围内得到的热捧和响应,已经预示着"零和"已经没落,"共赢"正在崛起。

(上海大学 刘子杰)

参考文献

[1] Ian Hurd. Legitimacy and Authority in International Politics[J]. International Organization, 1999, 53(2): 379-408.

[2] 徐以升.超过1万亿的代价——中国央行对冲外汇占款机制及成本评估与展望[J].国际经济评论,2011(4).

[3] 李国平,周宏.论金融资本主义全球化与金融主权[J].马克思主义研究,2015(5).

［4］尹应凯,崔茂中.美元霸权：生存基础、生存影响与生存冲突[J].国际金融研究,2009(12).

［5］童珊.资本的时间—空间修复机制及其融合——基于金融化视角的分析[J].马克思主义研究,2015(6).

［6］程恩富,夏晖.美元霸权：美国掠夺他国财富的重要手段[J].马克思主义研究,2007(12).

［7］周文,方茜."一带一路"倡议的政治经济学思考[J].马克思主义研究,2015(10).

［8］张二震,马野青.当代国际分工新特点与马克思国际价值理论新发展[J].经济纵横,2008(3).

［9］江玮.日本加紧出击亚洲基础设施投资 金额或超亚投行[EB/OL].(2015-06-22)[2015-06-22]. http：//finance.sina.com.cn/world/20150622/133322488158.shtml.

［10］王天玺.美国与金融资本主义[J].红旗文稿,2010(13).

新时代全球经济治理的中国方案

[摘 要] 自2008年金融危机以来,全球经济治理面临着严重的困境和挑战。中国改革开放近40年的巨大成就以及成功应对金融风暴冲击,为中国积极参与全球经济治理提供了契机。以习近平总书记为代表的党中央继承马克思主义世界秩序思想,立足五大发展新理念,创造性地提出了推动构建人类命运共同体、"共商、共建、共享"全球经济治理新理念等思想,形成了建设公正合理的国际政治经济新秩序和全球经济治理的中国方案,并在实践中积极践行新时代全球经济治理思想,展现出中国负责任大国的历史使命和时代担当。

[关键词] 习近平;全球经济治理思想;全球经济治理;中国方案

一、全球经济治理的变迁

所谓全球治理,就是在具有约束力的国际制度和规范框架内,各种不同的国际行为主体,通过协商合作,共同应对全球性的政治、经济、生态和安全问题,以维持正常的全球共同利益和秩序。全球经济治理是全球治理的主体和核心内容,但又不是全球治理的全部,有很多学者认为,全球经济治理本来就是缺乏定义的概念。[1]

大体而言,全球经济治理可以概括为各个国际行为主体通过协商合作、建立共识、确定规则等方式开展全球经济事务协调与管理,以建立具有约束力的国际规则机制和有效国际合作,来保障正常、合理、有序的国际经济秩序规范,并对全球经济事务与经济政策进行协调、指导、管理和干预,进而解决地区层次到全球范围的经济稳定和发展问题。从广义上讲,全球经济治理主要出现在布雷顿森林体系之后,其变迁大致经历三个阶段。

第一阶段,1945—1975年。这个阶段被称为战后国际经济秩序的形成阶段。[2]这段时期的核心思想史建设以美元霸权为世界经济核心的安排,具体的表现形式是建立以国际货币基金组织(IMF)、世界银行(WB)、关税和贸易总协定(GATT)为支柱的布雷顿森林体系。

布雷顿森林体系形成了以"双挂钩,一固定"为核心的国际货币体系。所谓的"双挂钩",即美元与黄金挂钩、其他国家货币与美元挂钩。"一固定"是在一定范围内可调整的固定汇率制度。这一体系结束了战前国际金融领域动荡和货币制度混乱的局面,弥补了国际货币体系长期没有法律约束力,以及没有国际机构监督和指导的局面,使战后国际金融秩序在相当长的一段时间内保持相对稳定。此外,通过 GATT 建立了战后国际贸易体系,形成了一个多边协商的贸易框架,以国际制度的形式明确了各成员国需履行的义务,推进了多边贸易自由化。

第二阶段,1975—2008年。这个阶段主要是以发达国家成立七国集团(G7,后来俄罗斯加入成为G8)进行全球经济治理的时期。这段时期的全球经济治理在全球层面上有一些常规性财政、货币、汇率等政策协调,主要特征之一是发达国家集团在国际经济秩序中处于优势地位,发展中国家呼吁通过改善其在国际经济秩序中的劣势地位来维护自身权益。

进入20世纪70年代,随着美国经济实力的相对下降及黄金储备大量流失,美国及其美元霸权基础逐渐被削弱,导致全球经济治理效率和效力下降。为应对这一变化,美国、英国、法国、日本、联邦德国、意大利、加拿大等7个发达国家组建了七国集团(以下简称G7)峰会机制,实现定期会晤和经济与安全政策协调。经济的繁荣使得西方治理思想得到推崇,推广西方经济制度成为全球经济治理的核心内容,如世界银行、IMF 等国际机构,在 G7 的努力下成为推行"华盛顿共识"的主要渠道。G7 在应对"美元危机""石油危机"以及布雷顿森林体系瓦解等重大问题时发挥过重要作用。但是,G7 没有明确的组织章程和行政机关,而是以领导人峰会的沟通、协商与合作形式来共同解决地区或全球性问题。

第三阶段,2008年至今。这个阶段体现为治理主体和治理思想的多元化,治理方式的多样化和治理合作的多层级化。很多学者认为,真正意义上的全球治理才开始形成,真正实现了发达国家与新兴国家、发展中国家一道在全球范围内对金融进行监管,对宏观经济进行监控。[2]在反思旧的全球经济治理的基础上,形成了以二十国集团合作(以下简称G20)为代表的全球经济治理平台。

2008年金融危机以后,国际机构开始发出与过去不同的声音,如IMF承认"资本管制"在特定时期有其必要性。为了适应后危机时代的经济治理需要,全球经济治理的合作平台、合作方式越来越多样化。二战后建立的全球经济治理系统已经无法完全满足世界对于全球性公共产品的需求,使得近年来涌现出不少新型多边合作平台和合作方式,如G20、金砖国家合作、"一路一带"倡议,等等。由于多极化趋势以及全球经济治理公共产品供给的相对不足,全球治理合作形式愈加多元化、多层级化,体现为全球性的经济治理与国际多边合作、区域以及次区域经济合作、双边经济合作乃至非官方经济对话等不同治理形式之间的互动与补充。

二、当前全球经济治理存在的问题和挑战

伴随着经济全球化、世界多极化趋势的不断深入,西方发达国家主导的全球经济治理正面临着前所未有的问题和挑战。

一是世界经济复苏乏力。世界经济增长是全球经济治理体系的首要命题。自2008年金融风暴以来,世界经济的GDP年均增长率(2008—2015年)为3.2%,低于金融危机前10年世界GDP年均增长率(1998—2007年)的4.2%。[3]国际贸易低增长,连续五年低于世界经济增长速度,已经成为影响世界经济复苏的重要制约因素。2015年全球贸易总额下降幅度近13%,2016年低增长态势延续,全球实际货物贸易创2008年金融危机以来最低水平。同时,G20成员平均每月新采取的贸易限制措施数量达到2008年以来最高,而新一轮科技和产业革命仍处在孕育阶段,其作为潜在经济增长的动能并没有及时到位。此外,发达国家面临去杠杆、老龄化、宗教和民粹主义等一系列问题,都使得全球经济潜在增长率预期下降。

二是经济体系脆弱不稳定。经济自由化、全球化、网络化和信息化发展到全

新阶段,国家间相互依赖不断上升,科技创新在为人们带来更多财富、知识和机会的同时,也加剧了经济系统的脆弱性。首先,全球金融市场自由化进程波动性加大,但金融监管措施仍主要针对事后危机管理,难以有效避免金融危机。美国整体实力虽有所下降,但依然凭借其美元的绝对优势地位,从自身利益出发制定货币政策,增加了对全球金融市场的外溢影响。其次,全球中产阶级人数扩大以及互联网等社交媒体的普及,促使个人权利意识普遍觉醒,加之社交媒体舆论场的偏激和无序易引发社会舆论的极化,可能激化社会矛盾甚至引发社会动荡。最后,国际地缘政治矛盾和冲突风险上升,各种宗教极端思潮泛滥,自然灾害、传染病等频发,传统和非传统安全威胁交织,加剧了世界政治安全局势的不稳定,也进一步增加了世界经济体系的不确定性。

三是全球经济治理机制碎片化,现有的全球治理还远不到位。全球经济治理机制碎片化,暴露了现行治理机制在代表性、有效性方面的双重缺陷,从而使得现有全球治理远不到位。首先,在贸易机制建设上,多哈回合谈判的停滞导致以 WTO 为基础的多边贸易体制受阻,而区域型、次区域型、跨区域型治理,以及双边贸易投资协定和谈判却层出不穷,进一步导致国际规则碎片化。其次,2008 年金融危机突发,使得全球治理领域的思想交锋和规则竞争明显加强,全球治理思想出现混乱且日渐分化。例如,反映在发展的"搭便车"问题上,中国欢迎世界人民搭便车而个别国家对此更多的则是不满;再如,近年来,服务贸易、电子商务以及投资与贸易的关系变化等,已经深刻改变了国际贸易的内涵,全球经济治理机制的内容也更加精细专业化。此外,金融危机后,各国都更愿意从直接见效入手,专注于解决国内问题,并在全球范围内进行收缩,全球经济治理机制更加失序,经济全球化在全球范围内遭遇重大挫折,现有的全球治理还远不到位。

四是现有的全球经济治理体系与全球经济格局不匹配。全球经济格局是世界各国或国家集团相互作用而形成的世界经济内在结构的外在表现,其核心内容是大国或国家集团之间的经济将力量对比关系和支配别国经济乃至世界经济的权力配置关系。当前,新兴经济体正集体迅速崛起,但是在现有的国际经济体系中却缺少话语权,而发达国家经济实力相对下降,但在全球经济治理体系中,仍处于主导地位。自 2002 年以来,以中国为代表的发展中国家对世界经济增长贡献率从 33% 增加到 61.4%，然而发达国家却正在逐年下降，失去了对全球经济的带动地位。国际经济力量对比所发生的重大变化，理应反映在全球经济治理体系的改革中，然而现实却不尽然。全球经济治理体系的这种滞后性也致使全球经济改革受阻。

五是全球生态环境可持续性堪忧。气候变化是一个公认的全球性问题，不仅对世界经济可持续发展构成重大风险，其也已经被各国作为一个安全议题置于内政外交的前列。尤其对于众多发展中国家而言，空气、水体、土壤污染等环境挑战，不仅对本国国民的生命健康构成直接威胁，也危害了社会经济可持续发展的基础。2015 年底巴黎全球气候峰会提醒我们，气候变化威胁已经迫在眉睫，国际社会必须立即采取有效集体行动。

三、新时代习近平全球经济治理思想及中国方案

中国改革开放近 40 年取得的巨大成就，及成功应对 2008 年国际金融风暴的冲击，为中国积极参与全球治理提供了契机。中国新时代全球经济治理思想的形成和发展，是对马克思主义世界秩序思想的继承和发展。在 20 世纪 70 年代，毛泽东就提出"三个世界"理论，根据各国在国际政治、经济关系中所处的地位来确立世界各国处理国家间关系的模式。20 世纪 80 年代，邓小平提出了建立国际政治经济新秩序的主张，倡导创造一个和平的国际环境，确保世界安全，促进世界经济发展，缩小南北差距。两极格局解体后，面对世界多极化和经济全球化的深入发展，江泽民、胡锦涛强调推动建立公正合理的国际政治经济新秩序，建设持久和平、共同繁荣的和谐世界。

马克思、恩格斯、列宁、毛泽东、邓小平等关于世界秩序的思想为新时代以习近平为总书记的党中央的中国特色全球经济治理思想的构建提供了理论基础。党的十八大以来，以习近平为总书记的党中央立足创新、协调、绿色、开放、共享发展的新理念，从维护中国国家利益的立场出发，创造性地提出了关于全球经济治理的新理念、新思想和新战略，为全球经济治理贡献出中国智慧和中国方案。

（一）推动构建人类命运共同体

2015 年 9 月，习近平在纽约联合国总部出席第 70 届联合国大会一般性辩

论时发表重要讲话,他指出当今世界,各国相互依存、休戚与共。我们要继承和弘扬联合国宪章的宗旨和原则,构建以合作共赢为核心的新型国际关系,打造人类命运共同体。2017年1月,在联合国日内瓦总部发表主旨演讲时,谈到如何让和平的薪火代代相传、让发展的动力源源不断、让文明的光芒熠熠生辉时,习近平总书记再次提出中国方案,即构建人类命运共同体,实现共赢共享。

构建人类命运共同体思想的内涵极其丰富、深刻,其核心就是党的十九大报告所指出的:"建设持久和平、普遍安全、共同繁荣、开放包容、清洁美丽的世界。"构建人类命运共同体要从政治、安全、经济、文化、生态等五个方面推动。[4]从政治上来说,要相互尊重、平等协商,坚决摒弃冷战思维和强权政治,走对话而不对抗、结伴而不结盟的国与国交往新路;从安全上来说,要坚持以对话解决争端、以协商化解分歧,统筹应对传统和非传统安全威胁,反对一切形式的恐怖主义;从经济上来说,要同舟共济,促进贸易和投资自由化便利化,推动经济全球化朝着更加开放、包容、普惠、平衡、共赢的方向发展;从文化上来说,要尊重世界文明多样性,以文明交流超越文明隔阂、文明互鉴超越文明冲突、文明共存超越文明优越;从生态上来说,要坚持环境友好,合作应对气候变化,保护好人类赖以生存的地球家园。

在世界经济面临种种问题的今天,实现全球经济治理,构建人类命运共同体,发展是第一要务,适用于各国,而人类命运共同体追求的是共同发展。要增强各国发展能力,发展归根到底要靠本国自身努力,各国要根据自身禀赋特点,制定适合本国国情的发展战略。要改善国际发展环境,各国要共同维护国际和平,以和平促进发展,以发展巩固和平。要创造良好外部制度环境,加强全球经济治理,健全发展协调机制,各国特别是主要经济体要加强宏观经济政策协调。要维护世界贸易组织规则,支持开放、透明、包容、非歧视性的多边贸易体制,推动建设开放型世界经济。要优化发展伙伴关系,最大限度解决南北之间和地区内部发展失衡问题,让发展成果更多惠及全体人民,为世界经济全面可持续增长提供新动力。

(二)提出"共商、共建、共享"全球经济治理新理念

习近平总书记指出:"全球治理体制变革离不开理念的引领,全球治理规则体现更加公正合理的要求离不开对人类各种优秀文明成果的吸收。要推动全球治理理念创新发展,积极发掘中华文化中积极的处世之道和治理理念同当今时

代的共鸣点,继续丰富打造人类命运共同体等主张,弘扬"共商、共建、共享"的全球治理理念"。[5]

具体而言,共商,就是集思广益,由全球所有参与治理方共同商议,什么样的国际秩序和全球治理体系对世界好、对世界各国人民好,要由各国人民商量,不能由一家说了算,不能由少数人说了算。共建,就是各施所长、各尽所能,发挥各自优势和潜能并持续加以推进建设。共享,就是让全球治理体制和格局的成果更多更公平地惠及全球各个参与方。全球治理体系是由全球共建、共享的,不可能由哪一个国家独自掌握,中国没有这种想法,也不会这样做。共商、共建、共享与十八届五中全会中提出的创新、绿色、协调、开放、共享的发展理念是相契合的。五大发展理念虽然是中国的,但是融入了当今时代的精神,适用于当今世界经济的发展,代表着世界经济的发展方向,顺应了时代潮流。

作为"习近平'共商、共建、共享'全球治理理念或原则"[5]在全球经济治理领域中的推演运用,习近平全面阐述了中国的全球经济治理观,即以平等为基础、以开放为导向、以合作为动力、以共享为目标。[6]具体来说,首先,全球经济治理应该以平等为基础,更好反映世界经济格局新现实,增加新兴市场国家和发展中国家代表性和发言权,确保各国在国际经济合作中权利平等、机会平等、规则平等;其次,全球经济治理应该以开放为导向,坚持理念、政策、机制开放,适应形势变化,广纳良言,充分听取社会各界建议和诉求,鼓励各方积极参与和融入,不搞排他性安排,防止治理机制封闭化和规则碎片化;再次,全球经济治理应该以合作为动力,全球性挑战需要全球性应对,合作是必然选择,各国要加强沟通和协调,照顾彼此利益关切,共商规则,共建机制,共迎挑战;最后,全球经济治理应该以共享为目标,提倡所有人参与,所有人受益,不搞一家独大或者赢者通吃,而是寻求利益共享,实现共赢目标。习近平明确指出,全球经济治理的重点是共同构建公正高效的全球金融治理格局、开放透明的全球贸易和投资治理格局、绿色低碳的全球能源治理格局、包容联动的全球发展治理格局。[6]

四、全球经济治理中国方案的实践

中国参与全球经济治理的新实践是以新时代习近平全球经济治理思想为路

径展开,在区域经济贸易合作、国际金融治理体系、国际贸易体系和打造新的国际合作交流平台上进行的一系列的实践创新。

(一)以"一带一路"倡议促进区域经济合作

2013年9月,习近平总书记在哈萨克斯坦发表的演讲中提出了共建"丝绸之路经济带"的设想。2013年10月,习近平总书记表示中国愿意与东盟国家加强海上合作,并提出了共建"21世纪海上丝绸之路"的畅想。"一带一路"倡议所涉及的国家经济总量超过21万亿美元。"一带一路"倡议以我国与东盟国家及沿线国家建立新型国际关系的起点,打造中国区域经济合作的新高地。

"一带一路"以基础设施建设作为优先领域,为沿线国家补上基础设施建设的短板,促进沿线国家国际服务贸易、国际货物贸易和国际投资的增长,促进我国与相关国家的经济增长,从而带动世界经济增长。到2017年3月,参与"一带一路"建设的国家和国际组织超过100个,这说明"一带一路"倡议已经得到世界的广泛认可和接受,已取得了阶段性的重大进展。"一带一路"倡议不仅打造了区域经济合作的新高地,也是中国主动和主导构建国际经济合作新秩序的重大战略构想,是中国主动引领全球经济治理体系变革的里程碑。

(二)以亚投行、金砖国家新开发银行的成立来推动人民币国际化,完善全球金融治理体系

近年来,习近平总书记为核心的党中央积极稳妥推进国际金融治理体系的变革,2013年习近平总书记提议筹建了亚洲基础设施投资银行(以下简称亚投行),同年,金砖国家宣布成立金砖银行,这些举动推动了人民币的国际化。2016年10月人民币正式加入特别提款权(SDR),实现了人民币与欧元等世界主要货币的直接互换。

在习近平总书记的直接推动下,2015年6月29日,来自57个意向创始成员国的财政部长或者授权代表在北京正式签署了《亚洲基础设施投资银行协定》。中国外交部发布的协定内容显示,亚投行的宗旨是"通过在基础设施及其他生产性领域的投资,促进亚洲经济可持续发展、创造财富并改善基础设施互联互通;与其他多边和双边开发机构紧密合作,推进区域合作和伙伴关系,应对发展挑战"。亚投行的设立有深刻的国际和国内背景,首先,它落实了"一带一路"倡议,为"一带一路"倡议提供了融资帮助。其次,亚投行是中国新一轮对外开放

的助推器,特别是与亚洲经济合作的新篇章。再次,亚投行实质上推动了人民币的国际化。通过亚洲基础设施投资银行,降低了对美元的过度依赖,大大推进了人民币在"一带一路"沿线国家的影响力,是人民币国际化的一个重要里程碑。亚投行是现行国际金融秩序的有效补充,促进亚洲经济融合与一体化发展,还推动了全球经济再平衡和国际金融治理体系新变革。

2013年3月金砖五国领导人决定成立金砖银行。金砖国家的初衷是避免在下一轮金融危机中受到货币不稳定的影响,计划构筑一个共同的金融安全网,借助金砖银行构筑的资金池兑换一部分外汇用来应急。金砖国家共同倡议成立金砖银行,这是对现行国际货币体系的完善和补充,是中国共同参与全球货币治理的一个重要成果。2015年7月9日,金砖国家领导人举行了第七次会晤,会议描绘了国际经贸合作的新蓝图,目的是共同推动"一体化大市场、多层次大流通、陆海空大联通、文化大交流"的全面合作。2015年7月21日,金砖银行改名为新开发银行,并在上海开业,这是新的南南合作的重要成果,将有力促进发展中国家的经济发展和全球经济增长。

推动人民币国际化是我国一直以来的重要国策,这也是随着中国经济实力提升并参与全球金融治理体系的必然要求。近年来,人民币国际化取得了一系列重大的成就。2016年1月中国正式成为国际货币基金组织第三大股东,同年10月人民币正式加入SDR,得到国际社会的广泛认可,开启了人民币国际化的新征程,这不仅仅提升了SDR在全球的代表性,也大大增加了国际货币体系的稳定性,更加有利于国际货币格局的均衡发展。对中国来说,加速人民币国际化,不仅能提升中国的国际地位,还能降低人民币的汇率风险。此外,近年来随着人民币国际化的不断推进,推动了人民币作为计价货币、储备货币等工作。如,2015年央行发布了上海国际能源交易中心筹备以人民币计价的原油交易,同年俄罗斯央行将人民币作为储备货币;2016年以人民币计价黄金期货上线,同年新加坡金管局、坦桑尼亚央行、菲律宾央行先后宣布将人民币纳入外汇储备。作为计价和储备货币使得人民币国际化迈出了一大步。

(三)以G20、中美经济战略对话框架完善全球经济治理机制

建立全球经济治理平台包括在G20的框架下推动全球经济治理,与世界第一大经济体实施全面经济对话。2016年9月的G20杭州峰会,中国为金融危机

之后的全球经济治理给出了中国方案,这一方案包括五个方面:第一,我们应该加强宏观经济政策协调,合力促进全球经济增长、维护金融稳定。第二,创新发展方式,挖掘增长动能。第三,完善全球经济治理,夯实机制保障。第四,建设开放型世界经济,继续推动贸易和投资自由化、便利化。第五,落实2030年可持续发展议程,促进包容性发展。

2017年4月6日至7日,习近平总书记访问美国,双方决定将战略和经济对话升级为全面经济对话,通过全面对话机制沟通的重大经济政策。这一决定意义重大,全球第一和第二的经济体进行全面经济对话沟通的重大经济政策,对稳定全球经济,为我国经济提前应对可能的突发外部政策风险提供了保障。这也是我国参与宏观货币政策和财政政策协调的新路径,为欧洲、亚洲和其他国家与中国直接进行经济对话协调经济政策提供了学习的样本。习近平总书记指出:"我们参与全球治理的根本目的是服务于实现'两个一百年'奋斗目标、实现中华民族伟大复兴的中国梦。"在全球经济治理中,中国不仅仅是国际规则被动的接受方,也是国际规则积极的制定方;从一系列的实践创新来看,我们非常务实地增加了在全球经济治理中的话语权,为中国经济增长改善了外部发展环境,也为世界经济增长提供了新动力。随着中国经济实力的不断增强,中国在未来全球经济治理中必将发挥着越来越重要的作用。

(上海大学　焦成焕)

参考文献

[1] 庞中英."全球政府":一种根本而有效的全球治理手段?[J].国际观察,2011(6).
[2] 徐秀军,等.全球经济治理:旧秩序VS新规则[J].世界知识,2014(17).
[3] 张宇燕,等.2017年世界经济形势分析与预测[M].北京:社会科学文献出版社,2017:13.
[4] 杨洁篪.推动构建人类命运共同体[N].人民日报,2017-11-19(06).
[5] 习近平.推动全球治理体制更加公正更加合理为我国发展和世界和平创造有利条件[N].人民日报,2015-10-14(01).
[6] 习近平.中国发展新起点全球增长新蓝图[N].人民日报,2016-09-04(03).

从国际视野塑造中国形象,讲好中国故事

——由电影《战狼2》热映引发的思考

[摘　要]　向世界讲好中国故事,传播好中国声音,是新时期赋予中国文化产业的时代使命。本文以现象级电影《战狼2》为研究对象,阐释了这部电影讲好中国故事的社会文化原因,揭示了电影的世界价值意蕴,提出了中国文艺产品走向世界的借鉴和启示。

[关键词]　中国故事;《战狼2》;冷锋

习近平总书记在党的十九大报告中指出,要推进国际传播能力建设,讲好中国故事,展现真实、立体、全面的中国,提高国家文化软实力。因此,向世界讲好中国故事,增强文化影响力,电影等文艺作品无疑是很好的载体和途径。2017年夏天上映的由吴京执导并主演的电影《战狼2》受到了国内外观众的一致好评,并在中外媒体中引起了广泛热议,国内观影人数超过1.4亿人次,不仅问鼎国内票房冠军,还是唯一进入全球100强票房电影的非英语电影,更成了一部现象级的电影,这为中国文化软实力建设提供了成功的思考和探索,为中国电影走向世界,讲好中国故事开启了有益的尝试和思路。

一、电影《战狼2》成功讲好中国故事的社会文化透视

电影《战狼2》讲述了一位前中国特种兵战士冷锋在非洲寻找失踪女友时意

外卷入国家动乱,其主动履行军人职责,捍卫军人使命,展现军人风采,不怕牺牲、敢于担当,英勇营救中国同胞的英雄故事。我们在探究这部现象级电影的成功时,不仅要看到电影本身扣人心弦的剧情、精彩纷呈的打斗、高超非凡的演技,还应看到电影背后所折射的社会文化现象。

（一）电影符合了中国的发展现实

中国经过几十年的改革开放,发生了翻天覆地的变化,社会取得了巨大的进步,人民生活水平不断提高,生产力极速发展,中国已经成为世界第二大经济体,很可能再经过5—10年的稳定发展,有机会超过美国成为世界第一大经济体。当前,我国的综合国力显著提高,国际影响力不断扩大,国际地位不断提升,在国际舞台上发挥着越来越重要的作用,中国日益走向世界的中心,逐渐成为具有世界影响力的大国。随着我国经济、科技、军事等硬实力的不断跃升,必然要求与之相适应的包括价值思想等文化软实力的提高,这是我国发展必须面对的现实问题。"文章合为时而著,歌诗合为事而作",《战狼2》这部电影的成功是建立在我国目前强大的物质基础上,电影中坦克、军舰、无人机等武器装备正是我国科技进步硬实力的体现,电影抓住了中国日益发展强大的历史机遇,符合中国现阶段的社会发展现实。中国现阶段已为文化软实力的提升提供了强大的硬实力保障,这种保障必然能推动有思想、有内涵、有影响力的文艺作品的出现。

（二）电影契合了人民的爱国主义情感

近几年,中国的周边并不太平,如,美国提出亚太再平衡战略,且一直利用各种手段加紧遏制和围堵中国,阻碍中国的和平发展;中日之间由于钓鱼岛主权形成对峙;中菲、中越之间由于南海问题产生矛盾;中韩之间由于萨德导弹事件陷入僵持,这都关系到中国的主权利益和环境安全,也成为广大人民关注的焦点和重点,激起了广大人民的爱国热情,使爱国情绪在民众之间日渐蔓延和高涨。《战狼2》选择中国人民解放军建军90周年,且正逢中印军队洞朗对峙一月有余,及我国在朱日和举行盛况空前的沙场阅兵之际上映,引爆了人民内心不断积聚且隐藏很久的爱国热情,通过电影进行了"火山爆发式"的情感释放。正如导演吴京所说:"爱国情绪这把干柴已经被晒得特别透了,我只是一根火柴,点起了这把火。"这部电影渗透着浓浓的爱国情感,实现了电影艺术与价值理念的有机融合,弘扬了时代的爱国主旋律,在观众中引起了共鸣。片子结尾时,冷锋用手臂做旗杆高高举起五星红旗,顺利通过动乱国交战区的画面,深深感动了广大观众,让我们感受到民族自豪感和国家荣誉感。让很多人不禁庆幸,"我们生活在不安全的时代,但我们生活在安全的国家",感慨"哪有什么岁月静好。只是有人为我们负重前行",更觉得祖国才是我们最坚实的依靠。电影契合了人民的爱国热情,释放了人民的爱国情感。

(三)电影顺应了民族复兴的心理需要

近代以来,中国积贫积弱,任人宰割,中国人民经历了100多年的屈辱史和苦难史。中华人民共和国的成立,实现了民族独立,中国人民从此站了起来。改革开放以来,中国坚定走中国特色主义道路,中国人民开始富裕起来。近几年来,以习近平总书记为核心的党中央深化改革,锐意创新,坚定中国特色社会主义的道路自信、理论自信、制度自信、文化自信,提出了"两个一百年的"奋斗目标,要带领中国人民富强起来,实现民族复兴的伟大"中国梦"。当今我国政治稳定,经济发展,社会进步,国力提升,比历史上任何时期都更接近实现中华民族伟大复兴的目标,实现全体中国人民的夙愿。电影《战狼2》正是设置于中国崛起强盛的语境中,讲述了大国复兴路上的"中国故事"。片中故事发生国的政府军一再强调要保护好中国人,不能杀中国人,这正是强国人民地位的体现。当中国海军舰长看到同胞面临被杀,高喊"开火"发射导弹打击敌人时,更是大国身份与形象的彰显;当冷锋打倒弗兰克,说出"那是以前"这句话时,代表中国任人宰割的日子已经一去不复返。这都表明我们不再积贫积弱了,不再任人宰割了,不再落后挨打了,那些都已成为历史,现在的中国已经从站起来到富起来甚至是强起来,我们是正在走向民族复兴的世界大国和强国。而电影恰恰是顺应了中国人民实现民族复兴"中国梦"的意愿。

(四)电影迎合了中国"走出去"的发展战略

经过多年的发展,中国已经成为世界贸易大国,在全球扮演的角色越来越重要,对其他国家和地区的影响力也越来越大,中国正在走向世界,各个方面都呈现出大规模"走出去"的趋势。比如在基础设施方面,中国是世界上具有超强基础设施建设能力的国家,很多企业配合国家的"一带一路"建设在沿线国家建铁路,盖工厂;在人道主义方面,中国近年来非常关注贫困落后国家的发展建设,不仅对其进行医疗救助,还派遣大批医生开展人道工作;在出境游方面,中国已经多年连续蝉联国民出境游的世界冠军。这都表明中国企业和中国人已经遍布世界,需要政府更好维护好国人的海外权益和利益。而电影《战狼2》呈现的正是中国企业海外设厂、中国医生海外援助、中国政府保护国民海外利益的场景,具有极强的现实观照感,更容易引发大家的情感认同。在当今交流日益频繁的情况下,我们每个人都可能有机会成为海外一员,或留学读书,或出境旅游,需要国家的营救和保护,而电影正迎合了中国走出去的趋势。

二、电影《战狼2》成功讲述中国故事的世界价值意蕴

电影《战狼2》以爱国主义为主旋律,充分挖掘和发挥中国军人内在特质,用国际化的电影语言及媲美好莱坞电影的制作水准,向世界讲述了崛起中的中国的故事,让世界感受到中国电影的价值意蕴。

(一)电影向世界塑造了中国英雄

一直以来,好莱坞电影总是在荧屏上对中国人的形象进行故意丑化和抹黑,懦弱、愚昧、卑鄙、丑陋成为中国人的标志,即使出现了如李小龙、成龙、李连杰等这样的华人国际巨星,但在西方看来他们也仅仅被局限为动作明星,且在西方主导的电影中很多时候扮演反面角色,如李连杰在《木乃伊3:龙帝之墓》中扮演残暴的中国将军;周润发在《加勒比海盗3:世界尽到》扮演凶恶的土匪海盗,并因为海盗造型还引起了涉嫌辱华的争议。而在《战狼2》中,冷锋作为一名中国退役军人,有血有肉,个性十足,坚韧刚强,有缺点也富有感性,落魄而不改初衷,正直但不呆板,面对敌人,充满战狼精神,机智勇敢,不惧生死,面对感情,矢志不移,充满柔情,体现了平民化的现实主义英雄。以往的好莱坞电影都是西方人特别是美国人拯救世界,而这次却是中国人承担这一任务,成为追求正义的"中国队长"。电影塑造了一个富有家国情怀、铁骨铮铮的中国英雄,向世界展示了为使命和责任而战的当代中国军人形象,这也正是当今中国人的真实写照。中国维和军人在南苏丹、海地等维护和平,无私奉献;中国海军在亚丁湾、索马里海域为各国商船保驾护航,忠诚守卫;中国医生在西非埃博拉疫区尽职尽责,救死扶伤,这都是现实中的中国冷锋,中国英雄。

(二)电影向世界展现了大国形象

电影并不仅仅是塑造中国英雄的个人叙事,更是国家叙事,军人冷锋背后体现的是国家的支撑和力量,他的英雄行为构建了中国形象的自我叙事,展现了国家形象和国家意识。西方的现代史观认为中国是传统的、落后的和愚昧的,西方则是现代的、发达的和进步的,甚至有些人总认为"外国的月亮比较圆"。更有甚者,我国的一些电影导演似乎从某种程度上还迎合西方国家,通过电影讲述中国的社会底层的落后和贫困,愚昧和无知,以满足西方观众的道德优越感。与此不同,《战狼2》则展现了一个自信的、现代的、强大的中国形象。中国出动军舰保护海外华人,维护海外利益,体现了国家对人民的承诺和担当;只有得到联合国允许才能进入交战区,表明了国家遵守国际秩序,维护和平的立场和态度。此外,片中还出现了大量的"中国元素"和"中国符号",以航空母舰、军舰为代表的国土象征,以坦克、飞机为代表的工业象征和以北京吉普、贵州茅台为代表的民族品牌象征,这都是国家形象的延伸和扩展,展现了国家力量和国际声望,更向世界展现了一个繁荣兴旺、值得信懒和维护和平的中国大国形象。

(三)电影向世界表达了中国精神

实现中华民族伟大复兴的中国梦,必须弘扬中国精神,这就是以爱国主义为核心的民族精神和以改革创新为核心的时代精神。电影《战狼2》的核心和灵魂就是时时传递着家国情怀、民族大义和人道精神,表达新时期的中国精神。从个人层面来看,冷锋当初去非洲只是为了个人的事情,遇上了所在国发生动乱,主动请求保护同胞,从而将个人行动和国家联系在一起,把个人动机上升到了民族大义,把个人主义和集体主义联系一起,体现了民族至上、国家至上的理念;从国家层面来看,当同胞在国外遇到危险时,国家派出军队积极撤侨,体现了人民至上的理念;从国际层面来看,陈博士在动乱国开展疫情疫苗研究,遇到危险献出了宝贵生命,我国在撤侨时一并保护了其他国的人民,体现了人类命运共同体的理念。电影表达的中国精神深深触动了广大观众,因为现实中有着许多生动的诠释和写照。例如,多少年来,中国无私援助非洲国家,发展基础设施,派出医疗卫生团队进行疫情治疗防御工作,得到了联合国和所在国人民的高度赞扬,中非兄弟友谊关系得到了进一步巩固发展。关于撤侨,广大同胞更是深有感触。例如,2011年利比亚内战,中国动用海、陆、空多种方式仅8天就安全撤离了3万多名同胞;2015年也门内战,中国第一次出动军舰撤离了包括国外公民在内的上千余人;2016年,新西兰地震,中国第一时间安全撤出所有同胞,这都体现了中国精神和国家力量,增强了民族凝聚力和向心力。正如影片结尾所说:"中华人民共和国公民:当你在海外遭遇危险,不要放弃!请记住,在你身后,有一个强大的祖国!"这既是国家对人民的郑重承诺,也让广大观众感受到了强大民族自豪感。

(四)电影向世界彰显了文化自信

电影《战狼2》讲述的中国故事是中国价值观的对外传播,彰显了中国文化自信。它同以往某些中国电影为了走向世界,向西方传播我们传统落后的文化从而在国际上获奖,再转内销赢得票房的方式相比,深刻诠释了中国的主旋律,向世界展示了强大自信的中国。我们经常感叹其他国家文化软实力的巨大影响力,如美国的大片、英国的流行音乐、韩国的电视剧、日本的动漫等风靡世界,深受世界各国人民特别是年轻人的欢迎和追捧,意义深远地影响着年轻人的价值观和人生观,而常常忽视中国的文化软实力。可以说《战狼2》也是中国文化软实力的重要体现,是文化领域中国力量的崛起,它向世界展示中国正面形象,诠释中国价值,演绎中国精神,突显文化自信。因此,我们中国的文化也要"走出去",走向国际市场,向世界讲好具有中国价值的故事,传播我们的价值理念,展示了我们光辉的历史、灿烂的文化和民族的精神,体现中华文化影响力。

三、电影《战狼2》成功讲述中国故事的借鉴启示

电影《战狼2》可以说是讲好中国故事的典范,在国内外产生了巨大影响,为新时期中国文化产业国际竞争力、促进中国文化软实力走向世界提供了有益的借鉴和经验。

(一)讲好中国故事,要有工匠精神

讲好中国故事,向世界真实传达一个开放、自信、强大的中国,让世界真正的了解和认识中国,要有工匠精神。工匠精神要有注重细节、执着专注、严谨求真的理念,要有不畏困难、敢于担当、勇往直前的态度,要有精益求精、超越自我、追求卓越的品质。电影《战狼2》前后准备了5年多,制作团队精益求精,追求品

质。为了真实展现中国的军人形象,主演吴京亲自到特种部队训练2年,其他主要演员也都进行了专业化的军事训练,力求做到每一个打斗场面真实可信。拍摄地点从炎热的非洲到寒冷的北极,从零上40℃到零下40℃,仅为完成片头5分钟"一镜到底"超高难度动作,电影团队拍摄了10多天,吴京跳了26次水,甚至差点丢掉性命。"技可进乎道,艺可通乎神。"正是电影团队有着追求卓越的工匠精神,才实现了《战狼2》思想性、艺术性和欣赏性的完美结合,讲好了一部接地气、有温度、有品质的中国故事,成为打动人心的良心之作。只有讲好中国故事,发挥工匠精神,才能让有品质的中国品牌文化产品走向世界,才能触动人心柔软的神经,唤醒人心对真善美的向往,满足人心的情感需要,展现大国文化影响力。

(二)讲好中国故事,要有时代特色

讲好中国故事,要紧跟时代发展形势,贴近实际生活,紧紧围绕国内外的社会变革和发展从中挖掘精彩故事,探寻具有时代特色的故事源泉,寻找打动人心的时代故事。电影《战狼2》虽是文艺作品,人物故事属于艺术创作,但题材有着很强的现实针对性,有着深刻的现实依据,体现着时代特征。近年来,虽然中国综合国力不断发展,国际地位持续提高,国际影响力不断扩大,积极参与全球治理,维护世界和平和发展,实施"走出去"的发展策略,但世界并不太平,有些国家和地区特别是非洲国家时而会发生动荡和战乱,损害中国海外利益,威胁到海外同胞人身安全,以致我国多次采取行动实施海外撤侨。电影中撤侨行动实际是以2011年北非利比亚撤侨和2015年的也门撤侨为现实原型的,北非撤侨是中国历史上规模最大的撤侨行动,也门撤侨是中国第一次动用军舰实施撤侨的行动;电影中陈博士在动乱国研究拉曼拉病毒的疫苗是以中国2014年派出医疗卫生人员援助西非塞拉利昂抗击埃博拉病毒为来源的;电影中的华资工厂和商人更是我国海外投资设厂和贸易经商的缩影。"文变染乎世情,兴废系乎时序。"讲好中国故事,要与时俱进,顺势而为,体现时代特色。

(三)讲好中国故事,要有价值引领

讲好中国故事,要创作具有核心价值的文艺作品,弘扬中国精神,传播社会主义核心价值观,讴歌真善美、传递正能量,这样才能使文艺作品深入人心,震撼心灵。《战狼2》始终贯穿着家国情怀和民族大义,表达着社会主义核心价值观。

电影反映的既有以"忠""礼"等为基础的传统道德伦理,也有讲求平等、独立、自由的现代理念;既有凝聚人心的家国情怀,也有爱好和平、救死扶伤的国际精神;既有个人层面的爱国、奉献和忠诚,也有国家层面的承诺、责任和使命。这些积极正向的价值观念,正是崛起的中华民族和日益强大的中国所急需凝聚和展现的核心精神。正如主演吴京所说:"中国人能打、会打,是世界公认的,但是我也越来越意识到动作始终是外在的表现,没有一个核、一个精气神还是立不住。成功的动作片在英雄个体的背后都站着一群活生生的同样价值观的人,甚至是一个民族。"此外,《人民日报》也对电影做出相关评论:"中国军人身上所展现的家国情怀与赤胆忠诚,早已超越了西方叙事中的个人英雄主义,蕴含着人类命运休戚与共的大爱与大义。"要想讲好中国故事,文艺作品必须要有思想和灵魂,承担起时代和历史赋予的神圣使命,坚持社会主义先进文化的前进方向,发挥社会主义核心价值观的引领作用。

(四)讲好中国故事,要有国际视野

21世纪将是中国的世纪,这一观点越来越成为国际社会的共识,中国的崛起和发展已是时代发展的必然趋势,中华文化和中华文明必将走出国门,走向世界,逐渐让世界各国广泛接受和认可。讲好中国故事,要学会国际化叙事,打造好国际化文化产品,用国际视野传播声音,展示中国形象。《战狼2》采用了国际化的叙事方式,让誉有"战狼精神"的中国军人走出国门,把故事背景安排处于战乱动荡的非洲国家,雇佣军、大使馆、航空母舰、维和部队等国际化符号一一登场,反人道主义、病毒传播、移民撤侨等国际问题交叉出现,为故事的发展设置了清晰的国际参照坐标,叙事上从第一部"犯我中华者,虽远必诛"到第二部"杀我国人者,皆我天敌",向世界展示了维护和平的中国力量,展现了中国精神。中国正在走近世界的中央,因此我们要以自信的心态、国际的视野、创新的思维来讲好中国故事,传播好中国声音,向世界展示一个和谐稳定、健康向上并有利于世界和平发展的大国形象。

(上海大学 纪谦玉)

中国道路的海外研究

中国道路理论在美国的研究略览

[摘 要] 随着中国的崛起,中国特色社会主义道路理论也越来越受到世界各国的关注。与其他国家相比,从研究中国道路理论的主体来看,人数、机构和刊物最多的是美国;从研究中国道路理论的成果来看,美国重视与中国道路理论有关的文本文献的收集、编译和整理,重视系统的介绍中国特色社会主义理论体系的各个组成部分。他们的研究方法多种多样,比较分析法是美国研究者常用的一种研究方法。但研究的核心问题主要集中在中国道路理论的价值目标和价值取向,即中国道路理论是对马克思主义的继承和发展,还是背离和否定。了解中国道路理论在美国的研究状况,有助于我们拓宽视野,进一步推进和深化中国特色社会主义道路理论的研究和实践。

[关键词] 中国道路理论;中国特色社会主义道路理论;美国;研究

2017年10月18日,习近平总书记在党的十九大报告中指出:"中国特色社会主义进入新时代,意味着中国特色社会主义道路、理论、制度、文化不断发展。"[1]本文所论及的中国道路理论,即中国特色社会主义道路理论,包括邓小平理论、"三个代表"重要思想、科学发展观和习近平新时代中国特色社会主义思想等组成的中国特色社会主义理论体系。近年来,中国道路理论越来越受到世界的关注。与此相对应,我们也非常关注中国道路理论在世界范围内是如何被研究和解读的。由于美国的世界地位以及和中国在意识形态领域的鲜明对比,美国学者是怎么看待和评价中国道路理论,中国道路理论在美国是如何被研究的,美国在研究过程中是否曲解了这一理论,这些都是我们非常有必要关注和予以积极回应的问题。

一

国外对中国道路理论的研究是伴随着当代中国改革开放的历史进程展开的。西方发达资本主义国家中,研究中国道路理论的各界人士、机构和刊物最多的,无疑是美国。从研究中国道路理论的主体来看主要有以下几个方面:

(一)美国研究中国道路理论的著名专家和学者

美国是西方发达资本主义国家中研究中国道路理论的代表性国家,从事该研究的专家和学者比较多,其中较为有名的有:费正清(John King Fairbank,哈佛大学东亚研究中心创始人)、图尔特·施拉姆(Stuart R. Schram,哈佛大学)、本杰明·史华慈(又名许华茨,Benjamin I. Schwartz,哈佛大学,美国亚洲协会原主席)、罗德里克·麦克法夸尔(又名马若德,Roderick MacFarquhar,哈佛大学)、鲍大可(A. Doak Barnett,约翰·霍普金斯大学)、弗雷德里克·韦克曼(又名魏斐德,Frederic Evans Wakeman,加州大学伯克利分校)、傅高义(Ezra Feivel Vogel,哈佛大学费正清中国研究中心原主任)、戴维·蓝普顿(David Lampton,约翰·霍布金斯大学,美中关系全国委员会原会长,美国企业研究所和尼克松中心中国政策研究主任)、大卫·香博(又名沈大伟,David Shambaugh,华盛顿大学)、莫里斯·迈斯纳(Maurice Meisner,威斯康星大学和耶鲁大学)、阿里夫·德里克(Arif Dirlik,杜克大学)、爱德华·弗里德曼(Edward Friedman,威斯康星大学)、詹姆斯·汤森(James R. Townsend,西雅图华盛顿大学)、巴里·诺顿(Barry Naughton,加州大学圣地亚哥分校)、布兰特利·沃马克(又名吴本立,Brantly Womack,弗吉尼亚大学)、亨利·基辛格(Henry Alfred Kissinger,美国原国务卿)、亚历山大·库克(Alexander C. Cook,加州大学伯克利分校)、阿尔伯特·费维凯(Albert Feuerwerker,哈佛大学)、墨尔·戈德曼(Merle D. Goldman,哈佛大学费正清中国研究中心)、罗伯特·劳伦斯·库恩(Robert Lawrance kuhn,美国国际投资银行家和公司战略家)、琼·特菲·德雷耶(又名金德芳,June Teufel Dreyer,迈阿密大学)、麦克尔·韩德(Micheal H. Hunt,北卡罗来纳大学)、苏珊·奥格登(Suzanne Ogden,哈佛大学费正清中国研究中心)、裴宜理(Elizabeth J. Perry,哈佛大学费正清中国研究中心)、卢西恩·派伊(又名白鲁恂,Lucian Wilmot Pye,麻省理工学院、美国外交关系委员会官员)、梅瀚澜(H. Lyman Millu,约翰·霍普金斯大学、斯坦福大学胡佛研究所)、邹谠(Tang Tsou,芝加哥大学)、杨炳章(Benjamin Yang,中国人民大学、哈佛大学费正清东亚研究中心)、张大卫(David W. Chang,《纽约时报》记者)、李成(Li Cheng,华盛顿智库布鲁金斯学会约翰·桑顿中国中心、世界银行顾问)、杨大利(又名杨大力,Dali L. Yang,芝加哥大学北京中心)、周策纵(Chow Tse-tsung,威斯康星大学)、李侃如(Kenneth Lieberthal,华盛顿智库布鲁金斯学会约翰·桑顿中国中心)、帕特里克·门蒂斯(Patrick Mendis,乔治·梅森大学)、约瑟夫·傅士卓(Joseph Fewsmith,波士顿大学)、拉里·察塔·贝克(Larry Catá Backer,宾夕法尼亚州立大学)、奥斯曼·苏里曼(Osman Suliman,宾夕法尼亚米勒什维勒大学)、范芝芬(C. Cindy Fan,加州大学洛杉矶分校)、罗德里克(John Prescott Roderick,美联社记者),等等。

仔细考察美国研究中国道路理论的著名专家们的身份,我们可以发现,21世纪之前,美国研究中国道路理论的主要是学界和政界的人物;进入21世纪以来,虽然学界和政界的专家仍占主流,但除了他们之外,金融界、商界的人物以及媒体从业者也开始涌入。还有一个突出的现象是:一批成长于中国、以汉语为母语,了解中国历史,既受过马克思主义理论的正统教育,又经过美国研究方法训练的华人、华裔学者也加入了研究中国道路理论的队伍中,而且起着越来越重要的作用。有学者指出:"海外军团是被美国及西方国家视为对美国的当代中国研究第四个十年将会做出意义重大的贡献的一群人。"[2]

(二)美国研究中国道路理论的主要机构

美国相比其他发达资本主义国家,进行中国道路理论研究的机构也是最多的。尽管其中一些并非是专门进行中国道路理论研究,而是从事范围较为宽泛的中国学(当然其中也包括中国道路理论)研究的机构。这些机构中比较突出的有兰德公司(Research and Development)、哈佛大学的费正清中国研究中心(Harvard, Fairbank Center for China Studies)、哈佛燕京学社(Harvard-Yenching Institute)、布鲁金斯研究所(Brookings Institution)、加州大学洛杉矶分校中国研究中心(UCLA, Center for Chinese Studies)、加州大学伯克利分校东亚研究所(UC Berkeley, The Institute of East Asian Studies)、斯坦福大学亚太研究所(Stanford, Asia-Pacific Research Center)、斯坦福大学胡佛战争、革命与和平研究所(The Hoover Institution on War, Revolution and Peace)、加州大学伯克利分校中国研究中心(UC Berkeley, Center for Chinese Studies)、加州大学圣地亚哥分校中国学研究中心(UCSD, Center for Chinese Studies)、哥伦比亚大学东亚研究中心(Columbia, Center for East Asian Studies)、弗吉尼亚大学东亚研究中心(Uva, Center for East Asian Studies)、夏威夷大学中国研究中心(Hawaii, Center for Chinese Studies)、芝加哥大学东亚研究中心(Uchicago, Center for East Asian Studies)、西雅图华盛顿大学国际关系学院公共政策研究所(UW, Institute for Public Policy Research)、密歇根大学中国研究中心(Umich, Center for Chinese Studies)等。

从研究机构考察，我们发现，在美国研究中国道路理论的机构中，既有智库类专业研究单位，也有大学的研究系所；既有官方的决策咨询机构，也有民间非营利性的团体。而且，近年来智库类专业研究单位有明显增长的趋势，许多大学的研究系所也加强了对中国道路问题的研究。

(三) 美国研究中国道路理论的主要刊物

从研究刊物看，美国没有专门从事中国道路理论研究的刊物，这点别的国家也如此。但是，美国登载研究中国道路理论的论文、书评文章的期刊却不少，为各国之最。其中比较有世界影响的刊物如美国当代中国研究中心主办的《当代中国研究》(*Modern China Studies*)、Sage 出版社主办的《近代中国》(*Modern China*)、美国外交关系协会主办的《外交》(*Foreign Affairs*)、《20 世纪的中国》(*Twentieth Century China*)、夏威夷大学主办的《中国研究书评》(*China Review International*)、美国亚洲研究学会主办的《亚洲研究期刊》(*The Journal of Asian Studies*)、美国新闻署出版的《共产主义问题》(*Problems of Communism*)、斯坦福大学胡佛研究所主办的《中国领导观察》(*China Leadership Monitor*)等。除上述刊物外，美国国内其他一些刊物也登载该类研究成果，限于篇幅，此处不一一列出。

二

从研究中国道路理论的成果来看,美国关于中国道路理论的研究成果相当丰硕,与其他西方发达资本主义国家相比,美国的研究成果远远超出了它们。

(一)美国关于邓小平理论的重要研究成果

中国特色社会主义道路的开创性成果即邓小平理论。该理论自诞生以来,引起了世界各国的极大兴趣和研究热情,美国也不例外,而且在所有的研究成果中,美国的成果数量当属其中的佼佼者。关于邓小平理论的重要研究成果有:费正清《伟大的中国革命(1800—1985年)》(1986)、阿里夫·德里克《后社会主义——反思"有中国特色社会主义的"》(1989)、张大卫《邓小平领导下的中国》(1991)、诺顿《经济学家邓小平》(1993)、派伊《邓小平和中国政治文化》(1993)、迈斯纳《邓小平时代:1978—1994,对中国社会主义命运的考察》(1996)、汤森和沃马克《中国政治》(1996)、苏珊·奥格登《中国未解决的问题:政治、发展和文化》(1997)和《80年代社会主义在中国意味着什么》(1999)、库恩《中国30年:人类社会的一次伟大变迁》(1997)、苏里曼《中国向社会主义市场经济过渡》(1998)、金德芳《中国政治体制:现代化和传统》(2006)、傅高义《邓小平时代》(2012)。

综合美国研究邓小平理论的成果,我们发现,参与这一研究的美国专家和学者人数非常多,其成果既包括若干部大部头的著作,也包括数量相当可观的学术论文。这些成果所涉及的内容非常丰富,涵盖了邓小平的生平和经历、邓小平理论的形成和发展、邓小平理论的总体定位、邓小平的社会主义初级阶段理论、民主法制理论、政治体制改革思想、以经济建设为中心和经济体制改革思想,还包括邓小平的一国两制、对外开放、党的建设、对外交往、祖国统一等思想,而且还讨论了邓小平理论对毛泽东思想的继承和发展关系等。在他们看来,研究邓小平理论,不仅是解密中国道路独特性问题的钥匙,也事关各国发展道路的多样性的探讨,事关世界社会主义如何发展等深层次的问题。[3]这些研究,对于当代中国发展有重大的指导意义,也对世界政治的走向具有一定的引导意义。

(二)美国关于"三个代表"重要思想的主要研究成果

随着中共十六大的召开,"三个代表"重要思想在国外引起强烈反响。"三个代表"重要思想是中国特色社会主义道路理论又一个重要理论成果,可以说是中国在进入新世纪时的政治宣言,因此,它的提出同样也引起了世界各国的关注与研究兴趣,美国在其中所起的作用同样非常显著。关于"三个代表"重要思想的主要研究成果有:傅士卓《重新认识中国共产党的角色:评江泽民在庆祝建党80周年大会上的讲话》(2001)、《学习"三个代表"》(2002)和《提出科学发展观》(2004)、派伊《江泽民的治理风格:追求稳定、集中权力,满足于有限的效力》(2001)、李成《2000年的中国:重新进行战略思考的一年》(2001)、梅瀚澜《北京减少党内分歧准备十六大》(2002)和《通向十六大之路》(2002)、库恩《他改变了中国——江泽民传》(2005)、贝克《法治、中共、思想运动:"三个代表"、社会主义法治与中国现代立宪主义》(2006)、沈大伟《中国共产党:收缩与调适》(2008)等。

　　纵观美国对"三个代表"重要思想的研究成果,研究文献同样既有大部头的研究专著,也有不少研究性的学术论文。这些成果分析了"三个代表"重要思想提出的背景、目的与过程,讨论了"三个代表"重要思想的主要内容和实质,论述了"三个代表"重要思想的国内国际影响,甚至还在此基础上对中国改革的前景进行了展望。总体而言,美国对"三个代表"重要思想的研究还不够深入,还只是停留在较为浅显的层面,但通过这些研究成果可以让我们窥见美国各界对"三个代表"重要思想的总体认识。

　　(三)美国关于科学发展观的主要研究成果

　　现有资料显示,美国可能是世界上最早对科学发展观进行介绍和研究的。[4]关于科学发展观的主要研究成果有:李诚《江泽民的继承者:中国第四代领导人的崛起》(2002)、傅士卓《提出科学发展观》(2004)、林和立(Willy Wo-Lap Lam)《科学发展观科学吗》(2004)和《中国的十一五规划:中国"和谐社会"的发展蓝图?》(2005)、诺顿《新常规经济计划:中国的十一五规划及其含义》(2005)、范芝芬《中国的十一五规划(2006—2010):从"先富起来"到"共同富裕"》(2006)、胡永泰(Wing Thye Woo)《社会主义和谐社会:中国的可持续发展探索》(2006)、刘亚伟(Yawei Liu)《未来之路:中共十七大的初步设想》(2007)、约翰·德鲁瑞(John Delury)《"和谐"在中国》(2008)、约翰·吉斯二世(John P. Geis II)和布莱恩·荷特(Blaine Holt)《新中国兴起的"和谐社会"》(2009)、爱丽丝·莱曼·米勒(Alice L. Miller)《在经济压力形势下领导推进全党团结》(2010)和《胡锦涛与六中全会》(2011)等。

从美国关于科学发展观的研究成果形式来看,大部头的研究专著虽然不是很多,但学术性的论文却不少。美国专家和学者们分析了科学发展观提出的时代背景、目的和过程,挖掘了科学发展观的理论根源,探讨了科学发展观的科学内涵和精神实质,而且还跟踪研究了中共党内学习实践科学发展观的活动。正如胡永泰曾经指出的:"中共中央提出构建'以人为本'的和谐社会,实质上是对民主实践、法治、平等的新强调,其影响"远远超出了经济体制改革的意义。"[5]在此基础上,美国学者们进一步研究了构建和谐社会战略思想提出的背景、目的、渊源、实质、影响、主要内容和实现前景等问题。

(四)美国关于"中国梦"及习近平治国理政思想的研究及其成果

党的十八大以来,以习近平为代表的党中央提出了一系列非常有创见的治国理政理念,其中最突出,引起世界各国热情关注的莫过于新一届中央领导集体提出的实现中华民族伟大复兴的"中国梦"。作为始终密切关注中国发展策略的美国,这次自然也不例外,他们的专家学者发表相当多的文章甚至著作来研究"中国梦"以及十八大以来中共的若干治国理政思想。主要的研究成果有尼古拉斯.R.拉迪(Nicholas. R. Lardy)《全球经济危机后中国经济的持续增长》(2012)和《中国的平衡不会是自发的》(2012)、迈克尔·斯宾塞(Michael Spencer)《中国:改革开放与全面建成小康社会》(2013)和《中国繁荣的终点》(2013)、跨国咨询公司博然思维(Brunswick)的《中共十八届三中全会公报评论》(2013)、门蒂斯《和平的战争:中国梦和美国的命运如何创建一个太平洋世界新秩序》(2013)、约瑟夫·格里高利·马哈尼(Josef Gregory Mahoney)的《改革地平线》(2014)和《解读"中国梦":一个政治诠释学的实践》(2014)、诺厄·费尔德曼(Noah Feldman)《当美国失去中国,2013会崩溃吗?》(2013)和《中国的崛起不一定意味着美国的衰退》(2014)、傅高义《当今中国面临的问题更复杂》(2014)和《当中国进入"发展起来以后"》(2013)等。

从美国关于"中国梦"以及十八大以来中共的若干治国理政思想的研究成果中,我们发现美国研究内容主要包括:"中国梦"提出的原因,"中国梦"的内涵及实质,"中国梦"的特点,"中国梦"的实现路径,"中国梦"的前后承继关系。除此之外,他们还饶有兴致地对"中国梦"与"美国梦"进行了比较研究。进而,美国专家和学者们对党的十八大以来中国政府的经济政策、经济发展模式、经济改革及配套改革政策的内容与实施等治国理政思想也进行了研究。

三

美国非常重视对中国道路理论的研究。他们的研究方法多种多样。美国关于中国道路理论的研究文献中,涉及邓小平理论、"三个代表"重要思想、科学发展观、"中国梦"等的理论渊源、价值取向、历史地位等多方面的问题,但核心问题只有一个,那就是中国道路理论的价值目标和价值取向,即中国道路理论是对马克思主义的继承发展,还是背离和否定。有一些学者认为,中国从毛泽东到邓小平、江泽民、胡锦涛的转变过程,实际上是马克思主义逐渐被淡化的过程。[6]对这些问题的研究,美国研究者们往往是通过比较分析法得出各自的结论。

例如,加州大学洛杉矶分校的范芝芬在《中国的"十一五"规划(2006—2010):从"先富起来"到"共同富裕"》一文中,分析了科学发展观与邓小平理论及"三个代表"重要思想一脉相承的关系。[7]汤森和沃马克在《中国政治》一书中,用通行的现代政治学理论叙述和讨论了当代中国政治的各个方面,并对毛泽东和邓小平处理官僚主义问题的方法进行了比较。宾夕法尼亚州立大学贝克教授在《法治、中共、思想运动:"三个代表"、社会主义法治与中国现代立宪主义》一文中,运用对比分析法,勾勒出由毛泽东奠基,邓小平、江泽民和胡锦涛的不断巩固和深化的中共党国宪政体制。[8]乔治·华盛顿大学艾略特国际关系学院迪克森(Bruce J. Dickson)的《人民威权主义:中国共产党的未来》一文中,作者也比较了江泽民和胡锦涛领导下的中共在中国道路理论上的不同:"在胡(锦涛)温(家宝)的领导下,中共淡化了'三个代表'中的第一个代表(城市精英),强调了第三个代表(社会的绝大多数)的利益。"[9]美国大峡谷州立大学迈哈内(Josef Gregory Mahoney)通过对"大同""小康"及"和谐社会"的分析比较后,指出:"在经历30年的政治经济巨大变化后,……中国共产党更加接近经典马克思主义的核心原理。共产主义仍然是中国共产党的首要目标。"[10]此外,美籍华人学者张大卫的著作《中国领导接班人危机中的周恩来与邓小平》、加州大学伯克利分校政治学教授罗威尔·迪特默(Lowell Dittmer)的文章《领导变化与中国政治的发展》等,也都运用了对比分析法进行研究。

有的美国学者把中国道路与资本主义国家进行比较,如马丁·哈特·兰兹伯格(Martin Hart Landsberg)与保罗·伯克特(Paul Burkett)的《中国与社会主义——市场改革与阶级斗争及评论》一书中通过比较中国的经济改革与资本主义国家的经济政策,提出:"中国自1978年以来进行的市场经济改革可能导致资本主义复辟。"[11]有趣的是,曾任美中人民友好协会主席的大卫·W.尤因通过同样的对比,却得出了相反的结论,他在其文章《四个国家的社会主义》中批评了兰兹伯格与伯克特书中的观点,认为该书忽略了中国取得的重大经济成就。[12]美国学者布鲁斯·迪克森(Bruce Dickinson)则把中国特色社会主义称为"中国特色的资本主义"。[5]杜克大学的德里克教授则运用对比分析法,坚决反对某些西方学者因为中国的社会主义吸收了资本主义的生产方法,就把中国道路归入资本主义性质和资本主义前途的论点。[13]

《中国政治学刊》(美国)编辑马哈尼认为,中国梦中所包含的价值充满着中国精神,是中国道路的组成部分。"中国梦"在某种意义上是民族复兴的大梦。要认可它潜在的价值与增强民族自我认同、提升国人自信心的重要性。这个时代尤其需要这样的提法,因为这是历史的转折期。[14]美国乔治梅森大学公共政策学院高级研究员帕特里克·门蒂斯在研究习近平主席提出的"中国梦"思想时,认真考察了中国几千年的文化史。[15]门蒂斯认为,承载深厚历史积淀的儒家思想使中国在和平崛起以实现"中国梦"方面具有文化传统优势。门蒂斯认为中国的愿景混合了两种理念:一种是以德治国的儒家和谐社会,另一种是在中国共产党带领下实现工业现代化。[16]"中国梦"具有实现的良好基础。目前,中国人的生存权已经实现,"中国梦"也定能实现。

宾州大学沃顿商学院高级研究员艾布拉米(Regina.M. Abram)、哈佛大学中国基金会主席柯伟林(W.C. Kirby)和哈佛大学商学院教授麦克法兰(F. Warren McFarlan)三人也运用对比分析法、研究了习近平主席提出的"中国梦"与"美国梦"的异同之处。他们指出:"目前中国中产阶级群体规模更庞大,其人数已达3亿(人)之多,而且还在上升。他们追求高质量生活,并'具有使国家富强的眼光'。"[17]169在此基础上,他们认为:"习近平主席所提出的'中国梦'看起来很像20世纪的'美国梦'。"[17]107本特利大学全球研究系教授郑世平（Shiping Zheng）则是在对比了日本、俄罗斯和印度后，表达他对习近平提出的实现"中国梦"的乐观态度："中国的确颇有理由对其当前表现和未来前景感到自信。"[18]因为他观察到，在中国最重要的三个邻国中，只有日本在政府效率、谋杀犯罪率和全球竞争力三个重要指标方面略为领先中国，而俄罗斯和印度与中国的差距却逐渐增大，这显然有利于今后中国追求其富民强国之梦。"中国梦"的背后是中国自信心日渐增强。美国的一些媒体也惯用对比分析法观察中国道路理论，如美国当今最具影响力的《赫芬顿邮报》（The Huffington Post）2015年3月在评价习近平主席提出的"全面从严治党"时称："'全面从严治党'在'四个全面'中最具创新力，此前中国政府的举措都没有涉及党内治理内容。"[19]

在运用对比分析法来研究中国道路理论的问题上，美国是国外研究该理论的国家中，将对比研究法运用得非常成熟的一个国家。美国出于本国的国家利益、意识形态、国际战略等因素的考虑，成了国际社会中始终密切关注、观察和思考中国问题的国家。这种长期热度不减的关注，使得美国对中国道路理论每一阶段的变化都比较敏感，因而对比分析法自然成了美国学者研究中国道路理论的最常见方法之一。

结语

2016年7月，习近平总书记在庆祝中国共产党成立95周年大会上的重要讲话中明确指出，中国特色社会主义道路是实现社会主义现代化的必由之路，是创造人民美好生活的必由之路。[20]中国道路理论是中国共产党人从社会主义初级阶段的具体实际出发，探索中国自己的社会主义现代化道路的成果。从逻辑上来讲，中国特色社会主义的价值理念，即中国在探索自己发展道路的过程中所形成的价值理念，这是中国道路在西方国家的影响之所以扩大的主要原因。我们注意到，许多学者在从经济、政治、文化和社会等方面解读中国道路时都有意识地将价值和理念纳入了分析框架。

总体而言，与其他西方发达资本主义国家或世界其他国家相比，无论从研究中国道路理论的专家、学者、团体、机构、刊物和成果来看，美国都是做得非常突出的国家,各种学科背景的人都加入其中,他们重视与中国道路理论有关的文本文献的收集、编译和整理,系统介绍了中国道路理论各个组成部分。尽管美国研究者也存在史料误读误用、跨文化和意识形态的差异导致有的观点失之偏颇,学科背景的不同也一定程度上导致了研究的片面性和缺乏深刻性,而且受国际国内政治环境、政府和基金会等机构资助经费投放比例的影响,美国研究者们的研究工作存在一定范围内中断、不能一以贯之的情况,但即使如此,我们也不得不承认,对于国内学者来说,美国学者的研究文献对国内的研究可以起借鉴、推进作用,他们的有些文献在我们的研究中可以直接利用,有些文献可以佐证或补充我们文献资料的不足。当然,对于部分美国学者出于不同目的对中国道路理论的歪曲和误解之处,我们也很有必要及时作出有理有据的批驳和论证。

当前,世界范围内思想文化交流、交锋日趋频繁和激烈,在此大环境下,中国共产党及其指导思想受到广泛热议。由于美国的独特地位,深入分析美国研究者关于中国道路的研究成果,可以从另一个全新的角度了解中国的实际情况与所处的国际环境,有助于拓宽理论视野,加强不同理论思维之间的交流与对话,并对进一步推进和深化中国道路理论的研究和实践具有重要意义。

(上海大学 李 梁)

参考文献

[1] 习近平.决胜全面建成小康社会夺取新时代中国特色社会主义伟大胜利——在中国共产党第十九次全国代表大会上的报告[EB/OL].(2017-10-27)[2017-10-28]. http://news.xinhuanet.com/politics/19cpcnc/2017-10/27/c_1121867529.htm.

[2] 梁怡,李向前.国外中共党史研究述评[M].北京:中共党史出版社,2005:3.

[3] 梁怡.关注国外对邓小平的研究[J].北京党史,2014(5).

[4] 梁怡.国外马克思主义中国化研究评析[M].北京:学习出版社,2014:423.

[5] 杨龙波.国外学术视域下的马克思主义中国化[J].理论视野,2011(12).

[6] 成龙.试评国外学者对中国化马克思主义的三种观点[J].岭南学刊,2006(3).

[7] C. Cindy Fan. China's Eleventh Five-Year Plan (2006-2010): From "Getting Rich First" to "Common Prosperity"[J]. Eurasian Geography and Economics, 2007, 6: 47.

[8] Larry Catá Backer. The Rule of Law, the Chinese Communist Party, and Ideological

Campaigns: Sange Daibiao (the "Three Represents"), Socialist Rule of Law, and Modern Chinese Constitutionalism[J]. Journal of Transnational Law and Contemporary Problems, 2006, 1: 16.

[9] Bruce J. Dickson. Chinese Leadership, Politics, and Policy[C]//Populist Authoritarianism: the Future of the Chinese Communist Party, Carnegie Endowment for International Peace, 2005, 2.

[10] 约瑟夫·格利高里·迈哈内.通往和谐之路：马克思主义、儒家与和谐概念[J].铁庵,摘译.国外理论动态,2009(12).

[11] 马丁·哈特·兰兹伯格,保罗·柏克特.中国与社会主义——市场改革与阶级斗争及评论[M].杜继平,林正慧,郭建业,译.台北：《批判与再造》出版社,2006.

[12] 大卫·W.尤因.四个国家的社会主义[J].周艳辉,译.国外理论动态,2004(12).

[13] 阿里夫·德里克.后社会主义："论有中国特色的社会主义"[J].国外中共党史研究动态,1992(4).

[14] 马奥尼.一个西方学者眼中的"中国梦"[N].社会科学报,2013-05-16.

[15] Patrick Mendis. Peaceful War: How the Chinese Dream and the American Destiny Create a Pacific New World Order[M]. Lanham, Maryland: University Press of America, 2013.

[16] 袁鲁霞.和平的战争：中国梦与美国命运如何共塑新的太平洋世界秩序[J].对外传播,2014(3).

[17] Regina M. Abram, William C. Kirby, F. Warren McFarlan. Can China Lead?: Reaching the Limits of Power and Growth[M]. Boston, Massachusetts: Harvard Business Review Press, 2014.

[18] Shiping Zheng. Rising Confidence behind the "Chinese Dream"[J]. Journal of Chinese Political Science, 2014, 1: 19.

[19] 聂峥,黄蓉,孙宇,等.海外热议"全面从严治党"称其最具创新力[EB/OL].(2015-03-10)[2018-07-28]. http://politics.people.com.cn/n/2015/0310/c70731-26669589.html.

[20] 习近平.习近平在庆祝中国共产党成立95周年大会上的讲话[EB/OL].(2016-07-01)[2018-07-25]. http://www.chinanews.com/gn/2016/07-01/7924310.shtml.

后　　记

改革开放四十多年以来,中国道路为中国的发展提供了强有力的保障,中国取得的成就为中国的发展和中国人民的幸福提供了根本的保障。中国道路是中国特色社会主义道路,它以中国国情和世情为基础,以人的自由而全面发展为价值目标,以经济发展为中心,以改革开放为动力,最终实现中华民族伟大复兴。中国道路的实践不断推动马克思主义中国化的进程,不断丰富着马克思主义理论学说。中国道路是马克思主义中国化进程中坚持"以人民为中心"的价值追求与以实现"中国梦"为实践目标的有机结合,是将人的自由而全面发展与中国客观实际密切联系在一起的过程。

2017年12月9日,上海市马克思主义研究论坛暨第七届"上海大学思政论坛"在上海大学举行。本次论坛以国际学术研讨会的形式,邀请了海内外众多学者围绕"改革开放四十年与中国道路:话语体系与时代价值"这一主题展开了深入交流和讨论。会议由上海市中国特色社会主义理论体系研究中心、上海市教卫工作党委、上海市社会科学界联合会和上海大学共同主办,上海市学生德育发展中心及《思想理论教育》编辑部协办,上海大学马克思主义学院与上海高校思想政治理论课名师工作室——李梁工作室承办。

本书集结了会议期间的专家学者的学术演讲和参会代表的会议论文,集中探讨了中国道路的时代价值阐释、中国道路与全球治理、中国道路的海外研究方面的内容。从中国改革开放四十年的发展历程来研讨中国道路具有重要的时代价值和现实意义。

本书得以顺利出版,感谢上海大学马克思主义学院的大力支持,感谢上海大学出版社的支持,上海大学马克思主义学院研究生刘翔宇为本书的出版做了大量文字工作,在此一并表示感谢。本书内容观点由作者自负,敬请读者批评指正。

李　梁　王金伟
2018 年 6 月